权威·前沿·原创

皮书系列为
"十二五""十三五"国家重点图书出版规划项目

BLUE BOOK

智库成果出版与传播平台

汽车蓝皮书

BLUE BOOK OF
AUTOMOTIVE INDUSTRY

中国汽车经销服务业发展报告
（2020）

ANNUAL REPORT ON THE DEVELOPMENT OF
AUTO DEAL AND SERVICE INDUSTRY IN CHINA (2020)

主　编／中华全国工商业联合会汽车经销商商会
　　　　汽车之家

社会科学文献出版社
SOCIAL SCIENCES ACADEMIC PRESS (CHINA)

图书在版编目（CIP）数据

中国汽车经销服务业发展报告. 2020 / 中华全国工
商业联合会汽车经销商商会，汽车之家主编. -- 北京：
社会科学文献出版社，2020.8
（汽车蓝皮书）
ISBN 978 - 7 - 5201 - 6983 - 7

Ⅰ. ①中⋯　Ⅱ. ①中⋯ ②汽⋯　Ⅲ. ①汽车 - 经销 -
产业发展 - 研究报告 - 中国 - 2020　Ⅳ. ①F724.76

中国版本图书馆 CIP 数据核字（2020）第 140826 号

汽车蓝皮书
中国汽车经销服务业发展报告（2020）

主　　编／中华全国工商业联合会汽车经销商商会　汽车之家

出 版 人／谢寿光
责任编辑／张　超

出　　版／社会科学文献出版社·皮书出版分社（010）59367127
　　　　　地址：北京市北三环中路甲 29 号院华龙大厦　邮编：100029
　　　　　网址：www.ssap.com.cn
发　　行／市场营销中心（010）59367081　59367083
印　　装／三河市龙林印务有限公司

规　　格／开　本：787mm × 1092mm　1/16
　　　　　印　张：21.75　字　数：328 千字
版　　次／2020 年 8 月第 1 版　2020 年 8 月第 1 次印刷
书　　号／ISBN 978 - 7 - 5201 - 6983 - 7
定　　价／128.00 元

《中国汽车经销服务业发展报告（2020）》
编　委　会

主要编撰单位简介

中华全国工商业联合会汽车经销商商会 成立于 2006 年 12 月 3 日，是中华全国工商业联合会直属行业商会，是服务于广大汽车经销商的全国性行业组织。商会会员主体是全国各地的汽车经销商，辐射的 4S 店会员总数超过 6000 家。商会以"促进汽车流通行业持续创新健康发展"为使命，以"成为中国汽车经销商不可缺失的平台"为愿景，积极构建政策影响平台、权益维护平台、研究咨询平台、教育培训平台、媒介传播平台、交流合作平台，已经成为汽车经销商与政府、汽车厂家、汽车后市场企业以及广大消费者沟通的重要桥梁与纽带。

汽车之家 成立于 2005 年，是全球访问量最大的汽车网站之一。为汽车消费者提供选车、买车、用车、换车等所有环节的全面、准确、快捷的一站式服务。为消费者提供优质的汽车消费和汽车生活服务，助力中国汽车产业蓬勃发展。汽车之家致力于通过产品服务、数据技术、生态规则和资源为用户和客户赋能，建设"车内容、车交易、车金融、车生活"四个圈，建立以数据和技术为核心的智能汽车生态圈，从"基于内容的垂直领域公司"转型升级为"基于数据技术的'汽车'公司"。

摘　要

本报告由中华全国工商业联合会汽车经销商商会和汽车之家联合策划编写，旨在从多学科角度，以年度报告的形式，客观描述中国汽车经销服务业主要市场发展情况，指出存在的问题，提出对策建议，为广大读者提供较为立体的汽车经销服务业整体图景，为推动汽车经销服务业健康发展提供决策支持。

《中国汽车经销服务业发展报告（2020）》分为总报告、行业篇、专题篇、案例篇、借鉴篇与附录（政策文件汇编）六个部分。总报告对中国汽车经销服务业 2019～2020 年发展的基本情况进行了整体描述；行业篇对乘用车新车、二手车、汽车维修保养、汽车金融和汽车保险进行了分析；专题篇分别就汽车经销商对厂家的满意度、汽车经销商数字化转型、造车新势力渠道变革以及共享化对汽车经销服务业发展的影响进行了分析；案例篇选择了汽车经销服务业的代表企业进行了案例研究；借鉴篇分析了美国、日本和德国的汽车经销服务业发展情况。

2019 年以来，我国汽车经销服务业政策进入新一轮改革调整阶段，"汽车四化"正在重塑产业格局，新零售推动渠道变革，汽车经销服务业面临新的机遇与挑战。在中国车市遭遇寒冬、深陷生存困局之时，汽车经销服务业积极谋求创新，很多企业借力互联网技术，加强数字化运营，加强精益化、细节化管理，寻求经营模式创新，积极从传统业务向新业务转型。

关键词：汽车经销服务业　渠道变革　经销商转型　数字化

Abstract

This Book is jointly planned and compiled by Chinese Auto Dealers Chamber of Commerce and Auto Home. It aims to objectively describe the development of main market of China's auto deal and service industry in the form of annual report from a multi-disciplinary perspective, point out the existing problems, put forward countermeasures and suggestions, provide readers with a overall picture of auto deal and service industry, and promote auto industry decision support for the healthy development of vehicle dealer and service industry.

The *Annual Report on the Development of Auto Deal and Service industry in China* (*2020*) is divided into six parts: the General Report, the Industry Report, the Special Research Report, the Case Report, the Reference Report and the Appendix (Policy Document Compilation). The General Report gives an overall description of the development of China's Auto Deal and Service Industry from 2019 to 2020. The Industry Report analyzes the new cars, second-hand cars, after-sale maintenance, auto finance and auto insurance. The Special Research Report analyzes the influence of automobile dealers' satisfaction to manufacturers, digital transformation of automobile dealers, channel reform of new forces of vehicle manufacturing and carsharing on the development of the industry. The Case Report selects the representative enterprises in Auto Deal and Service Industry for case study. The Reference Report analyzes the development of Auto Deal and Service Industry in the United States, Japan and Germany.

Since 2019, the policy of automobile deal and service has entered a new round of reform and adjustment stage, "Four Modernizations" is reshaping the industrial pattern, New Retail is promoting channel reform, and the auto deal and service industry is facing new opportunities and challenges. At a time when China's automobile market is suffering from a cold winter and is in a dilemma of survival, the auto dealers and servicers actively seek innovation. Many enterprises take advantage of Internet technology, strengthen digital operation, strengthen lean and detailed management, seek business model innovation, and actively transform from traditional business to new business.

Keywords: Auto Deal and Service Industry; Channel Revolution; Auto Dealer Transformation; Digitalization

目　录

Ⅰ　总报告

Ⅱ　行业篇

Ⅲ　专题篇

Ⅳ　案例篇

Ⅴ　借鉴篇

Ⅵ　附录

皮书数据库阅读**使用指南**

总 报 告

General Report

B.1

2019~2020中国汽车经销服务业
发展报告

纪雪洪　陈海峰　杨永平　张 嫣*

摘　要：　2019年，中国汽车市场持续下滑，汽车销量为2576.9万辆，较
2018年下滑8.2%。受新冠肺炎疫情影响，2020年第一季度乘用
车销量同比2019年第一季度下滑40.8%。在连续两年多下滑的
市场形势下，汽车经销商面临巨大生存危机。与此同时，汽车行
业正在如火如荼地进行电动化、智能化、网联化和共享化变革，
对经销商和服务企业而言，既有借助"汽车四化"开拓新领域、

---

* 纪雪洪，北方工业大学汽车产业创新研究中心主任、教授，研究方向为出行行业、汽车产业
发展；陈海峰，中国汽车技术研究中心有限公司中国汽车战略与政策研究中心汽车流通与后
市场政策研究室副主任，高级工程师，研究方向为汽车流通和后市场；杨永平，亿欧公司副
总裁、亿欧汽车总裁，研究方向为汽车产业、汽车金融、汽车电商；张嫣，亿欧汽车主编，
研究方向为汽车产业、汽车金融、汽车电商。

实现战略转型的发展机遇，又面临行业变局带来的颠覆性和不确定性。经销商集团和经销服务企业积极寻求转型升级方法，新能源、二手车、售后维修和金融保险等业务成为经销商业务转型重点领域，数字化、精细化和区域化成为重要发展方向。

关键词： 汽车经销服务业　汽车四化　汽车市场　数字化

一　中国车市遭遇寒冬，汽车经销商深陷生存困局

（一）多重因素叠加，汽车市场持续下滑

受小排量购置税优惠政策退出、宏观经济增速放缓、中美贸易摩擦以及部分地区提前实施"国六"等多重因素影响，2019 年我国汽车销售市场持续下滑。汽车产销完成 2572.1 万辆和 2576.9 万辆，较 2018 年下滑 7.5% 和 8.2%。其中，乘用车产销 2136.0 万辆和 2144.4 万辆，同比下滑 9.2% 和 9.6%。这一下滑趋势自 2018 年下半年开始，2019 年上半年乘用车销量仍较为低迷，下半年"国五""国六"切换影响减弱，消费者信心逐渐恢复，汽车销量降幅逐渐收窄（见图 1）。

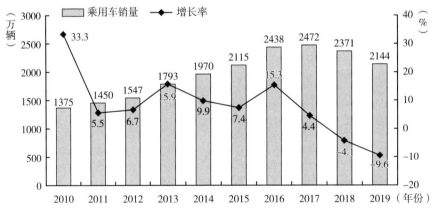

图 1　2010～2019 年中国乘用车销量分析

资料来源：中国汽车工业协会。

2019年乘用车四类车型均出现负增长。2019年轿车销量为1031万辆，比上年同期下降10.7%；SUV销量为935万辆，同比下降6.3%；MPV销量为138万辆，同比下降20.2%；交叉型乘用车销量为40万辆，同比下降11.7%。多功能乘用车（MPV）降幅最为明显（见表1）。

表1　2013～2019年乘用车销量结构分析

单位：万辆，%

项目	2013年	2014年	2015年	2016年	2017年	2018年	2019年
广义乘用车	1793	1970	2115	2438	2472	2371	2144
轿车	1201	1238	1172	1215	1185	1153	1031
增速	11.8	3.1	-5.3	3.7	-2.5	-2.7	-10.7
MPV	131	191	211	250	207	173	138
增速	164.5	45.8	10.5	18.5	-17.2	-16.4	-20.2
SUV	299	408	622	905	1025	999	935
增速	49.4	36.5	52.5	45.5	13.3	-2.5	-6.3
交叉型乘用车	163	133	110	68	55	45	40
增速	-28.0	-18.4	-17.3	-38.2	-19.1	-18.2	-11.7

资料来源：中国汽车工业协会。

新能源汽车也由高速上升转为下降，2019年我国新能源汽车销量为120.6万辆，同比下降4.0%。新能源汽车销量的下滑受补贴退坡影响很大，大幅下降态势集中呈现在下半年。

从国内外品牌看，2019年，自主品牌乘用车销售840.7万辆，同比下降15.8%，占乘用车销售总量的39.2%。全年来看，日系和德系品牌乘用车销量增速略有减缓，韩系品牌结束增长，呈一定下降趋势，美系和法系品牌降幅有所扩大。

2020年，汽车经销商的预测也不乐观。2020年1月初，全国工商联汽车经销商商会对1940家4S店管理者的调查显示，32.3%的汽车经销商认为2020年的市场将比2019年更差；39.2%的汽车经销商认为2020年的市场将和2019年持平；只有28.5%的汽车经销商对2020年的市场持乐观态度。汽车经销商对行业前景的信心不足。

（二）新冠肺炎疫情对汽车销售正在产生重大影响

2020 年初暴发的由新冠病毒引发的肺炎疫情对国内汽车产业链产生了严重冲击。受疫情影响，我国经济下行压力加大，居民可支配的家庭消费比例变少，再加上疫情防控要求减少了人们的出行，整体汽车消费低迷。2020 年第一季度，工信部数据显示，汽车产销分别完成 347.4 万辆和 367.2 万辆。乘联会发布的国内第一季度狭义乘用车累计销售 301.4 万辆，同比下降 40.8%。

为了减缓疫情的影响，国家和地方等部门出台了减少城市号牌限制、延续新能源汽车补贴、降低税费、降低金融贷款利率和增加车辆报废补贴等一系列措施，将对 2020 年汽车市场的恢复发挥重要的推动作用。有预测认为，2020 年乘用车零售量将下探 2000 万辆的关口。

（三）低速发展成为常态，汽车经销商"生存淘汰赛"加速

面对车市寒冬的严峻考验，汽车经销商全年库存高企，亏损严重、资金链断裂屡见不鲜，关店退网成为普遍现象。根据汽车之家车商汇后台数据统计，收录经销商数量在 2017 年底抵达峰值后（31676 家），持续性负增长，到 2019 年 7 月 5 日，经销商数量仅剩 27216 家，相较 2017 年 12 月 31 日，经销商商家数量大幅下降 14.1%（见图 2）。

放眼整体汽车市场，高线城市汽车消费经过十几年井喷式增长，市场日趋饱和，竞争激烈，一个城市十公里半径内甚至会出现十几家经销商店，再加上摇号、限购等因素影响，汽车销量增速已大幅收窄，形成了供给大于需求的局面。反观低线城市和县域乡村地区，消费能力逐渐提升，居民对出行方式也提出了更高要求。捕捉到这一市场趋势，汽车主机厂纷纷加大在潜力较大的空白市场的布局，将销售渠道向低线城市快速下沉。根据汽车之家车商汇后台 2019 年 7 月 5 日统计，低线城市（B 级、C 级）销售渠道达到19679 家，占比高达 72%。

虽然低线城市的市场空间给予了汽车市场新的希望，但是下沉后的经销商生存问题同样存在。在近两年车市寒冬影响下，低线城市经销商店正在经历更

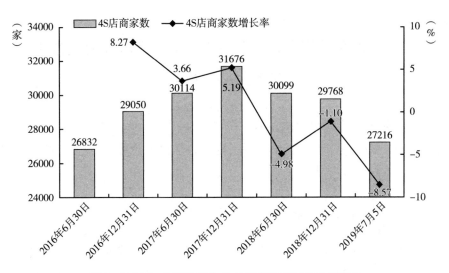

图2　2016年6月至2019年7月汽车经销商数量变化

资料来源：汽车之家。

加严峻的关店浪潮。根据车商汇后台统计，面对同样的市场寒冬，高线城市（A级、S级）较低线城市（B级、C级）下降幅度小，自2017年年底至2019年年中，低线城市经销商数量下降幅度持续大于高线城市，据2019年7月5日统计，B级城市下降幅度达到10%，C级城市下降幅度达到11%（见图3）。

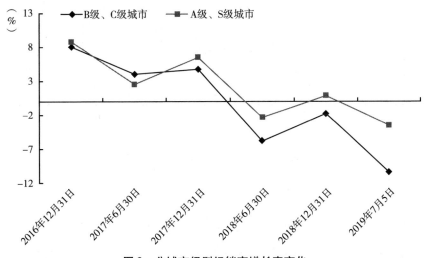

图3　分城市级别经销商增长率变化

资料来源：汽车之家。

二 "汽车四化"重塑产业格局，为汽车经销服务业 带来机遇与挑战

在 2020 年新冠肺炎疫情暴发、全球汽车产业面临危机之时，深度变革已经到来。以电动化、智能化、网联化、共享化为趋势的"汽车四化"继续发展，重塑产业格局。

（一）电动化已经成为不可逆转的趋势

2019 年，纯电动依旧是中国目前新能源汽车的主要形式。纯电动汽车由于动力电池技术进步，成本不断下降，成为未来汽车的主要类型，是企业开启电动化转型的首选。2014 年至 2020 年第一季度我国新能源汽车渗透率见图 4。

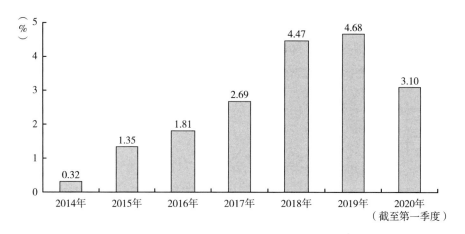

图 4　2014 年至 2020 年第一季度我国新能源汽车渗透率

资料来源：中国汽车工业协会。

2019 年 4 月，工信部确定纯电动汽车与氢燃料电池汽车协同发展的方向，目前氢燃料电池汽车还处于起步阶段，尚未形成规模。在未来很长一段时间内，中国的新能源汽车市场仍将由纯电动汽车主导。

2019 年，新能源汽车受到补贴退坡的冲击。3 月，财政部等多部门联合发布《关于进一步完善新能源汽车推广应用财政补贴政策的通知》。纯电动乘用车的最高补贴退坡 50%，插电式混合动力汽车的补贴退坡达到 55%。受到补贴退坡影响，新能源汽车销量在 2019 年出现一定滑坡，全年中国新能源汽车销量为 120.6 万辆。但我国新能源汽车市场份额在全球占比为58%，依然是全球最大的新能源汽车销售市场。

2020 年 4 月，国家发改委等 11 个部门下发的《关于稳定和扩大汽车消费若干措施的通知》明确，将新能源汽车购置补贴政策延续至 2022 年底，并平缓 2020～2022 年补贴退坡力度和节奏，加快补贴资金清算速度。补贴政策的延续将有助于提高新能源汽车替换传统燃油汽车的发展速度。

（二）车联网成为车企竞争重点

2019 年是车联网发展的关键一年。此前，百度、阿里、腾讯（BAT）等互联网巨头已经与传统主机厂捆绑在一起，共同构建车联网生态，推出各自特色的产品，比如上汽与阿里打造的斑马网络、腾讯与长安汽车孵化的梧桐车联。此外，一些初创企业也在快速发展，比如一直深耕车联网领域的博泰，目前已经与国内外三十多家车企品牌展开了合作，并在 2019 年推出"擎 Mobile 随身车联网"。除了与传统主机厂的绑定，BAT 巨头们还布局了属于自己的车联网阵地，如腾讯领投的蘑菇车联、百度的智能驾驶事业群组。

2019 年，车联网已经成为传统车企转型的关键，汽车企业进一步加大对于智能化的投入。以长城汽车、上汽集团为代表的车企纷纷与互联网巨头开展合作，加大在车联网领域的投入。2019 年 7 月，长城汽车在保定哈弗中心发布了 GTO 全域智慧生态战略，与互联网巨头腾讯、阿里、百度，分别正式签署生态合作协议，同时与中国三大通信运营商中国电信、中国联通、中国移动，以及华为和高通展开生态合作。2019 年 8 月 28 日，上汽集团与阿里宣布战略重组斑马网络和 YunOS。为了更好地将阿里 YunOS 操作系统的相关技术转移至斑马网络，阿里又在杭州成立斑马智能，进一步为斑马网络开发提供技术支持。大众汽车在数字化转型过程中，计划创建一个单独的软件部门，到2025年该部门数字化专家将达到5000人左右。

（三）辅助驾驶进入商业化阶段，自动驾驶仍以"示范和测试"为主

自动驾驶技术被划分为L1到L5不同阶段。从市场看，在年轻化和消费升级驱动下，用户对智能化功能的青睐度较高，相比L3及以上的自动驾驶处于探索阶段，L1～L2级辅助驾驶功能开始进入商业化阶段。中国品牌乘用车制造商基本上推出了搭载AEB（主动刹车）、LKA（车道保持）和ACC（主动巡航）等L1级别功能的车型，车型配置数量已经达到10万级，并且价格不断下探。2019年主流车企业陆续推出搭载ICA（智能巡航辅助）、TJA（交通拥堵辅助）、APA（自动泊车）等L2级功能的车型，2020年，L2车型将逐步成为市场新车型的重要配置选项。L3车型进入商业化初期（见表2）。

表2　车企L3级自动驾驶上市量产计划

车企	车型	上市时间
奥迪	A8	2018（国外）
广汽新能源	AionLX	2019
小鹏	P7	2020
奔驰	S级轿车	2020
本田	—	2020
长安	—	2020
长城	WEYVV7	2020
北汽新能源	—	2020/2021
宝马	BMW VISIONiNEXT	2021
吉利汽车	—	2021
威马	—	2021

资料来源：根据公开资料整理。

L3以上的功能进入示范阶段。2019年，越来越多的地方政府建立智能网联汽车测试示范区，颁发自动驾驶牌照，推动自动驾驶汽车进行大规模测

试。2019年6月，百度在长沙正式开启无人出租车的大规模测试，百度和一汽联手打造的中国首批量产L4级自动驾驶乘用车获得多地道路测试牌照。从各家厂商发布的自动驾驶投放规划来看，其基本思路大体一致，即以2020年为节点，开始逐步落地L3或L4级自动驾驶技术，并在2025～2030年布局L5级无人驾驶技术。

但不可否认，L3级以上自动驾驶在中国商业化面临的难题主要有两点：量产和本土化。量产意味着用批量的可接受的硬件成本，实现高安全的运转；本土化则是适应中国这一复杂道路场景，以及驾驶员的行为习惯。除技术投入大之外，法规待完善、基础设施配套不完善，让自动驾驶推进仍然困难重重。

（四）车企努力成为出行服务商，汽车经销商涉足出行服务

中国汽车市场已由增量市场进入存量市场。随着大众消费观念的变革，"拥有汽车"在部分消费者心中的吸引力正在减弱。销售增长的压力、迅速增长的庞大市场规模让车企开始进入出行领域。

截至2019年6月，中国网约出租车用户规模达3.37亿，较2018年底增加670万；网约专车或快车用户规模达3.39亿，较2018年底增加633万。网约车市场规模到2019年底超过3000亿元。目前网约车战场主要集中在一、二线城市，渗透率已经达到40%和17%。整体看，网约车市场进入平稳增长的阶段（见图5）。

以吉利、上汽、广汽、东风等为代表的车企纷纷进入出行领域，希望从汽车制造商转变成为出行服务商。2019年1月，江淮汽车推出和行约车。6月，广汽集团的如祺出行在广州上线。7月，一汽、东风、长安三家传统车企与苏宁、腾讯、阿里等互联网巨头打造的T3出行正式在南京上线。截至2019年底，东风出行已经在湖北的武汉、十堰、襄阳等地进行布局；长城汽车已经在保定、石家庄、成都率先开启运营；T3出行则选择了牵头方苏宁的"根据地"南京；长安选择了重庆、南京等城市，重庆主战场占有率达到40%。北汽集团BEIJING汽车推出使用权交易平台，与小桔车服等伙

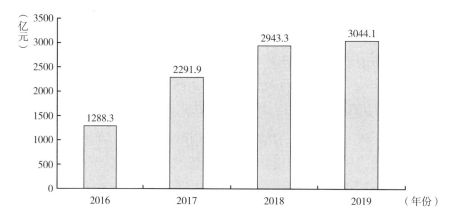

图5　2016～2019年我国网约车市场交易规模增长趋势

资料来源：国家信息中心。

伴合作，在未来三年投入10万台车辆，提供100亿元金融授信，布局100个城市，建设100家使用权交易站点，实现满足1亿人次"私＋车"出行的目标。

对车企而言，共享出行项目可以与租车、二手车、金融、保险等汽车产业上下游的各个业务线打通，让不同业务线产生联动，进一步持续拓展车企用户服务边界。

三　新零售推动渠道变革，直销模式成为热点

2019年，伴随着车市遇冷，车企、经销商也需要以"新零售"的模式对汽车产业过往的流通渠道进行改造。目前来看，没有"历史包袱"的新造车企最乐于在这一领域有所尝试。但与此同时，传统整车企业也开始加速对原有经销体系的变革。从汽车新零售实践看，2019年以来，主要做了如下探索创新。

一是尝试构建新渠道，在提升用户体验的同时，突破传统模式的高成本。

中国新造车企蔚来、威马、小鹏汽车等均在尝试直销模式。蔚来在城市繁华地段设置蔚来客户体验中心NIO House的基础上，开始拓展NIO Space

的建设。用户可享受在 NIO House 中举办各类会议、阅读、亲子活动等良好的感官体验，NIO Space 更突出销售效率，能够提升单店效率，用很少的成本触及更多城市及地区。与自营 NIO House 不同，NIO Space 主要采用合作方式，与合作伙伴进行利润分成。

威马汽车提出了新 4S（Space、Store、Station 和 Spot）＋智行合伙人模式。"威马 Space"指在各大城市建立的体验中心，"威马 Store"是体验销售服务中心，"威马 Station"是维修充电服务站，此外，威马还会与覆盖全国的连锁实体服务网络等机构合作，构建综合服务网络——"威马 Spot"。威马汽车智行合伙人则有别于传统经销商，除提供销售和售后服务外，未来还将向用户提供出行服务，成为威马汽车智慧出行布局的合作伙伴。威马汽车规划在 2019 年完成智行合伙人签约数量 100 家。

随着网络普及和收入增加，低线城市的消费潜力进一步释放，一些企业选择在四、五、六线城市的市中心开店，提升渠道曝光度，缩短与客户距离，与 4S 店进行差异化布局。在城市内，一些企业与"苏宁汽车超市"这样的汽车零售新物种合作，选择更为便捷高效的合作建店模式，大幅降低开店的房租和运营成本，还能享受到苏宁生态线上线下流量的集中导入。

二是发展社交电商，直播成为热点。

近年来，汽车企业和经销商非常重视借助互联网新技术开展社群营销，提升线上势能。2019 年，"双 11"期间，有上千家 4S 店、2000 多名导购进行直播卖车。

疫情以来，汽车销售线上化明显提速，有统计显示，疫情期间，超过 40 家车企开展直播卖车，开播场次达到 2344 场，在线观看人数超过 190 万，形成订单 7730 单。虽然直播并不能直接形成交易，需要线下交付过程，但疫情下，直播为车辆销售增加了更多机会，强化了车企的产品宣传力度。

未来的汽车销售除了传统模式外，线上直播将是吸引潜在客户的重要组成部分，客户在线上了解车辆后，会提交信息预约线下试驾，再回到线上进行云协商和电子协议签署，最后完成交车等活动。

三是打通行业生态，为用户提供一体化、生态化服务。

2019年3月，瓜子二手车与淘宝二手车宣布在二手车新零售领域达成深度合作，建立深入的合作伙伴关系，将围绕汽车新零售消费服务、二手车拍卖、加速二手车流通等多方面展开合作。此外，也有初创企业车行168，以解决二网经销商货源的痛点为模式，借助大搜车集团的客源及金融保险资源逐渐打通全服务链条。

四是传统车企推动传统销售渠道的数字化、互联网化。

依靠第三方资源进行线上导流依然是传统汽车经销企业主要依赖的方式。根据全国工商联汽车经销商商会的调查，2019年汽车经销商线上导流占到店量比重的均值为32.0%，各大品牌越来越重视网络营销，但销售转化率相对不高，平均为16.6%。

从不同品牌看，线上导流占比最高的品牌为上汽通用别克、红旗，超过50%；线上导流占比最低的品牌为斯巴鲁、东风悦达起亚，不到20%。销售转化率最高的品牌为长安汽车、雷克萨斯、广汽传祺、吉利、奇瑞汽车、广汽丰田、WEY、凯迪拉克，高于20%；销售转化率最低的品牌为红旗、东风悦达起亚、东风标致、东风雪铁龙，低于10%。

对于新零售，不少传统强势汽车品牌也已跃跃欲试。2019年11月1日，一汽大众在广州核心商圈的数字化品牌零售中心正式揭幕。整个零售中心作为线下体验店，全部采用数字化的概念，店内采用了多种数字设备，包括OLED互动屏、数字化投影、AR互动体验区等，选址也进驻繁华商圈正佳广场，定位重在品牌体验而不是新车销售或售后服务。其"新"主要在于运作方式，作为一汽大众的大众品牌最大的数字化品牌零售中心，其采取了厂家与经销商共建的方式运作。厂家负担前期建店的房租、装修等成本，经销商通过竞标获得店面运营权。对于经销商而言，这大大降低了以往的前期投入。

广汽新能源在新零售方面也有所尝试，创立了25 hours体验中心。同样，它新增了生活体验、汽车销售、充电以及售后等多种项目，希望给用户不一样的服务体验。

奇瑞汽车建立了经纪人推介机制，充分挖掘老客户潜力，原有App中平台用户（认证店、经纪人），只要转发信息的浏览量达到一定数量或者转化成为订单就能够获得相应的奖励；利用社交软件分享，促使品牌信息达成传播辐射链，刺激潜在消费者达成有效的购车行为。

四　二手车市场稳步增长，汽车经销商积极布局二手车业务

（一）二手车交易量增长速度明显高于新车市场

近年来，二手车交易量稳步增长，相对于新车市场，二手车市场增速明显。2016～2018 年三年增速都在 10% 以上，2019 年全年增速约为 7.96%，[①]达到 1492 万辆。2020 年第一季度，受疫情影响，全国二手车总交易量约200.56 万辆，相比 2019 年第四季度下跌 53.8%，相比 2019 年第一季度，下跌 38.4%（见图 6）。[②]

图 6　2019 年与 2020 年第一季度二手车交易数据

资料来源：中国汽车流通协会。

（二）汽车经销商的二手车业务受到更多重视

二手车对于汽车经销商而言，属于尚未完全开发的重要的战略业务。根

---

① 资料来源于中国汽车流通协会。
② 资料来源于车 300 数据。

据全国工商联汽车经销商商会 2020 年初的调查，目前各个品牌的经销商的二手车业务收入占比过低，仅为经销商收入的 3.5%，但美国这一比例在 23% 左右。从对 1200 家经销商调研的数据看，二手车业务收入的同比增速为 18.6%。说明越来越多的经销商开始重视二手车业务。目前二手车业务收入占比最高的品牌为长安汽车、奥迪、英菲尼迪、捷豹路虎，但均不足 10%；占比最低的品牌为吉利、斯巴鲁。增长较快的经销商包括上汽大众、保时捷、WEY、东风悦达起亚。

汽车经销商拥有以旧换新、代客寄售、展车、租赁到期车等丰富的二手车渠道来源，通过销售二手车—提供融资租赁/保险代理服务—提供售后/零件服务—租赁到期/以旧换新—维修再销售，经销商获得了除新车销售外的另一个业务闭环。

现有经销商以整车品牌约束下的销售与服务体系为主，难以转型为综合型二手车服务商。因此，新车经销商的二手车零售业务以整车厂认证的豪华品牌二手车为主，非豪华品牌二手车仍主要通过 B2B 批发拍卖的方式处理。在豪华品牌二手车零售领域，广汇汽车、中升控股、永达汽车等经销商拥有原厂认证和完善的售后维保体系，其优势将是二手车电商平台与传统二手车卖场难以取代的。

目前，永达汽车线上构建"永达二手车商城"，线下布局 150 家二手车营销网点，打通线上线下二手车"新零售"业务；广汇汽车与阿里共同发展二手车 O2O 拍卖平台，并已开始运营多家具有原厂认证的奥迪二手车专卖店，单车毛利率远超新车业务。汽车经销商通过构建另一个业务闭环，获得新的增长引擎。

2020 年 4 月，财政部和国家税务总局发布了《关于二手车经销有关增值税政策的公告》，对于从事二手车经销的纳税人销售其收购的二手车，由原按照简易办法依 3% 征收率减按 2% 征收增值税，改为减按 0.5% 征收增值税。这也意味着，更多经销商集团将对二手车领域进一步发力，改变以寄售和代售模式为主的经营方式，有望培育规模化、品牌化经营的二手车企业集团。二手车业务将成为经销商集团重要的业务增长点。从行业发展看，增值税下调将有助于行业集中，提升规模化水平，解决信息不透明、行业诚信缺失等问题，加快二手车市场健康发展。

未来，规模化的经销商，或者在区域内比较有资源的经销商将会更加重视二手车业务，形成规模化、规范化管理，开展二手车零售业务。经销商融资租赁业务的发展，将给二手车业务提供相对标准化的产品。二手车业务的发展也将与公司的新车业务形成协同发展的局面。

（三）二手车电商模式不断优化迭代

我国的二手车电商行业经过几年的发展，从早期探索到激烈竞争，经过淘汰、兼并和重组后，行业集中度显著提升。根据艾瑞咨询的估算，2019年二手车电商交易量达到300万台，二手车电商渗透率达19%。

随着业务的发展，二手车电商不断革除原有商业模式的弊端，不断探索优化商业模式，主要方向殊途同归：既要加强对车源和收车过程的管控，又要加强对客源和销售过程的管控。在这样的背景下，又出现以下两种改良商业模式：一是保卖模式，可以理解为C2B2C模式；二是双向把控模式，可以理解为C2B + B2C的模式。

五 售后服务市场潜力巨大，主机厂与汽车经销商探索新的模式

（一）汽车维修保养市场规模达9300亿元，吸引各类资本进入

截至2019年，我国机动车保有量达3.48亿辆，其中汽车保有量达2.6亿辆，私家车保有量首次突破2亿辆（见图7）。汽车维修保养市场规模达9300亿元，[①] 到2023年前后将超过万亿元。这昭示了我国汽车市场已经基本完成了从增量市场向存量市场的切换，而庞大的存量基数正在驱动我国汽车维修保养市场快速扩张，同时也吸引了各路玩家切入，呈现群雄逐鹿的局面。

---

① 德勤：《2019中国汽车后市场白皮书》。

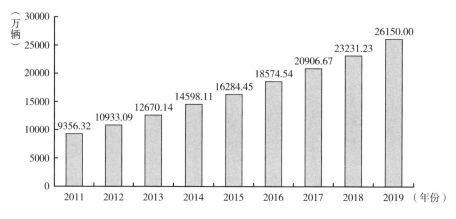

图 7　2011～2019 年我国民用汽车保有量

资料来源：国家统计局。

目前我国维修厂总量高达 60 万余家，年均服务量不足 500 辆。显然，我国总体维修产能严重过剩，产值却相对偏低，亟待转型升级。专业化和标准化程度普遍较低的夫妻店，绝大多数都承受着巨大的经营压力，要么被市场淘汰，要么面临被大型连锁企业或是互联网平台收编的转型选择。华胜、中鑫之宝、小拇指等传统维修企业通过较早转型，打通了供应链、门店运营、管理培训等业务环节，初步完成了品牌化、连锁化、数字化的升级。

上汽集团、上汽通用、长安福特、北汽创立、东风日产、广汽本田、广汽、奇瑞等众多主机厂纷纷进入汽车后市场。2019 年，国内约有 11 家主机厂布局独立售后，累计门店数量超过 5000 家。为配合快修连锁品牌的扩张，主机厂纷纷自建或收购独立供应链品牌，如上汽的车享配、上汽通用的德科、东风日产的 KEY VALUE 优品服务零件等。主机厂跻身独立售后体系的最大优势便是品牌、供应链和技术。主机厂自建独立售后体系不仅可以作为4S 店的有力补充，成为其增加利润的增长点，还能掌握大量客户信息。此外零部件企业如壳牌、嘉实多、埃克森美孚、胜牌、米其林、驰加等企业均在积极布局维修保养业务。

阿里、腾讯、京东、百度已全面入局，途虎养车、汽车超人、乐车邦、新康众、巴图鲁等行业头部企业的背后，不乏 BATJ 重金押注的身影。车好多集团，推出了瓜子养车服务平台，滴滴旗下小桔车服对2018年成立的小桔养车进行了升级。

（二）主机厂和经销商更加重视汽车后市场业务

德勤发布的《中国汽车后市场物流服务洞察》显示，在我国，4S店售后维保渠道的占比高达60%，独立后市场占比35%，DIY不足5%；在美国，4S店售后维保渠道的占比不足25%，独立后市场占比约56%，DIY约20%。

随着新车销售的下滑，价格倒挂导致经销商的新车利润逐渐摊薄，甚至为负，维保板块已成为经销商最稳定且最重要的利润来源，但2019年经销商售后板块出现了单车产值、毛利有所上升，但入场台次大幅减少、客户流失率增加的特点。汽车之家2019年经销商增值服务报告调研显示，消费者在车龄达到五年及以上后，选择4S店维保的比例，从四年内的81.9%下降为73.3%。

面对4S店客户流失率的与日俱增，近两年主机厂和经销商集团正在利用互联网手段和强调全生命周期的服务政策增加客户黏性，因此2019年已有客户回流的迹象。此外，拥有主机厂管理、品牌、培训等资源不断加持的经销商集团，已成为造车新势力建立销售渠道和售后渠道的理想合作伙伴，这将有利于经销商集团维保业务收入的提升。和谐汽车的铛铛修车、润华汽车的润华汽服、无锡东方的东方上工等成为其中的代表。作为国内消费者维保的首选渠道，经销商在拓展独立售后方面还具有很大潜力。根据汽车之家调研，消费者最期待的售后增值服务有维修保养预约、等待/休息区服务多样化、代步车服务、在线监测维保服务等；最愿意付费的增值服务有24小时紧急救援、上门维保、代步车服务、代办维保等。

（三）汽车维修保养市场发展特点与发展趋势

2019年汽车维修保养市场呈现六大特点。一是行业集中度提高。在互联网的支持下，线下连锁店逐渐扩大规模，品牌力越来越强，服务趋于标准化和流程化，而资本也在向行业头部企业聚集，行业垂直整合和横向整合的趋势开始显现。二是供应链备受资本青睐。2019年，在汽车维修保养领域汽配供应链最受资本青睐，好汽配、三头六臂、新康众、巴图鲁、快准车服、开思、甲乙丙丁、中驰车福等头部企业相继获得融资，累计融资金额将近55亿元。三是维保产业融合加速。互联网电商平台继续走向产业链下游和线下，试图利用系统、数据、管理和流量，实现与终端的共赢。互联网媒体平台、保险公司、大型家电零售销售企业、油品生产企业也相继进入汽车后市场，跨界合作屡见不鲜。四是行业数字化进一步加深。来自互联网行业的阿里、京东、腾讯等企业，从外部渗透到产业链各环节，助力汽车后市场的数字化转型。甲乙丙丁，用其战略投资人满帮集团超过700万名司机在平台形成的找货、结算、加油、购车、保险、ETC、金融白条等一系列数据，改进其服务质量。腾讯与途虎养车联手，打造"腾虎计划"，着手提升供应链管理、精准获客、优化门店服务和高效营销等。五是继续践行新零售模式。金固股份汽车超人供应链业务与阿里天猫汽车、康众汽配联手成立天猫车站，打通了产品、供应链、仓储物流、服务门店等维修保养环节，逐步形成了规模化的新零售智慧连锁服务品牌。乐车邦与京东汽车在轮胎业务上合作开展"商品＋服务"的模式，合作将覆盖京东汽车线下3万家门店以及乐车邦合作的4S店。六是保有量推动新能源汽车维保热。新能源汽车无疑是未来全球汽车产业的发展方向，因此不少经销商集团和独立维修企业决定先行先试，广州华胜与天际汽车、小桔车服与小鹏汽车、铛铛修车与8个新能源品牌开展合作。

从未来看，汽车维修保养市场将呈现以下趋势：一是汽车维修保养市场将呈现洗牌、融合和升级，经营不规范、技术落后、服务水平不高的企业将逐渐被淘汰；二是汽车后市场将吸引更多各类玩家入场，并在互联网技术的助推和新零售理念的引导下，通过跨界、融合实现优势互补、多元发展，从而在商业模式创新方面有所突破；三是线上渗透率持续增长，产业互联网平台将通过重构人、货、场，理顺行业主体之间关系，高效连接物流、信息流、资金流来重塑汽车后市场。

六　传统经销商谋求创新，数字化、精细化转型成为趋势

（一）经销商集体陷入经营困境

根据 CADCC《2020 年经销商对厂家满意度项目调研报告》，2019 年经销商亏损比例达到 52.4%，盈利比例为 47.6%，2018 年 53.5% 的经销商亏损，46.5% 的经销商盈利。经销商近些年持续亏损的情况并未显著改变。

经历了前些年的快速增长，目前市场正在进入增量与换购并存的市场，以存量市场为主。在乘用车经销领域，虽然高端品牌价格下降，新能源汽车以及智能汽车等推动着市场的消费，但经销商"增收不增利"、高资产负债、资产周转率低等问题越来越严重。曾经的汽车经销商龙头企业集团面临的债务问题反映了这个行业发展的困境。广汇汽车 2019 年年报显示其全年实现营业收入 1704 亿元，同比增长 2.58%，归属于上市公司股东的净利润 26 亿元，同比下滑 20.16%。相对而言，一些中小型经销商集团和企业更是到了生死存亡关头。

究其原因，主要包括：一是虽然新的汽车销售管理办法已经实施，但厂家对经销商依然具有很强的控制能力，经销商为了完成目标返利不得不加大库存，其负债水平不断上升，经营风险加大；二是一些经销商并没有找到差异化的服务能力，只能采取价格战来获得销量，实际上牺牲了利润和未来发展；三是部分经销商将保养业务作为产值来源，过度挖掘保养客户，降低了用户的忠诚度和回头率；四是主机厂的配件成本居高不下也增加了经销商的盈利难度。随着市场销售下滑，经销商衍生服务能力薄弱，政府监管趋严，经销商的经营风险进一步放大。

（二）经销商需要建立与厂家平等互惠的关系

随着大型经销商集团的发展，以及相关政府政策的支持，经销商维护自身权益的意识增强，经销商话语权相对于厂家将不断提升。目前主要的经销

商集团，如广汇、中升、正通、永达等集团不断扩张，加上第三方汽车商会、协会等组织的影响力扩大，经销商的话语权在与厂家的博弈中将逐步上升。

未来将出现以订单生产为主的发展模式，取代目前市场上以产定销的模式，目前日系汽车经销商企业的市场满意度明显高于其他品牌，主要原因是精益化的订单生产模式发挥了重要作用。

未来，随着反垄断法的影响越来越大，零部件渠道将更加多元，原厂配件价格将会逐步降低，经销商与售后相关的经营成本控制能力将加强。经销商也会在建店成本之外，在多品牌经营上逐步向国外经营模式靠近。

（三）借力互联网技术，加强数字化运营

当前消费者的行为正在发生翻天覆地的变化，年轻消费者越来越依赖在线寻车和线上消费。经销商要想实现获客及经营能力提升，需要紧跟用户需求，进行数字化转型。数字化转型需要在市场端、销售端、服务端和营销端等多方面共同开展，通过贯穿消费者"购车—用车—修车—换车"全过程实现体验升级（见图8）。

在营销端，在消费者到店前通过线上垂直媒体或电商进行互动和引流；在销售端，通过数字化手段打造全新沉浸式展厅体验；在服务端，建立车主俱乐部等形式多样的品牌社区，组建车主交际圈，增强用户黏性，同时将保有客户用车意见反馈到车型改款设计方案中。

汽车经销商集团不仅要在业务端实现数字化，内部管理也要进行数字化变革，对现有业务经营模式进行深度重构来提升运营和管理效率。分为四个阶段：第一阶段，信息数字化，实现企业信息线上化、业务流程数据化、信息流的非物质化；第二阶段，企业软件和工作流程自动化，也就是业务流程信息化，实现流程具体的追溯性和动态优化；第三阶段，形成大数据架构，通过存储和获取大量数据以获得相关业务见解；第四阶段，人工智能，达到智能商业分析决策的目标，将复杂过程的全部或部分自动化，依靠动态输出作出判断，进行分析和解读。

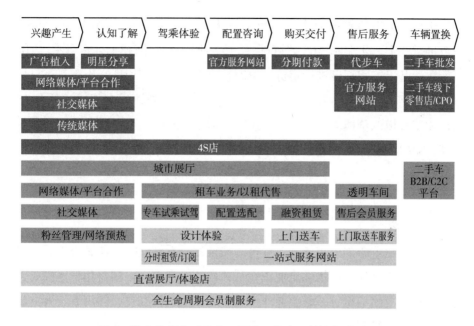

图8 数字化贯穿"购车—用车—修车—换车"全过程

资料来源：北汽鹏龙、罗兰贝格。

汽车之家、腾讯、乐车邦和车商通等互联网公司希望赋能4S店体系。汽车之家将数字化转型分为三大步。第一步是全流程数据轨迹可视，能够通过与客户交流，很快完成用户的画像标签，增加客户到店的概率，在与客户交流时，能够实现通话记录的保存转换，这一步实现了沟通过程可视化、内部流程可视化以及用户轨迹可视化；第二步是基于AI技术为经销商打造智慧外呼、智慧助手、贯穿展厅销售全流程的智能工具等，以人机协作实现管理决策科学评估；第三步则是协助经销商构建数字化平台，打通经销商内外部数据，形成完整闭环。

腾讯提出了"智慧4S店"解决方案，依托微信公众号、企业微信、移动支付、小程序、广告、云等七种工具，覆盖从精准引流、预约试驾、到店接待、用户成交、售后维修、线上CRM和社区分享等各个环节，打通销售业务链，帮助企业构建以微信社交为核心的数字化新生态。永达汽车、大昌行、正通等经销商与腾讯合作落地了首代"智慧4S店"。

乐车邦提出的解决方案是"电商＋大平台集采＋管理输出"的模式。在流量赋能上，乐车邦 App 把 4600 家 4S 店搬到互联网线上，整合 4S 店闲置资源，基于忙闲程度进行定价，协助企业提高资产利用率。乐车邦还与很多家互联网平台达成合作，获得免费流量入口。此外，乐车邦通过整合 4S 店形成了规模议价能力，为 4S 店提供了控制采购零部件成本的途径。乐车邦还为 4S 店提供"托管"服务，提升了一些中小型经销商集团的运营业绩。

（四）做好精益化、细节化管理

在一个竞争激烈的市场中，胜负的关键就是看谁能把工作做得更深、更细致、更容易落地，经销商企业正在从粗放的管理模式向精益化管理模式转变。以运通集团为例，一是企业非常重视组织上的精细化，聘用了一大批懂得经销商运营管理的专业人才。二是运通建立了精细化的运营体系，体现在信息化、标准化、目标化和细节化四个方面。信息化是利用信息化整合财务流、业务流和信息流，提升集团管控能力；标准化是指标准化制度，让集团内的经销商按照集团的战略以及节奏来开展业务，实现战略落地和管理快速复制。三是目标化，将利润目标和销售服务目标落实到每个时间维度，落实到每个人员和团队，运用目标管理保证整体目标。四是细节化，运通建立了"321"制度，要求经销商总经理每天必须保证转店 3 次，每天必须到现场待 2 个小时，每天跟客户接触 1 次。还有"54321"制度，要求保证每天进店 5 组客户，其中 4 组客户留底成功，3 组客户实现试驾，2 组客户达成意向，1 组客户成交。

（五）做好主业，协同衍生业务创新

售后维修业务是经销商的主要盈利项目，经销商需要在售后业务中实现价格、便利性、品质服务的平衡，为此需要相应的人员、设备、服务、环境和技术，在此基础上形成更好的售后服务体系，并采取灵活、多样化的维修模式。

在日本的汽车经销商体系中，员工平均工作年龄在10年以上，这就保证了员工能够有丰富的经验应对不同的复杂问题，员工能够与老客户建立更长期的关系，了解老客户需求，维护老客户利益。经销商盈利离不开衍生业务，衍生业务的发展让经销商能够应对不景气的市场环境。2019年永达、中升等集团的衍生业务的良好表现保证了集团收入的稳定。

（六）避免同质化竞争，寻求经营模式创新

在当前激烈竞争下，经销商集团需要开展差异化经营，贵州通源、美东集团和华鹏集团是典型。通源汽车旗下近21个汽车品牌，其业务链条通过一种运营模式被整合在一个园区里，用户无论是买一辆雪佛兰，还是购买玛莎拉蒂，都可以在这个园区内找到对应的经销商，极大提升了用户便利性。为了集客，通源汽车开展了很多的活动，吸引各类消费者，扩大对潜在用户的接触面。

不同于一般豪华品牌经销商集团集中在一、二线城市，美东汽车侧重于低线城市，而且强调单城单店。其2018年收购的六家宝马店全部位于四、五线城市的小型服务门店。美东汽车布局后，其他经销商集团一般不再进入，通过这种方式，美东汽车避免了与其他经销商集团的正面竞争。美东集团2019年全年财报显示，其营业收入同比增长46.5%，达162.1亿元；净利润增长53.4%，达5.58亿元。

（七）从传统业务向新业务转型

在新的竞争形势下，一些汽车经销商正在搭建覆盖从新车、售后到置换的产业链上的交易场景，与多平台展开异业合作，创新模式，提升规模效应。

华鹏集团一方面侧重新能源汽车，另一方面积极布局网约车运营。在新能源汽车领域，华鹏集团已连续5年占据比亚迪全国经销商销量排名第一的位置。2019年初，华鹏集团成立网约车业务部门，在9月正式开展业务，一次投放了2500辆新能源汽车。

华鹏集团董事长王瑞江认为，4S店的主营业务与网约车业务可以协同。4S店的核心是销售和维修保养，网约车的核心是车辆运营，两者恰好形成

业务互补。网约车能够消化4S店的库存，4S店能够为网约车提供保养、定损维修等服务。网约车是经营性车辆，需要专业团队维修保养，提升车辆正常行驶的效率和里程，而高频度的维修保养可以提升4S店营业额。

在布局网约车业务的同时，华鹏集团与电网公司建立了合资企业，大大降低了充电成本。国家电网与华鹏集团签订了动力电池回收协议，新能源汽车运营五年之后，国家电网会对动力电池进行回收，解决了电动汽车的残值难题。华鹏集团从单一4S店，转向出行、充电、电池回收等多个领域，成为出行平台的服务商。

七 汽车经销服务业政策进入新一轮改革调整阶段

我国汽车经销服务业涵盖新车、平行进口、二手车、维修保养、金融保险等众多领域，管理部门涉及国家发改委、财政部、公安部、商务部、交通运输部、生态环境部、国家市场监督管理总局、国家税务总局等十多个部门。汽车经销服务业管理涉及领域广、覆盖企业多、管理难度大。但是，在各政府部门的高度重视和共同努力下，我国已经建立了相对完善的汽车经销服务业管理制度，并成为推动我国汽车产业持续健康发展的重要保障。

近年来，随着我国经济社会的发展以及汽车经销服务业创新步伐的加快，原有的部分管理政策已不能适应行业进一步发展的需求。同时，汽车经销服务市场竞争不充分、服务质量需进一步提高、行业发展有待进一步规范等问题也越来越突出，成为阻碍汽车经销服务业高质量发展的重要障碍。因此，为不断适应汽车经销服务业发展新趋势，推动新技术、新业态、新模式创新应用，努力营造透明、公平、开放的市场竞争环境，各管理部门加快推动汽车经销服务业管理体制改革，该取消的取消，该下放的下放，该调整的调整。同时，加强事中事后监管，推动行业监管体系改革与创新。特别是2018年以来，为完善汽车经销服务业管理制度，进一步激发居民汽车消费潜力，国务院及各部门密集出台相关政策，不断优化行业发展环境，推动我国汽车经销服务业高质量发展（见表3）。

表3　2018年以来重点汽车经销服务业管理政策

领域	发布时间	文件名称	发布部门
综合（含新车销售）	2018年9月	《关于完善促进消费体制机制 进一步激发居民消费潜力的若干意见》	中共中央、国务院
	2018年9月	《关于印发完善促进消费体制机制实施方案（2018～2020年）的通知》	国务院办公厅
	2019年1月	《关于印发〈进一步优化供给推动消费平稳增长 促进形成强大国内市场的实施方案（2019年）〉的通知》	国家发改委、工业和信息化部、民政部、财政部、住房和城乡建设部、交通运输部、农业农村部、商务部、国家卫生健康委、国家市场监督管理总局
	2019年6月	《关于印发〈推动重点消费品更新升级 畅通资源循环利用实施方案（2019～2020年）〉的通知》	国家发改委、生态环境部、商务部
	2019年8月	《关于加快发展流通促进商业消费的意见》	国务院办公厅
	2020年4月	《关于稳定和扩大汽车消费若干措施的通知》	国家发改委、科技部、工业和信息化部、公安部、财政部、生态环境部、交通运输部、商务部、中国人民银行、国家税务总局、银保监会
平行进口	2018年5月	《关于降低汽车整车及零部件进口关税的公告》	国务院关税税则委员会
	2019年8月	《关于进一步促进汽车平行进口发展的意见》	商务部、工业和信息化部、公安部、生态环境部、交通运输部、海关总署、国家市场监督管理总局
	2020年5月	《关于调整轻型汽车国六排放标准实施有关要求的公告》	生态环境部、工业和信息化部、商务部、海关总署
二手车	2019年5月	《关于支持在条件成熟地区开展二手车出口业务的通知》	商务部、公安部、海关总署
	2020年4月	《关于二手车经销有关增值税政策的公告》	财政部、国家税务总局

续表

领域	发布时间	政策名称	发布部门
维修保养	2019 年 3 月（第三次修订）	《道路运输条例》	国务院
	2019 年 6 月（第三次修订）	《机动车维修管理规定》	交通运输部
金融保险	2018 年 6 月（第三次修订）	《关于开展商业车险自主定价改革试点的通知》	中国银保监会办公厅
	2018 年 6 月	《关于商业车险费率监管有关要求的通知》	中国银保监会办公厅
	2019 年 1 月	《关于进一步加强车险监管有关事项的通知》	中国银保监会办公厅
	2019 年 2 月	《关于加强保险公司中介渠道业务管理的通知》	中国银保监会办公厅

资料来源：根据公开资料整理。

行业篇

Industry Reports

B.2

乘用车市场2019～2020年发展
现状与趋势

郑愫 许广健*

摘　要： 2019年新车销售市场持续下滑，新能源汽车销量受到补贴退坡影响首次下滑，新车市场增长乏力导致经销商整体处于亏损状态。从未来发展看，新车销售市场仍处于下滑周期，2020年政策影响将成为关键。豪华车市场、新能源汽车市场以及平行进口市场具有增长的可能。在这种情况下，行业将加速集中，经销商集团淘汰赛开始，汽车新零售、直播售货以及数字化转型成为重要趋势。

* 郑愫，北京北汽鹏龙汽车服务贸易股份有限公司研究高级经理，研究方向为汽车行业与对标企业研究、宏观经济政策研究；许广健，中国汽车技术研究中心有限公司中国汽车战略与政策研究中心汽车流通与后市场政策研究室中级工程师，研究方向为汽车流通与产业。

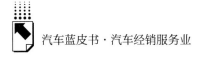
关键词： 乘用车市场　新能源汽车　平行进口　汽车新零售

一　新车销售市场持续下滑，品牌集中度进一步提升

自 2014 年以来，中国汽车市场告别了高速增长进入平稳增长阶段。2018
年汽车市场转入下滑趋势。2019 年乘用车销量为 2069.8 万辆，对比 2018 年下
降 7%。2020 年受新冠肺炎疫情影响，预计市场将进一步遇冷（见图 1）。

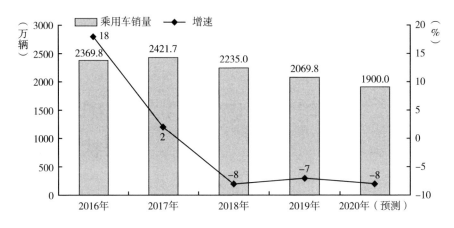

图 1　2016～2020 年全年狭义乘用车累计销量

资料来源：中国汽车工业协会。

根据乘联会数据，2019 年全年狭义乘用车累计销量约为 2069.76 万辆，
同比下降 7.4%。其中，轿车销量约为 1014.43 万辆，同比下降 9.1%；
SUV 销量约为 918.16 万辆，同比下降 3.6%；MPV 销量约为 137.17 万辆，
同比下降 18.2%。

2019 年汽车市场增长受到"国五""国六"标准切换的影响。上半年厂
家和经销商的重心更多地放在了清理"国五"库存车辆，车厂减少了出货量，
经销商加大促销力度售车，因此批发与零售的走势发生了背离：乘用车上半
年批发量同比下降 13.5%，而终端零售量同比上升 2.7%。但由于"国五"车
辆去库存透支了未来消费，下半年终端消费下滑明显。下半年，厂家在加大

"国六"车型投放后，批发量有所恢复，批发、零售两端的销量差距有所缩小。

主要乘用车上市公司财报显示，2019年车企营收和利润明显下滑。从三家主要民营企业看，吉利汽车全年营收974.01亿元，同比下降9%；净利润81.9亿元，同比下降35%。长城汽车营业收入962.11亿元，同比下降3.04%；净利润44.97亿元，同比下降13.64%。比亚迪营业收入1277.4亿元，同比下降1.8%；净利润16.1亿元，同比大幅下降42%。长安、东风、北汽和江淮等国有企业经营情况同样不容乐观。

与此同时，中国汽车行业"马太效应"更为显著，汽车行业呈现向头部集中的发展趋势。部分整车企业陷入困境。猎豹汽车、众泰汽车、华泰汽车、力帆汽车、杭州青年、北汽银翔、海马汽车和云度汽车都传出企业经营不佳的信息。一些品牌力不强的合资企业也处境艰难。

二 新冠肺炎疫情加重汽车行业下滑趋势

疫情的发生，直接影响消费者进店购买的意愿，2020年春节后，各地经销商主要依靠线上销售。受各地隔离政策的影响，汽车厂家、经销商等复工复产难度大，新车库存和销售都受到巨大影响。工信部发布的数据显示，2020年第一季度我国汽车产销量分别为347.4万辆和367.2万辆，同比分别下降45.2%和42.4%。乘联会数据显示，2020年第一季度乘用车零售市场销售301万辆，同比下滑41%。其中1月零售171万辆，同比下滑21%。2月仅销售25万辆，同比下滑80%。3月市场缓慢恢复，销量达到104万辆，但仍然下滑40%。但相比2月80%的降幅，疫情后的汽车消费恢复速度也比较快。

2020年3月，自主品牌的销量最高，其次分别是德系、日系、美系、韩系、其他欧系和法系。与2019年3月的销量相比，自主品牌销量同比下降47.1%，德系同比下降33.2%，日系同比下降38.7%，美系同比下降33.8%，韩系同比下降27.7%，其他欧系同比下降24.1%，法系同比下降78.7%。所在地区疫情严重程度、复工复产速度以及主攻细分市场对不同国别车型的销量都有一定程度的影响。

三 补贴退坡，新能源汽车销量同比首次下滑

2019 年，我国新能源汽车销量为 120.6 万辆，同比下降 4.0%。其中纯电动汽车销售完成 97.2 万辆，同比下降 1.2%；插电式混合动力汽车完成 23.2 万辆，同比下降 14.5%；燃料电池汽车销售 2737 辆，同比增长 79.2%（见图 2）。

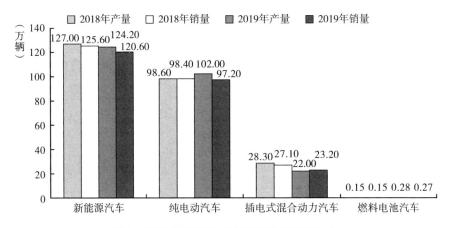

图 2 2018 年与 2019 年新能源汽车产销对比

资料来源：中国汽车工业协会、编委会整理。

2019 年新能源汽车市场首次出现负增长，其中补贴政策的变化对销量造成巨大影响。2019 年 3 月 26 日，财政部等多部门联合发布《关于进一步完善新能源汽车推广应用财政补贴政策的通知》，2019 年对纯电动乘用车的最高补贴退坡至 2.5 万元，比 2018 年减少 50%，而插电式混合动力汽车的补贴则由 2018 年的 2.2 万元退坡为 1 万元。此外，政策对电池的能量密度、续航里程的要求也再次提升，并直接取消了新能源汽车的地方补贴（新能源公交车和燃料电池汽车除外）。这意味着，车企承担了更多的成本压力。因此，在新政实施之前，不少新能源车企开始闻风调价。新特、小鹏汽车与北汽新能源等纷纷上调价格，蔚来、威马、比亚迪等车企也都推出了限时保价政策，鼓励消费者在补贴退坡到来之前购车。由于退坡力度较大，新政实施之后，中国新能源汽车销量立刻出现了负增长。

车企过度依赖出行市场，已经是一个普遍现状。根据电动汽车观察家发布的统计结果，2019年1~10月，累计上险的个人非营运类车型约25万辆，仅占纯电动乘用车上险总数的45%左右。剩余车辆为营运类车辆和单位购买的非营运车。而以个人名义上险的非营运类车辆也有部分参与网约车运营。随着出行市场进入饱和阶段，依靠出行市场带动新能源汽车发展的时代已接近尾声，这也是纯电动汽车销量下滑的重要因素。

根据公开融资信息统计，造车新势力2019年融资的企业包括蔚来汽车、理想汽车、拜腾汽车、合众汽车、威马汽车、小鹏汽车、博郡汽车、天际汽车、爱驰汽车、奇点汽车等共计10家（见表1）。

表1　汽车出行领域2019年top10融资金额汇总

单位：亿元

企业	领域	融资轮数	融资金额	投资方
蔚来汽车	智能网联	股权融资	45.85	腾讯、高瓴资本认购
理想汽车	智能网联	C轮	37.39	王兴、美团点评、经纬中国、首钢基金、蓝驰创投、今日头条
拜腾汽车	新能源	C轮	35.28	一汽集团
合众汽车	智能网联	B+轮	30	政府产业基金领投
威马汽车	智能网联	C轮	30	百度领投，太行产业基金、线性资本等参投
小鹏汽车	新能源	C轮	28.22	小米科技、何小鹏、经纬中国、晨兴资本
博郡汽车	智能网联	战略融资	25	银鞍资本、盛世投资、中科产业基金、住友商事、宝时得、浦口高投、园兴投资
天际汽车	智能网联	A轮	20	上海电气
爱驰汽车	智能网联	战略融资	10	明驰基金
奇点汽车	新能源	战略融资	7	尹藤忠

资料来源：亿欧网及网络公开资料。

但上述企业整体情况并不乐观。交付推迟、烧钱不止、产品遭质疑等消息不断爆出，造车新势力正在经历生死存亡。造车新势力与传统车企合作，争取地方政府更大的支持，企业间的"抱团取暖"将成为一种趋势。

2020年4月23日，财政部等四部门联合发布《关于调整完善新能源汽车补贴政策的通知》，明确了2020年到2022年渐进式逐步退坡的政策，2020～2022年补贴标准相对前一年分别退坡10%、20%、30%，这对于稳定企业生产和鼓励消费具有非常积极的意义，在新能源汽车质量不断提升、全生命周期成本逐步接近传统汽车的情况下，新能源汽车有望恢复到高速增长的状态。

四 汽车平行进口市场逆势增长

2019年，我国汽车平行进口16.18万辆，同比增长23.7%。在进口汽车市场总体下降的形势下，平行进口量逆势增长。2015年是平行进口试点工作落地实施的第一个整年，汽车平行进口量就已经达到11.43万辆。2017年进口量进一步增长到17.24万辆，占进口汽车总量的比例接近14%，但受部分平行进口汽车需补做耐久试验以及中美贸易摩擦等因素影响，平行进口汽车车源供给不足问题突出，导致2018年平行进口量降至13.08万辆（见图3）。

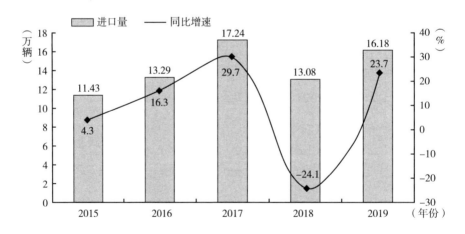

图3　2015～2019年汽车平行进口量及增长情况

资料来源：中汽中心、政研中心，后同。

2019年，平行进口汽车来源地进一步向中东地区集中。中东地区车源共进口8.86万辆，份额达到54.7%，比2018年增加2.5个百分点。其中，阿联酋是我国最大的平行进口汽车单一来源国，2019 年从阿联酋进口 7.36 万辆，同比增长 24.4%，份额达到 45.5%。美国居第 2 位，占 39.1%（见图 4）。

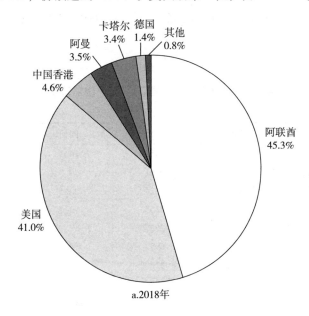

a.2018年

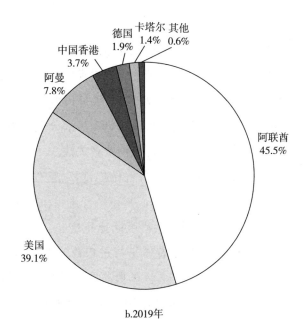

b.2019年

图 4　2018 年、2019 年平行进口车来源地情况

2019 年，热销品牌销量涨跌互现。丰田进一步巩固市场第一地位，市场份额达到 44.0%。日产、奔驰、三菱、宝马销量超过 1 万辆。此外，雷克萨斯、保时捷、道奇、英菲尼迪等品牌实现 100% 以上的增长，路虎、玛莎拉蒂等品牌降幅则超过 50%（见表 2）。

表 2　2019 年汽车平行进口前 10 品牌销售情况

单位：辆，%

排名	品牌	销量	同比	份额
1	丰田	67958	14.1	44.0
2	日产	20651	-9.8	13.4
3	奔驰	19624	22.5	12.7
4	三菱	12805	193.3	8.3
5	宝马	12337	-17.2	8.0
6	路虎	6952	-54.7	4.5
7	雷克萨斯	3260	100.5	2.1
8	奥迪	1810	-10.7	1.2
9	保时捷	1637	118.3	1.1
10	福特	1537	-43.6	1.0

受到国内需求改变、进口车型国产化等因素影响，平行进口车型数量大幅下降。平行进口充分满足消费者求新、求异需求的特色仍然非常明显，仍有相当数量的个性化、小众化车型。如 2019 年丰田海拉克斯、福特 F150、福特野马、雪佛兰科迈罗等车型仍保持较高热度。部分企业还积极向国内提供新车型，如丰田三门版普拉多引发部分消费者关注。

2019 年 7 月 1 日以后，我国 16 个省份提前实施"国六"排放标准。2019 年 4 月以来，汽车平行进口试点企业和平行进口汽车消费者抢抓政策最后窗口期，相应区域销售出现较大幅度同比正增长。2019 年上半年，提前实施"国六"排放标准的 16 个省份平行进口汽车终端零售量同比增长 18.57%，远高于市场总体的 11.17%。未提前实施"国六"排放标准的 15 个省份中，2019 年上半年终端零售量有 10 个为同比负增长（见表 3）。2019 年 7 月 1 日以后，相应地区需求开始大幅下降。

表3　分地区平行进口汽车终端零售情况

单位：辆，%

类别	省份	2018 年		2019 年上半年	
		终端零售量	同比增速	终端零售量	同比增速
提前实施区域	广东	19873	− 6.71	10055	3.75
	山东	10120	3.49	6782	38.49
	河北	7801	− 4.39	5334	36.59
	浙江	8067	14.25	4260	7.44
	河南	6456	− 4.97	4229	34.94
	四川	6935	− 5.01	4183	22.24
	江苏	5924	6.39	3886	33.31
	北京	7519	0.84	3810	6.04
	陕西	6009	− 9.92	3575	22.73
	天津	3323	− 4.26	2238	20.65
	内蒙古	4541	− 17.30	2221	− 3.10
	山西	3132	2.29	2132	35.02
	上海	2705	− 15.76	1761	47.49
	重庆	2741	− 6.03	1455	5.51
	安徽	2799	22.07	1442	2.85
	海南	837	− 4.56	352	− 34.45
未提前实施区域	湖南	7632	− 7.02	3831	6.89
	辽宁	6315	− 18.31	2924	− 7.23
	湖北	5346	6.07	2685	2.68
	新疆	4770	− 19.32	2411	− 4.29
	云南	3667	− 10.95	1842	1.32
	福建	2066	14.59	1498	31.87
	黑龙江	3301	− 19.39	1440	− 15.69
	广西	2506	− 6.04	1283	− 3.75
	吉林	3274	− 27.60	1215	− 27.38
	江西	2026	6.13	1188	15.68
	贵州	1674	− 1.12	823	− 12.73
	甘肃	1501	− 29.13	757	− 14.75
	西藏	1541	12.48	613	− 31.51
	宁夏	1238	− 15.55	597	− 11.29
	青海	1141	18.36	572	− 0.87

五　新车汽车电商从直接交易转到线索为王

汽车一度被认为将像图书、家电等商品一样进入电商销售时代，但"流量—收集消费线索—交易"的链条并没有实际的销量提升。2016年之后，汽车电商开始降温。以汽车之家为代表的汽车垂直社区与服务平台开始回归到"收集消费线索"环节。汽车之家在陆敏履新后，提出向数据化公司转型的战略，希望依靠AI、大数据、云，形成一个新的闭环生态。在这一发展过程中，"进一步维护与经销商的合作关系"是其发展目标之一。汽车之家副总裁吴涛曾表示，"更多的线索乘以更高的转化率，将带来更多的成交。对于经销商而言，在车市寒冬下，如何深度挖掘数据价值，提升精细化运营能力，是他们的核心诉求"。

根据全国工商联汽车经销商商会的调研数据，2019年各品牌的互联网线上导流占到店量的比重的均值为32.0%，到店的顾客有近1/3是由互联网线上导流过来的，各大品牌越来越重视网络营销；销售转化率平均为16.6%。线上导流占比最高的品牌为：上汽通用别克、红旗，超过50%；线上导流占比最低的品牌为：斯巴鲁、东风悦达起亚，不到20%。

依靠AR、AI、大数据、云等新技术，在网上看车展已经成为可能。借用AI、AR、Web3D等技术，可以构建360°全景多维可视步进式场景，形成类似车展的氛围，在线上可以辅以真实车模、行业KOL解读和汽车编辑等。线上车展相比于线下车展，数据的积累更加具有意义，驻足各个展台的看车人数，对相关汽车参数的了解，都能形成相应数据，形成"数字化报告"，这份"报告"将帮助主机厂和经销商实现更高效更精准的转化。

丰富的咨询内容也是线上平台吸引受众的主要方式，汽车之家、懂车帝等都更加重视汽车领域创作者的作用。汽车之家车家号有超过2万名内容创作者入驻，日产内容达7000篇，其在C端和B端之间的连接功能充分显现。一方面，汽车之家借助车家号可以持续吸引用户并利用大数据描绘用户画像；另一方面，利用大数据、人工智能技术，车家号能够根据B端需求精准匹配C

端用户，将需求转化为用户价值。2019年，平台上总体内容发布量同比增长225%，流量获取指数增加47%，内容专业指数提升9.4%。视频内容首次超过图文内容。2019年底，汽车之家发布的《2019汽车自媒体生态大数据趋势洞察》显示，2019年汽车内容用户同比增长35%，其中90%的用户来自80后和90后。相对于2018年，三、四、五线城市汽车用户增长规模接近100%。

直播成为新趋势。2019年10月，雷佳音、快手网红"手工耿"和淘宝主播陈洁Kiki三人通过3个半小时的直播，带来1623台宝沃汽车订单，订单金额超过2.2亿元。此后，江铃、沃尔沃、长城汽车等都尝试了直播方式。直播突破了传统的卖车场景，打破了空间限制，无论消费者身处何地，都可以通过网络了解产品的信息。在新冠肺炎疫情持续期间，越来越多的经销商采用直播电商的方式推销汽车。一汽大众、长安汽车、雷克萨斯、小鹏汽车等众多主机厂都利用直播进行新品发布。

直播平台包括多种类型，汽车直播最多的是懂车帝、微博及抖音三个平台。懂车帝使用最多，能够兼顾流量和专业资讯内容。汽车直播与一般商品直播有很大不同，其主要围绕"信息增量"展开，优秀的直播能够提高信息的可信度，为客户提供与消费决策相关的必要、准确信息。

汽车直播的转化效果，业内一直有两种不同的声音。一类认为其仅是宣传作用，汽车直播更多的是赚吆喝。另一类则认为其是一种非常方便、低成本的线上销售模式。整体看，对于汽车这种大件商品，汽车直播本身只是销售的一个前端环节，背后需要主机厂和经销商的密切配合，这样才能真正将流量转换为订单。从未来看，汽车直播会是销售渠道的一个重要环节和场景，汽车经销商和汽车主机厂会更有效地使用直播来强化营销组合。

六　经销商整体处于亏损状态，企业寻求转型升级

（一）行业半数企业亏损

受整体车市低迷和消费者信心不足的影响，经销商面临严峻考验，部分

经销商出现库存压力大、销售回款慢等经营困难。CADCC《2020年经销商对厂家满意度项目调研报告》显示，2019年经销商盈利比例达到52.4%，亏损比例为47.6%，2018年53.5%的经销商亏损，46.5%的经销商盈利。经销商近些年持续亏损的情况并未显著改变（见图5）。

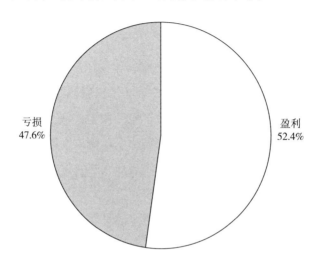

图5 2019年汽车经销商盈利情况

资料来源：全国工商联汽车经销商商会调查数据。

接近一半（47.6%）的经销商在2019年是亏损的；有6.8%的汽车经销商在2019年亏损500万元以上，35.0%的经销商在2019年亏损100万元以上；仅有11.3%的经销商在2019年盈利500万元以上（见图6）。

调研发现，有23.2%的经销商2017～2019年连续三年亏损；仅有31.1%的经销商三年全部盈利。汽车经销商正在经历不断洗牌的过程。

（二）代理品牌知名度、企业建店时间以及二手车业务开展等因素影响经销商经营绩效

从2019年全国工商联汽车经销商商会调研统计数据看，经营情况较好的4S店受到以下因素的影响：一是经销商所代理品牌的知名度，影响系数为0.206；二是网点成立时长，影响系数为0.195；三是整车企业的商业政策，

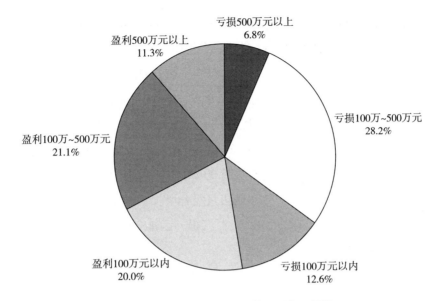

图6　2019年汽车经销商的具体盈利与亏损情况

资料来源：全国工商联汽车经销商商会调查数据。

影响系数为0.185；四是二手车业务开展情况，影响系数为0.098。统计发现，4S店代理品牌的知名度越高、成立时间越久、商务政策越有利、二手车业务收入的同比增长率越高，盈利情况越好。整体看，进口品牌2019年的盈利情况好于合资品牌，合资品牌2019年的盈利情况好于自主品牌。

（三）经销商更加重视新车与售后、二手车、汽车金融的业务协同

随着新车销售利润的下滑，经销商开始深耕售后、二手车与汽车金融业务。经销商进行售后服务具有天然的优势，依托新车销售可以方便绑定售后服务，基本覆盖3年以内销售的车辆。从港股六家上市经销商集团数据看，六家经销商集团售后业务营收占比在8%～15%，在毛利润中的占比在30%～70%。

二手车成为多家经销商集团重点转型的着力点，且增效明显。经销商越来越重视二手车市场的增长空间，而且经销商进入二手车市场优势明显。一

方面，经销商具有丰富的客户资源，另一方面，经销商可为消费者提供完善的售后服务，同时经销商可深度参与新零售模式。根据2019年上半年财报数据，广汇汽车2019年上半年累计实现二手车交易量15.35万台，同比增长7.79%。广汇4S店以连锁专业化二手车销售服务中心为业务拓展路径，建立了从批售拍卖到零售服务的业务拓展平台，提供从入口到出口的二手车供销服务链。2019年5月，广汇汽车开始启动二手车出口业务。永达2018年销售二手车4.23万辆，同比增长超20%，二手车业务量占比达19.3%，营收占比4%，且连续6年二手车销售量复合增长率达到40%，成为进步最快的同类型企业之一。与此同时，广汇汽车、正通汽车等企业的金融衍生业务也取得了快速发展。

七 《汽车销售管理办法》对新车市场的影响逐步显现

（一）《汽车销售管理办法》的影响

《汽车销售管理办法》（简称《办法》）于2017年7月1日起施行。《办法》的主要改变在于力图打破品牌授权销售单一体制，允许授权和非授权销售模式共存，《办法》强调消费者权益保护，更加注重创造良好的汽车消费环境。《办法》要求供应商、经销商或售后服务商应当以适当形式明示汽车产品质量保证、销售价格、售后服务政策、"三包"信息、授权信息、配件信息等，不得限定消费者户籍所在地、不得强制消费。《办法》中针对行业反映的单方面确定销售目标、搭售、限制多品牌销售及转售等突出问题进行了引导和规范，明确禁止不公平、不合理的交易行为，既要保护经销商独立自主的经营地位，又要维护供应商的正当权益，充分发挥零供双方的积极性，共同推动建立新型市场主体关系。

从实施看，《办法》对于推动厂家与经销商的沟通合作起到了一定的作用，但这种改变是渐进的，需要融合市场的力量，并非《办法》出台能够一夜之间改变的。

《办法》规定供应商采取向经销商授权方式销售汽车的，授权期限（不含店铺建设期）一般每次不低于3年，首次授权期限一般不低于5年。双方协商一致的，可以提前解除授权合同。从实施情况看，新政策对保护经销商的利益会起到一些效果，比如有的厂家遵守新的授权要求，但并没有完全改变厂家对经销商的强势地位。归根结底在于，汽车商品资源都牢牢掌握在整车厂手上。

《办法》明确了经销商可以同时经营多个品牌产品，这意味着4S店可以同时出售多个品牌汽车，且无须向品牌商申请。从目前情况看，一些新的业态，特别是新零售业态不断出现，如淘车、弹个车、花生好车、毛豆新车等新零售创业公司也找到了自己的目标市场。目前已经有十几家主机厂开始批量供车给上述新零售汽车公司。在与厂家一同成长的主基调下，以4S店为主体的汽车流通网络也在不断改变，多业态和非授权模式的销售网络逐步扩张。此外，一些多品牌的综合维修中心、配件的外采和外销等售后服务也在逐步增加。

《办法》的实施对以往厂家的强势做法进行了约束，推动了创新业态的出现，成效初步显现。但受到近两年市场下滑的影响，紧张的厂家与经销商的关系并未明显缓解。

（二）平行进口政策

为打破进口汽车渠道垄断，促进市场价格竞争，给予消费者多样化选择，保障消费者合法权益，2014年10月，《国务院办公厅关于加强进口的若干意见》（国办发〔2014〕49号）提出，加紧在中国（上海）自由贸易试验区率先开展汽车平行进口试点工作。2015年1月，上海市商务委等发布《关于在中国（上海）自由贸易试验区开展平行进口汽车试点的通知》，这标志着我国汽车平行进口试点工作正式开展。此后，商务部、生态环境部、工信部、公安部、交通运输部、海关总署等部门从试点范围、认证、三包售后、保税仓储等方面推动试点工作进一步规范、繁荣发展。

试点期间，我国稳步扩大试点范围并促进行业优胜劣汰。2015年以来，我国从试点企业、试点地区范围两个维度扩大试点。如 2018 年 1 月，商务部等八部门发布《关于内蒙古等地区开展汽车平行进口试点有关问题的复函》（商建函〔2018〕48 号），支持在内蒙古自治区满洲里口岸等 8 个地区开展汽车平行进口试点；2018 年下半年商务部同意天津、上海、福建、广东、大连、宁波等试点成效较好的地区在原有基础上增加试点企业数量。同时，商务部等部门也要求各地严格试点企业监管，建立试点企业退出机制。取消存在违法进口和销售不符合国家机动车安全技术和环保排放标准平行进口汽车、自行或组织非法改装平行进口汽车、买卖或非法转让自动进口许可证等行为试点企业的试点资格。目前，上海、天津、福建、广东等试点地区均开展了试点企业评审工作，并根据企业业务开展情况调整了试点名单。

加大保税仓储优惠政策力度。根据《汽车产业发展政策》（国家发展和改革委员会令第 8 号），所有进口口岸保税区不得存放以进入国内市场为目的的汽车。为促进汽车平行进口发展，降低企业融资压力，2016 年我国允许平行进口汽车享受最长 3 个月的保税仓储，2018 年进一步放宽条件允许可不设期限，即平行进口汽车不必"落地完税"。

平行进口汽车关税和增值税大幅下降。我国对汽车产品在进口环节征收关税、消费税和增值税。2006 年 7 月 1 日以来，我国进口汽车关税相对稳定，其中多数乘用车税率保持在 25%（除部分皮卡、房车外，绝大多数平行进口车型适用该税率）。2018 年 5 月，国务院关税税则委员会发布《关于降低汽车整车及零部件进口关税的公告》（税委会公告〔2018〕3 号），要求自 2018 年 7 月 1 日起将乘用车整车关税税率由 25% 降至 15%。此外，我国还分 2 次下调了进口汽车的增值税税率，2018 年 5 月 1 日起进口汽车整车增值税由原来的 17% 降至 16%，2019 年 4 月 1 日起税率进一步降至 13%。关税和增值税税率共计下调 14 个百分点，促使进口汽车综合税率下降了 16.30 ~ 27.17 个百分点。平行进口汽车以大排量豪华车为主，综合税率下降幅度比中规车大，同时降税后平行进口企业也倾向于更多让利消费者。乘用车各排量区间进口环节综合税率变化情况如表 4 所示。

表4 分排量区间进口环节综合税率变化情况

乘用车排量	实施前税率（%）	实施后税率（%）	变化（百分点）
纯电动	46.25	29.95	-16.30
排气量≤1.0L	47.73	31.26	-16.47
1.0L＜排气量≤1.5L	50.77	33.97	-16.80
1.5L＜排气量≤2.0L	53.95	36.79	-17.16
2.0L＜排气量≤2.5L	60.71	42.80	-17.91
2.5L＜排气量≤3.0L	66.19	47.67	-18.52
3.0L＜排气量≤4.0L	95.00	73.27	-21.73
排气量＞4.0L	143.75	116.58	-27.17

资料来源：中汽中心、政研中心整理。

多地提前实施国六排放标准。随着我国汽车产销量和保有量的不断增长，防治机动车污染物排放对环境的负面影响成为各方关注的重点问题。为降低机动车排放水平，改善环境空气质量，保障人体健康，我国稳步推进并分区域提前实施"国六"排放标准。根据《轻型汽车污染物排放限值及测量方法（中国第六阶段）》（GB 18352.6-2016），我国计划分别于2020年7月1日和2023年7月1日实施"国六A"和"国六B"排放标准。根据国务院《关于印发打赢蓝天保卫战三年行动计划的通知》（国发〔2018〕22号），我国部分区域在2019年7月1日提前实施"国六"排放标准，共涉及16个省份。据统计，我国提前实施"国六"排放的地区汽车平行进口销量占全国总销量的70%左右，对平行进口市场产生较大影响。

八 新车销售市场未来发展展望

（一）新车销售市场仍处于下滑周期，政策影响将成为关键

根据全国工商联汽车经销商商会在2019年底对汽车乘用车市场发展的调研，汽车经销商对2020年的市场预期出现分化，32.3%的汽车经销商认为2020年将比2019年更差；39.2%的汽车经销商认为2020年将和2019年

持平；只有28.5%的汽车经销商对2020年的市场持乐观态度。综合汽车经销商对行业前景的预测，市场将会平稳或者略有下滑。

行业其他权威机构整体对未来市场增长并不乐观。中国汽车工业协会预测2020年下滑2%左右，乘用车联合会预测2020年新车销售总体增长为1%左右。

受到疫情影响，各家机构对市场预期进一步调整，认为下降幅度会大于预期。但也有一些利好消息，如二手车增值税税率由2%降低至0.5%；新能源汽车的购置补贴和免征购置税政策延长两年；各地通过增加限购指标，实施新车消费补贴，开展"以旧换新"等补贴提振汽车消费。

（二）豪华车市场、新能源汽车市场具有增长的可能

虽然疫情对各类车型销售产生负面影响，但豪华车市场、新能源汽车市场仍然具有增长机会。全国工商联汽车经销商商会新能源汽车分会会长李金勇认为，新能源汽车在2019年呈"前高后低"的销量走势，最主要原因是6月底政策补贴大幅退坡。根据工信部等公布的信息，2020年新能源汽车补贴可能并不会继续退坡，因此造成2019年的退坡影响将不会产生。随着新能源汽车技术的快速发展、消费者对新能源汽车认知的提升，以及限购城市增加新能源汽车指标和双积分政策的影响，2020年新能源汽车市场会是中国新能源汽车市场化进程的起步之年。新能源汽车将呈现以下几个特点：B端市场继续坚挺，出租车和网约车电动化成为发展趋势；限购城市市场有望增量，其中北京预计会增加4万~10万辆；微型电动车市场需求回归，非限购城市销量增加；特斯拉和新势力车型预测将增加10万辆以上。

从豪华车市场看，中国汽车市场正在进入以置换为主的发展阶段，这源于收入差距扩大带来的自然购买力以及豪华车国产化的加速带来的价格下探，未来豪华车市场有望继续保持增长。

（三）行业加速集中，经销商集团淘汰赛开始

汽车经销服务业新车零售端的市场集中度呈进一步上升趋势。汽车经销

商集团在下滑的市场格局中，由于拥有规模化优势和管理优势，尽管网点规模扩大，但单店销量仍有增长趋势。从未来发展看，汽车经销商头部企业优势将进一步巩固，行业龙头地位会不断凸显。在强者愈强的马太效应下，市场会越来越向头部集中。大而强的集团凭借规模优势，可以有效配置资源，提升运营效率，增强抗风险能力。

（四）经销商开始加强汽车新零售业务

从2017年开始，以线上线下相结合、高效率为特征的汽车新零售开始快速发展。在互联网科技创新的支持下，未来融资租赁的市场份额将不断提高。国内汽车主要经销商集团都在深化融资租赁业务布局，开始推出创新产品。利用融资租赁将新车与二手车业务结合做大做强，实现全生命周期的用户价值挖掘将是传统经销商集团发展的重要举措。

近年来移动互联网与汽车领域的结合，产生了很多新的物种，覆盖新车销售，以及二手车、售后和出行等领域。汽车新零售基于多场景的用户数据，打通线上和线下，实现信息流、资金流和物流的高效融合。但汽车销售的线下服务仍不可或缺，新零售平台自身无法形成闭环，还不能颠覆经销渠道。经销商一方面正在学习互联网企业对于全链路用户数据的思考与实践，另一方面也在寻求新的合作，借助新零售平台，实现线上用户至线下的导流。

（五）数字化转型成为必然选择

在数字化技术变革时代，汽车用户需求发生了明显的变化。一方面，用户需求越来越差异化、个性化，对服务的品质要求越来越高；另一方面，用户分层化明显，需求越来越分散。唯有挖掘用户数据、洞察用户偏好、勾勒用户画像，才能有效地应对用户需求的变化。互联网的发展和新兴信息工具为挖掘和分析数据提供了基础。能够利用数字化技术与工具的经销商将占据优势地位，经销商需要针对用户选车、购车和用车的全链条，整合多方资源，提高获客、分销和管理的效率，推动线上线下结合形成服务闭环。

九 对新车销售市场发展的政策建议

（一）营造良好的汽车消费使用环境

一是在总量控制的前提下，限购城市应当合理制定和动态调整燃油汽车与新能源汽车牌照比例，保证无车家庭或消费者的用车需求，限制有车家庭或消费者的增购需求。同时，要严格限制新增限购城市，城市管理者应当从优化城市道路建设、提升城市管理水平等角度提高道路通行效率，从提高用车成本等经济手段引导消费者减少用车，从完善公共交通网络等方面便利消费者采取公共交通方式出行，从根本上解决拥堵问题。二是按照汽车"电动化、智能化、网联化、共享化"发展方向，积极引导汽车生产厂家进行技术创新、产品创新，不断推出满足"新四化"需求的汽车产品，鼓励消费者更多购买此类产品，促进汽车消费结构优化升级。三是落实国家新能源汽车发展战略，放开营运类新能源汽车数量指标限制，鼓励网约车、分时租赁车辆优先使用新能源汽车，促进新能源汽车快速发展。四是提高新能源汽车使用环节的便利性，从使用角度研究制定新能源汽车专用通道、免过桥费、专用车位等优惠便利政策，不断提高新能源汽车使用的便利性。

（二）积极开展汽车销售技术和服务模式创新

一是推动汽车销售企业品牌化、连锁化经营，鼓励企业线上线下融合发展。汽车销售企业应从过去更加注重规模扩张向更加注重品牌建设转变，通过连锁化等方式，以统一的服务、标准的流程、愉悦的体验在消费者心中树立口碑，不断提高品牌知名度。同时，把握新零售发展机遇，充分利用线下资源优势，积极开展线上业务创新，推动线上线下融合发展。二是积极开展汽车销售模式创新，加快构建共享型、节约型、社会化的汽车销售和售后服务网络。面对汽车消费新时代、新需求、新特点，准确把握市场发展趋势，利用大数据、VR等新技术手段，积极主动开展销售模式创新。通过各种跨界模式创新，整合各方优势资源，提高资源利用效率，降低企业运营成本和风险，共同构建共享型、节约型、社会化的汽车销售和售后服务网络，为消费者提供更加便利的汽车销售和售后服务。三是加强技术研发和服务创新，从以提供产品为主向提供全生命周期服务为主转变。未来，汽车销售企业将不再只是提供销售和售后，而是在汽车全生命周期为消费者提供服务，汽车销售企业将成为集消费者买车、用车、修车、换车，以及休闲娱乐、出行服务等衍生服务于一体的场所。所以，汽车销售企业也要转变思想，从单纯的汽车产品销售向全生命周期服务提供方转变，通过各种创新性的技术手段和优质的服务，满足消费者的汽车全生命周期服务需求。

（三）尽快推出平行进口汽车"国六"排放标准实施细则

汽车平行进口对加快汽车流通体系创新发展、激发汽车市场活力、满足消费者多样化需求、带动口岸和地区经济发展发挥了重要作用，是我国汽车市场的重要组成部分。2020年7月1日"国六"排放标准全面实施后相关问题仍无法解决，将导致平行进口汽车车源供给受到严重影响。建议加快研究不同区域排放标准与我国"国六"排放标准的差异，尽快出台平行进口车"国六"标准的实施细则，为平行进口汽车经销企业做好车辆的"国六"标准试验、规划未来业务发展和进口渠道提供参考。

（四）规范汽车销售行业发展秩序

一是研究制定汽车流通行业"十四五"发展规划，推动汽车销售行业规范有序健康发展。目前，我国尚未出台国家层面的汽车流通行业发展规划，只有部分省份结合本地特点制定了地方性的汽车流通行业发展规划，并发挥了很好的引导作用。因此，建议尽快出台汽车流通行业"十四五"发展规划，从全国层面加强顶层规划引导，促进汽车流通行业又好又快发展。二是充分发挥标准的基础性和引导性作用，推动制定涵盖汽车全流通的标准体系。在汽车生产制造环节，我国已经建立了比较完善的标准体系，为推动我国汽车产业发展发挥了重要作用。在汽车流通环节，我国仍然面临一些经

营不规范、服务标准不统一、人员素质不过硬等问题，影响了汽车流通行业的健康发展。因此，建议加快制定汽车全流通的标准体系，通过标准规范业务流程和服务水平，促进汽车流通行业规范有序发展。三是加强汽车销售行业监督执法检查，营造公平竞争的市场发展环境。汽车销售行业出现的一些违法违规行为，不但损害了消费者的合法权益，而且破坏了市场公平竞争环境，不利于行业的长期稳定发展。因此，有必要进一步加强汽车销售行业监督执法，查处曝光一批典型案例，通过多种处罚手段，提高企业违法成本，净化市场环境。四是充分发挥行业组织作用，加强行业自律。行业组织作为联结政府和市场的纽带，要充分发挥在信息咨询、行业监测和预警分析、法律顾问、宣传培训等方面的重要作用，向上反映企业诉求，维护行业利益，向下服务企业，加强行业自律。

B.3
二手车行业2019~2020年发展现状与趋势

陈海峰　张宪国　王海洋　许广健*

摘　要： 二手车市场交易量稳步增长，2019年增速为7.96%。汽车经销商越来越重视二手车业务及其与新车业务、汽车金融的协同，未来二手车将成为经销商业务中最具有发展潜力的业务。二手车电商模式在不断探索，市场寡头特征比较明显，电商企业非常重视与传统线下业务的结合。

关键词： 二手车　二手车电商　出口

一　二手车市场保持增长态势，市场结构未发生明显变化

（一）二手车市场走势分析

根据行业统计，2014~2019年我国二手车交易量稳步增长。但是，经历过2016~2018年超过10%的增速后，2019年有所下滑，增速约为7.96%（见图1）。

---

* 陈海峰，中国汽车技术研究中心有限公司中国汽车战略与政策研究中心汽车流通与后市场政策研究室副主任，高级工程师，研究方向为汽车流通和后市场；张宪国，中国汽车技术研究中心有限公司中国汽车战略与政策研究中心汽车流通与后市场政策研究室部长，高级工程师，研究方向为后市场与出行；王海洋，中国汽车技术研究中心有限公司中国汽车战略与政策研究中心汽车流通与后市场政策研究室部长，中级工程师，研究方向为汽车流通与产业；许广健，中国汽车技术研究中心有限公司中国汽车战略与政策研究中心汽车流通与后市场政策研究室中级工程师，研究方向为汽车流通与产业。

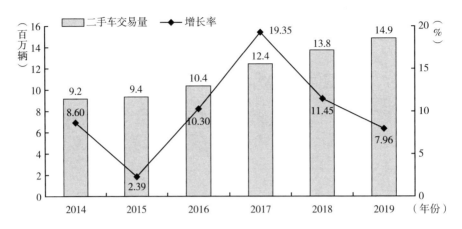

图1　2014～2019年中国二手车交易情况

资料来源：中国汽车流通协会。

（二）二手车市场结构分析

从车龄来看，二手车车龄分布较为稳定，其中，3～6年车龄市场份额最高，其次为3年以内车龄（见图2）。

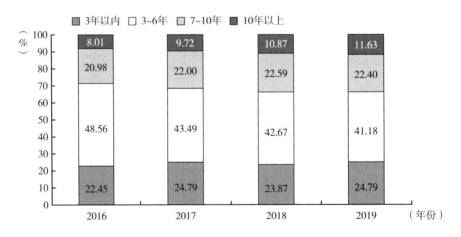

图2　2016～2019年二手车交易车龄结构

2019年二手车交易价格区间分布如图3所示，可知8万元以下仍然占据市场主导。

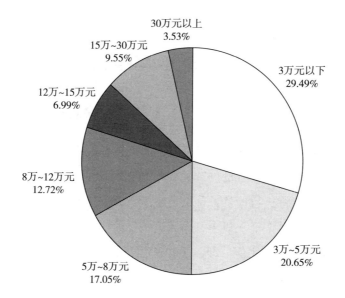

图3　2019年二手车交易价格区间结构

分省份来看，2019年，广东、浙江、山东、四川等四个省份交易量超过100万辆，其中山东保持20.48%的最快增长速度（见表1）。

表1　2019年二手车交易TOP10省份排名

单位：万辆，%

排名	省市	交易量	同比增速
1	广东	187.54	6.07
2	浙江	133.25	6.97
3	山东	123.33	20.48
4	四川	109.18	6.71
5	江苏	98.88	−0.18
6	河南	92.16	−3.04
7	河北	72.54	−0.48
8	北京	69.7	1.53
9	辽宁	55.85	12.18
10	上海	53.87	10.69

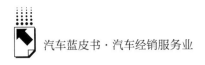
二 经销商开展二手车业务潜力巨大

(一)国内二手车市场前景广阔,线下交易市场和经销商市场份额高

虽然近几年我国二手车市场保持稳定增长态势,但是相比欧美等汽车成熟市场,我国的二手车交易量仍有较大增长空间。从二手车市场容量来看,行业一般有两个指标进行考量:首先是新车销量与二手车交易量的比值,美国该比值长期稳定在1∶2.3以上,而我国该比值仅为1∶0.5;其次是二手车交易量与汽车保有量的比值,即二手车析出率,美国该比值保持在14%以上,而我国该比值仅为5%~6%。

二手车行业主体多,包括交易市场、经销商、经纪和拍卖等多种方式,同时具有线上、线下业务并存的特征。艾瑞咨询的研究发现,2017~2018年,我国二手车线上销量占比分别是12.5%和16.8%,传统的交易市场和经销商渠道仍然占据主导地位。根据艾瑞咨询的预测,到2020年,二手车线下销量占比仍接近80%(见图4)。

图4 二手车交易渠道构成及趋势

（二）传统汽车经销商二手车销量和市场占有率稳步提升，二手车业务具有较大的创收潜力

通过对全国百强经销商集团的统计，二手车销量和市场占有率稳步提升，2018年超过175万辆，市场占有率为12.66%（见图5）。

图5　2014～2018年百强经销商二手车销量及市场占有率

借鉴美国经销商二手车收入及毛利占比可知，二手车收入占比约为30%，毛利占比约为25%，基本接近新车销售的创利情况。以此为鉴，我国经销商二手车业务具有巨大的创收潜力（见图6）。

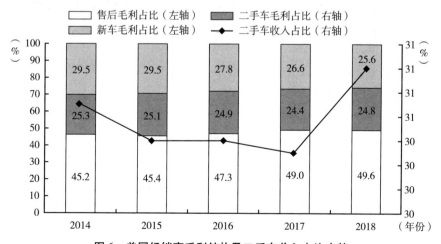

图6　美国经销商毛利结构及二手车收入占比走势

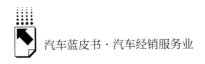

（三）传统汽车经销商开展二手车业务优势明显

传统汽车经销商在开展二手车业务方面，与二手车车商、电商相比具有明显的优势。

第一，传统汽车经销商在新车销售过程中，置换用户的比例较高，可以获得稳定的二手车车源。

第二，传统汽车经销商拥有完善的维修保养体系，可以为二手车消费者提供系统的售后服务。

第三，传统汽车经销商具有丰富的汽车金融和保险产品，可以为二手车消费者提供多样化的金融及保险服务。

第四，传统汽车经销商具有开展品牌认证二手车的先天优势，可以有效打破制约二手车发展的诚信问题，实现规模化运营。

第五，整车企业的运营模式也在逐渐向二手车倾斜，传统汽车经销商具有优先获得整车企业对二手车业务置换补贴政策的优势。

三 二手车电商企业业务仍在不断探索

（一）二手车电商多种模式并存，但是各主体均逐步加大对优化路径的探索

整体来看，目前二手车电商模式主要分为 C2C、B2C 和 2B 三种模式，三种模式的比较情况见表 2。

表 2 主要二手车电商模式情况比较

模式	概述	优点	缺点	代表企业
C2C	平台撮合卖方和买方两个 C 端的交易	不受制于交易市场和经销商	链条长，交易率低，成本高，利润来源渠道单一	瓜子二手车

模式	概述	优点	缺点	代表企业
B2C	帮卖模式,帮助线下二手车商实现线上销售	利润点多,可以获得中介费、服务费等	交易环节参与度低,受车商的制约较大	优信二手车
2B	帮助二手车商收车,分C2B和B2B两种	交易率高、运营成本低,可持续性强	车源质量差,车源质量和成本控制难以平衡	车置宝、车速拍

随着业务的发展,二手车电商均发现原有商业模式的弊端,从而探索优化商业模式,主要方向殊途同归:既要加强对车源和收车过程的管控,又要加强对客源和销售过程的管控,在这样的背景下,又出现以下两种改良商业模式。

保卖模式:可以理解为C2B2C模式,即平台通过锁定车源或者收购车源的形式,将符合标准的二手车从C端卖家收购或者以意向金的形式锁定,然后通过增加检测、整备等服务提高二手车质量,销售给C端买家,解决信息不透明和不信任导致的交易效率低下问题。

双向把控模式:可以理解为C2B+B2C的模式,既要在帮助二手车商收C端车源时提供服务,确保车源质量,又要帮助促成二手车商将车销售给C端用户。在两个环节中均增加平台的参与度,以解决线下模式的弊端,提高效率。

（二）二手车电商由充分竞争市场逐步变为寡头市场

我国的二手车电商行业经过几年的发展,从早期探索到激烈竞争,经过淘汰、兼并和重组后,行业集中度显著提升。经过早期的广告大战和流量之争,逐步由迅速扩张向治理转变。目前头部企业优势渐显,不仅掌握优异的车源和客户源,而且在行业政策和标准方面话语权增大,二手车电商行业寡头市场特征凸显。根据艾瑞咨询的核算,2018年中国二手车电商前四家的市场占有率达到81%,前八家的市场占有率达到91%。

随着寡头市场的逐渐形成，我国二手车电商行业将呈现以下几个特点。

第一，从追求扩张向追求效益转变，治理成为经营重点，行业将致力于降本增效。

第二，商业模式虽保持各自的差异性，但将呈现趋同的趋势，既注重车源又注重客源的运维和质量控制。

第三，行业竞争将趋缓，大浪淘沙后生存下来的企业将向精细化运营转变，以提高服务质量和满意度为首要目标，用户服务体验将得到提升。

第四，二手车电商将促进传统二手车交易市场、车商提高服务水平，进而促进整个二手车行业的资源优化配置和效率提升。

四 二手车出口试点推动二手车走出国门

2019 年 5 月，商务部、公安部、海关总署联合发布《关于支持在条件成熟地区开展二手车出口业务的通知》，支持北京、天津、上海、浙江（台州）、山东（济宁）、广东、四川（成都）、山西（西安）、青岛、厦门等 10 个地区开展二手车出口业务。随后，上述十个地区根据本地实际情况，从企业注册地、注册资本、车源供应、经营能力、售后服务等方面分别制定了不同的准入条件，并陆续筛选确定 45 家二手车出口试点企业、4 家二手车出口检测机构。目前，已有多家企业实现了二手车出口的突破。

为进一步促进二手车出口，2019 年 10 月，商务部办公厅、公安部办公厅、海关总署办公厅联合发布《关于加快推进二手车出口工作有关事项的通知》，进一步简化二手车出口工作流程。包括简化转移登记手续、提高许可证包含出口数量，二手车出口许可证由"一车一证"改为"一批一证"；推进二手车通关一体化，二手车出口适用全国通关一体化模式，企业可自主选择出口报关地和出境口岸。二手车出口流程如图 7 所示。

据统计，截至 2019 年底，全国二手车出口总量超过 1000 辆，主要的出口车型及出口目标国见表 3。

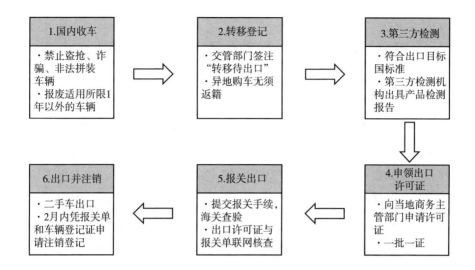

图7 二手车出口流程示意

表3 全国二手车出口车型及出口目标国情况

出口车型	出口目标国
商用车:重汽、福田等自主品牌 乘用车:丰田、大众、福特等合资品牌,以及力帆、吉利等自主品牌	亚洲:柬埔寨、缅甸、俄罗斯、蒙古国、阿联酋、吉尔吉斯斯坦 非洲:尼日利亚、埃塞俄比亚

从当前的出口现状来看,我国的二手车出口还存在以下几方面问题。

第一,自主品牌二手车认可度不高,而且相关车型的二手车价格在国际市场上竞争力较弱。

第二,国内二手车车况信息不透明,缺乏足够的车辆报险数据、维修保养数据等支撑,影响二手车质量评估。

第三,二手车出口试点企业缺少独立的海外销售和售后服务体系,多采用与当地汽车经销商合作的方式,销售和服务能力有待提升。

此外,目前二手车出口尚未形成规模效应,行业需要的补贴和扶持政策尚未出台,如相关退税、退费、退保险等政策尚未落实,在出口操作流程简化、跨部门协调政策方面有待于进一步提升。

五 新能源二手车市场发展制约新车市场发展

2019 年，中国新能源汽车销量达到 124.2 万辆，虽然略有下滑，但连续五年保持全球第一。我国新能源汽车的迅猛发展离不开政策的扶持，尤其是补贴政策在推动新能源汽车产业迅猛发展过程中起到至关重要的作用。但是产业的做大做强，不能过度依赖于政策市场，在由政策驱动向市场驱动转变的背景下，新能源汽车补贴政策逐年退坡并将于 2020 年以后取消，国家正通过双积分政策、向使用端倾斜的扶持政策鼓励新能源汽车市场的发展。整体来看，影响新能源汽车发展的制约因素较多，其中新能源二手车市场发展滞后是重要的瓶颈。

2019 年 1～9 月全国新能源二手车交易量仅为 13.81 万辆（各月交易量见图 8），占全国二手车交易量的 1.3%，同期新能源新车销量为 87.2 万辆，新能源二手车与新车交易量之比仅为 1∶0.15。二手车市场发展缓慢，保值率低，甚至缺乏成熟的销售渠道和模式，已经成为阻碍用户购买的重要因素，制约着整个新能源汽车产业的健康可持续发展。

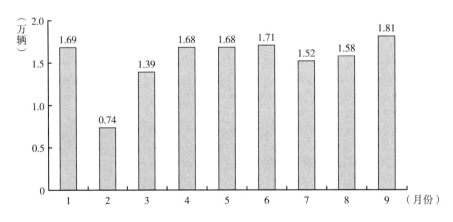

图 8　2019 年 1～9 月新能源二手车交易量

总体来看，制约新能源二手车的主要因素如下。

第一，从市场方面看，新能源汽车技术迅速更新迭代，造成新能源二手车贬值速度加快，影响用户接受度，同时，新能源充电设施及网络的不完善，也是重要制约因素。

第二，从渠道方面看，目前新能源汽车主机厂尚处于二手车业务探索阶段，在认证和回购方面缺乏成熟的模型支撑；而二手车车商和电商平台缺乏系统的评估体系和市场需求，暂未开展新能源二手车业务。

第三，政策标准来看，新能源二手车尚未形成权威的鉴定评估标准，企业无标可依；同时，以往的新能源扶持政策对生产端支持力度大，在流通使用环节支持政策少，尤其是在新能源二手车方面未出台针对性的支持政策，如对新能源二手车牌照、运营牌照、车贷、保险、路权及停车等方面的政策倾斜。

六　二手车行业管理政策体系进一步完善

（一）《二手车流通管理办法》开启修订工作

《二手车流通管理办法》经过十余年的发展，正在进入修订的阶段。目前商务部正牵头修订《二手车流通管理办法》。如要求经销企业不得非法修改车辆行驶里程表，要求企业明示价格、配置、保修、事故、重要功能异常信息等，并将车辆状况表附在合同中，要求二手车卖方在合同中明确是否保修等。修订后的《二手车流通管理办法》有望于2020年发布。

（二）鼓励二手车跨区域流动

近年来，我国稳步推进取消二手车限迁工作。《中共中央 国务院关于完善促进消费体制机制 进一步激发居民消费潜力的若干意见》（中发〔2018〕32号）、《国务院办公厅关于印发完善促进消费体制机制实施方案（2018～2020年）的通知》（国办发〔2018〕93号）、《进一步优化供给推动消费平稳增长 促进形成强大国内市场的实施方案（2019年）》（发改综合〔2019〕181号）、《推动重点消费品更新升级 畅通资源循环利用实施方案（2019～

2020 年)》（发改产业〔2019〕967 号）、《国务院办公厅关于加快发展流通促进商业消费的意见》（国办发〔2019〕42 号）等文件都明确要求促进二手车流通，进一步落实全面取消二手车限迁政策。目前，大气污染防治重点区域外的 25 个省份均已明确取消限迁，有关地区也取消了省内限迁。

但同时也需特别关注，部分区域二手车迁入标准也有所提升。根据《国务院关于印发打赢蓝天保卫战三年行动计划的通知》（国发〔2018〕22 号），2019 年 7 月 1 日起，我国部分地区提前实施"国六"排放标准。而《国务院办公厅关于促进二手车便利交易的若干意见》（国办发〔2016〕13 号）要求，除国家明确的大气污染防治重点区域（京津冀：北京、天津、河北，长三角：上海、江苏、浙江，珠三角：广州、深圳、珠海、佛山、江门、肇庆、惠州、东莞、中山等 9 个城市）外，不得制定实施限制二手车迁入政策。目前，上述大气污染防治重点区域二手车迁入要求将排放标准全部升级至"国六"。

（三）积极推进二手车出口

2019 年 10 月，商务部办公厅、公安部办公厅、海关总署办公厅发布《关于加快推进二手车出口工作有关事项的通知》，主要从转移登记、许可证申领、通关几个方面进一步简化工作流程，加快推进二手车出口工作开展。其中，特别提出简化出口二手车转移登记手续，对二手车出口企业收购机动车申请转移登记的，在交回原机动车号牌、行驶证并交验机动车后，公安机关交通管理部门在机动车登记证书上签注"转移待出口"事项，核发跨行政辖区临时行驶车号牌。这大幅减少了企业转移登记和注销登记工作量。

（四）对二手车税收进行改革

2020 年 3 月国务院常务会议确定，从 2020 年 5 月 1 日至 2023 年 12 月 31 日对二手车经销企业销售旧车减按销售额 0.5% 征收增值税。财政部和国家税务总局联合发布的《关于二手车经销有关增值税政策的公告》明确，自 2020 年 5 月 1 日至 2023 年 12 月 31 日，从事二手车经销的纳税人销售其收购的二手车，由原按照简易办法依3%征收率减按2%征收增值税，改为减按0.5%征收增值税。此次降低二手车增值税税率，将会降低二手车经销企业经营成本，激发二手车经销企业规范经营的积极性。

七 二手车行业发展趋势分析

（一）汽车行业存量市场特征凸显，二手车市场孕育巨大潜力

2018年我国汽车市场出现了1990年以来的首次下滑，结束长达二十多年的增长；2019年全国汽车产销分别完成2572.1万辆和2576.9万辆，产销量同比分别下降7.5%和8.2%。行业普遍认为中国汽车市场逐步进入存量时代，主要特点如下。

第一，新车销售负增长，且有加速下滑的趋势；新车销售利润在汽车行业总利润的比例持续下降，行业利润逐步向金融、后市场转移。

增量市场的主要空间——三、四线市场消费需求低迷，而一、二线城市的置换需求相对较为强劲，从整体来看2019年一、二线城市的新车市场好于三、四线城市。

第二，在整体车市下行的背景下，豪华品牌汽车市场逆势增长，而且保持两位数的增速，其中置换需求占据主导地位。

第三，社会大众对二手车的接受度逐渐提升，二手车市场活跃度提升，成为盘活存量市场、为新车置换市场空间的重要因素。

随着中国车市存量市场特征越发明显，二手车市场潜力将被进一步激发，尤其是日益增长的保有量将析出更丰富的车源，用户需求将得到更好的匹配，使二手车交易形成更加良性的生态体系，客观上促进二手车市场的成熟发展。

（二）传统二手车交易痛点逐步解决，行业趋向健康发展

日渐成长的二手车市场吸引了更多的资本和玩家的涌入，新兴力量正在

撬动并影响传统的二手车交易模式，而信息不透明、车况不符及欺瞒等积弊在不断受挤压，二手车税收减免等政策正在推动二手车行业朝着健康稳定方向发展。

随着二手车电商平台的兴起和壮大，在经历激烈的市场竞争后，其逐步推动着二手车鉴定评估及定价的标准化，推动着保险数据、交通事故数据等判断车况的关键数据的公开化，推动着检测能力的智能化和整备能力的系统化，推动着售后服务和保障的全面覆盖化。同时，传统二手车市场和经销商也在积极应对，共同推动解决二手车交易的痼疾，促进行业朝着健康稳定方向发展。

（三）二手车跨区域流转将成为新的市场增长点

2019 年全国二手车转籍比例为 27.87%，随着限迁政策的逐步取消，二手车跨区域流转将具有更大的市场空间，目前二手车电商纷纷加大对全国购业务的布局，传统经销商也在拓展全国车源渠道，未来以下几方面因素将继续影响二手车市场。

第一，限迁政策的逐步落实。除大气污染重点防治区域对迁入的二手车实施排放标准限制外，其他城市和地区均不允许出台对二手车排放标准和年限的限制。尽管仍有部分地区存在限迁之实，但是国家发改委、商务部等部门在积极查处，并一再出台政策强调取消限迁。

第二，公安部积极出台政策提高二手车转籍的便利性。在部分省份试点基础上，在 2020 年 3 月底前，在全国范围内全面推行非营运小微型载客汽车档案电子化网上转递，申请人可以直接到车辆迁入地车辆管理所申请并办理机动车转籍，无须再回迁出地验车、提取纸质档案。未来，电子档案网上传递能否扩大到二手车异地交易的场景，将对二手车跨区域流转起重要作用。

第三，二手车电商全国购业务的布局，为消费者接触全国二手车车源提供了巨大的便利性平台；同时，在网络货运经营模式的赋能下，物流效率将有效提升、费用将明显下降，这些因素都将积极促进二手车的跨区域流转。

（四）经销商将更加重视二手车业务，并将其与融资租赁业务和新车业务进行协同

随着新车市场的逐步饱和，以及二手车税收制度的改革，可以明确几乎所有汽车经销商将会更加重视二手车业务。大多数汽车经销商将对二手车业务开展规模化、规范化管理。经销商融资租赁业务的发展，将为二手车业务提供相对标准化的产品，二手车业务的发展也将与经销商的新车业务形成协同发展的局面。

从未来看，虽然二手车电商在线上有流量优势，但随着线上流量成本的提高，线下二手车的优势也在逐步凸显，经销商采用精细化的管理方法，可以建立自身的行业竞争壁垒。未来电商将与线下经销商形成合作关系，一方很难取代另外一方。

（五）税收制度改革以及《二手车流通管理办法》将对二手车未来发展产生深远影响

二手车税收制度改革使汽车经销商经营二手车的利润增加，而且经销商经营二手车业务从以往的经纪模式转为经销模式。二手车业务开展不仅会增加利润还会快速提升经销商的营收水平，有利于汽车经销商财务报表营收和利润的改善，还会间接降低经销商的融资成本。

从长远来看，二手车税收减免将推动经销商在新车销售时开展融资租赁业务，配合汽车企业批量制造高残值二手车产品，有厂家背书的二手车会提高消费者对它的信心和信任度，推动二手车市场的健康快速发展，与此同时也会提升其他消费者以融资租赁方式购买新车的积极性。二手车税收减免将推动二手车市场、新车市场以及汽车金融的正向协调发展，大大改善目前经销商面临的经营压力。

B.4
汽车维修保养行业2019～2020年发展现状与趋势

焦玥　陈萌　郝文丽[*]

摘　要： 2019年，我国汽车保有量达到2.6亿辆，汽车维修保养市场规模达到9300亿元。目前主机厂、经销商、独立维修厂以及互联网公司竞逐汽车维修保养市场，市场呈现集中度提升，更加重视供应链建设，趋向产业融合、数字化、新零售等特点。从政策看，在降低行业门槛的同时，政府也频频出台相关政策，意在规范市场健康有序发展。

关键词： 汽车维修保养　经销商　商业模式　融资

一　汽车维修保养市场潜力巨大

维修保养在汽车后市场中占据举足轻重的地位。伴随着我国连续11年坐拥全球第一大新车市场，我国汽车维修保养（简称"汽车维保"）市场规模增速不断加快。按照德勤发布的《2019中国汽车后市场白皮书》，在后市场主要细分领域中，汽车维修保养市场的规模仅次于汽车金融，约达9300亿元。

2019年，世界银行发布了全球主要国家千人汽车拥有量数据，其中，中国千人汽车拥车量为173辆，已超过世界平均千人汽车拥车量170辆，在

---

* 焦玥，《中国汽车报》编辑；陈萌、郝文丽，《中国汽车报》记者。

统计的 20 个国家中排第 17 位。根据公安部统计数据，截至 2019 年，我国机动车保有量达 3.48 亿辆，其中汽车保有量达 2.6 亿辆，私家车保有量首次突破 2 亿辆。全国汽车保有量超过 100 万辆的城市有 66 个，超过 200 万辆的城市有 30 个，超过 300 万辆的城市有 11 个。按照现有增速预测，我国有望在 2021 年超越美国，成为全球最大的汽车保有量市场。

同济大学汽车市场与行为数据研究所与 F6 汽车科技大数据研究院联合发布的《2019 中国汽车后市场维保行业白皮书》显示，2019 年我国保有车辆平均车龄约为 5.68 年，2020 年达到 6.06 年。随着平均车龄与汽车保有量的稳步增长，我国汽车后市场维修保养服务的年产值将在 2023 年超过万亿元。

根据发达国家汽车市场经验，当社会平均车龄超过 6 年，将迎来维保需求的高峰期。前述的一系列数字昭示了我国汽车市场已经基本完成了从增量市场向存量市场的切换，而庞大的存量基数正在驱动我国维保市场的快速扩张，同时也吸引了各路玩家从商业模式、信息化、平台化、供应链等方面切入，呈现群雄逐鹿的局面。

在我国汽车维保这片尚属蓝海的市场，不乏一些隐忧存在。近年来，我国汽车质量的提高有目共睹，与此同时，公共交通、共享出行日趋完善，使在用车的年行驶里程逐年降低，在一定程度上减少了维保需求。但是，大部分行业机构普遍认为，我国平均车龄与汽车保有量的稳步增长、车主用车观念的升级和以养代修理念的深入人心，对于汽车维保市场所产生的积极影响将抵消负面影响。

二　多元化主体竞逐汽车维修保养市场

近年来，随着我国汽车保有量和车龄的增长，以及行业政策的放开，一方面，传统渠道加大了对汽车维保市场的布局，例如，不少主机厂和经销商在原有 4S 店业务之外，推出了各自的独立维修品牌，而一些独立维修厂趋向于连锁化发展；另一方面，在资本、互联网技术的推动下，一些拥有互联网基因的新兴维保品牌涌现出来，其中不乏互联网巨头的跨界入局，有力地推动了我国汽车维保市场渠道的升级和多元化发展。

按照发达国家汽车市场的维保渠道划分，一般分为由维保服务机构为客户提供专业化服务和由车主自主完成配件采购和维修（DIY）。德勤研究发布的《中国汽车后市场物流服务洞察》显示，在我国，4S店售后维保渠道的占比高达60%，独立后市场占比为35%，DIY不足5%；在美国，4S店售后维保渠道的占比不足25%，独立后市场占比约56%，DIY约20%（见图1）。

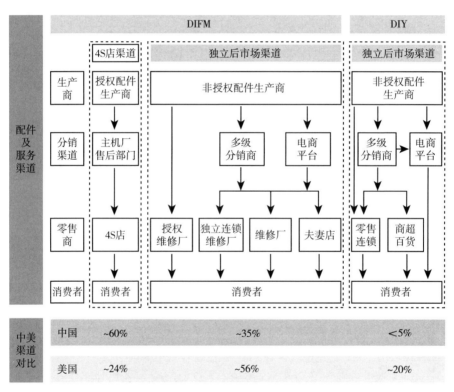

图1 中美售后维修保养渠道比较

资料来源：德勤研究，《中国汽车后市场物流服务洞察》。

前两年，汽车维保市场风起云涌。受新车业务增长趋缓影响，经销商加大了对汽车维保业务的开拓，与此同时互联网巨头接连入场，不少新兴企业获得资本加持后大举扩张，下沉渠道。相比之下，2019年受新车销量持续低迷拖累，汽车维保市场整体略显沉寂，具体表现在两个方面。第一，大手笔的投资并购锐减。据不完全统计，2019年汽车后市场35家企业完成41起融资，而2018年则有50家企业完成58起融资。第二，行业一度预测的整合加剧、倒闭潮涌现也未真正出现，汽车维保市场更多呈现的是企业抱团取暖、开源节流、修炼内功、精耕细作，处在从粗放式发展向精细化运营的量变到质变的积累阶段。

（一）经销商自建独立售后表现各异

在我国汽车维保市场渠道中，由于多年来形成的消费习惯以及厂家的品牌背书，消费者选择到4S店接受维保的占比仍然最高。随着新车销售的下滑，价格倒挂导致经销商的新车利润逐渐摊薄，甚至为负，维保板块已成为经销商最稳定且最重要的利润来源，但2019年经销商售后板块出现了单车产值、毛利有所上升，但入场台次大幅减少、客户流失率增加的特点。

虽然相比往年，我国汽车经销商维保服务业务的毛利呈上涨态势，但与美国市场相比，仍有较大的上升空间。以美国最大的汽车经销商集团Auto Nation为例，2018年其零件与服务业务的毛利占比约为64%。反观中国最大的经销商集团广汇汽车，维保服务业务毛利占比仅为31.8%。

汽车之家2019年经销商增值服务报告调研显示，消费者在车龄达到五年及以上后，选择4S店维保的比例，比五年内下降了一个"台阶"，也就是车辆过质保期后，消费者选择非4S店渠道的意愿更强烈。由此可见经销商应在用户意愿下降前，有所行动，推出有助于增加客户黏性的优惠活动，从而降低客户流失率（见图2）。

面对4S店客户流失率的与日俱增，近两年主机厂和经销商集团正在利用互联网手段和强调全生命周期的服务政策增加客户黏性，因此2019年已有客户回流的迹象。此外，拥有主机厂管理、品牌、培训等资源不断加持的经销商集团，已成为造车新势力建立销售渠道和售后渠道的理想合作伙伴，这将有利于经销商集团维保业务收入的提升。

近些年，加大维保板块投入的经销商集团不在少数，有些已在独立快修

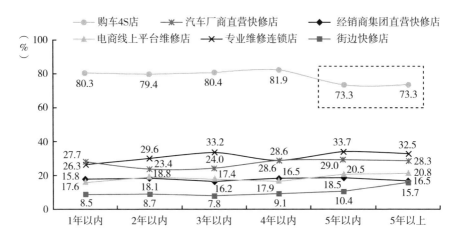

图 2　不同购车年限用户维修选择偏好

连锁的布局上做出有益尝试，甚至不乏精典汽车这类凭借维保连锁登陆新三板的典型案例。不过，综观经销商独立售后品牌的现状，有人高歌猛进，也有人黯然退场，例如较早介入这一领域的成都三和、福建吉诺均已关闭快修连锁业务，而和谐汽车的和谐修车、润华汽车的润华汽服、无锡东方的东方上工、威佳汽车的车快修等均经营良好，成为集团未来发力的重要利润增长点。

作为国内消费者维保的首选渠道，经销商在拓展独立售后方面还具有很大潜力。根据汽车之家调研，消费者最期待的售后增值服务有维修保养预约、等待/休息区服务多样化、代步车服务、在线监测维保等服务；最愿意付费的增值服务有24小时紧急救援、上门维保、代步车服务、代办维保等。

（二）传统维修企业加速整合升级

近年来，随着我国新车销量的快速增长，较为单一且传统的维修服务供给已不能满足愈发多元的市场需求。据不完全统计，目前我国维修厂总量高达60万余家，年均服务量不足500辆。显然，我国总体维修产能严重过剩，产值却相对偏低，亟待转型升级。

综观我国汽车维保市场，占据主体地位的还是管理水平和服务效率不高、专业化和标准化程度普遍较低的夫妻店。随着车辆年均入场台次的减少、消费需求的升级、政策监管的从严，除个别管理能力较高、应对风险较强的夫妻店经营无忧，绝大多数都承受着巨大的经营压力，要么被市场淘汰，要么面临被大型连锁企业或是互联网平台收编的转型选择。

除体量巨大的夫妻店外，华胜、中鑫之宝、小拇指等传统维修企业通过较早转型，打通了供应链、门店运营、管理培训等业务环节，初步完成了品牌化、连锁化、数字化的升级。在行业亟待转型升级的背景下，它们通过直营连锁、加盟、托管等模式迅速实现扩张。同时，在缺乏品牌背书的汽车维保市场，较早实现品牌化、连锁化的维保企业，还成为造车新势力建设售后服务渠道的合作伙伴。以汽修连锁龙头华胜为例，目前其在全国开设的连锁门店已达230家，采取的是"中心店＋社区店"的布局模式。按华胜创始人周大军所说，中心店相当于三甲医院，社区店相当于社区医院。2019年，华胜相继与小鹏、蔚来、领跑、旗骏、爱驰等造车新势力达成合作。另一家老牌汽修企业小拇指，2019年则通过智慧门店管家服务体系、智慧供应体系、线上线下的营销活动等方面，进一步为门店赋能。

2019年汽车后市场投资趋冷，在为数不多的融资事件中还是有集群车宝、大咖养车、百顺养车、兔师傅4家直营连锁品牌拿到投资，并迅速扩张，或开启加盟模式。

（三）主机厂积极布局独立售后

2014年，被业内一致认为是主机厂布局快修连锁的元年。当年10月，上汽集团快修O2O平台"A车站"上线试运营。经过前期磨合，2015年9月，上汽集团在"A车站"的基础上升级推出"车享家"快修连锁品牌，由此开启了主机厂自建独立售后体系之路。同年，上汽通用收购AC德科中国业务，推出"车工坊"独立售后快修服务，长安福特引入福特"Quick Lane"，北汽创立"好修养"，随后东风日产、广汽本田、广汽、奇瑞等众多主机厂相继应声而动。

2016年正式进入中国的PSA旗下的欧洲维修在近两年加快了扩张步伐，

先于 2018 年控股了上海建鑫、参股了山东优配车联，又在 2019 年控股了福建隆信达，还与广东、云南、江西的汽配供应商建立合作关系。截至目前，欧洲维修在中国的加盟店已超过 400 家。

同样在 2019 年动作频频的还有广西汽车集团（原五菱集团）旗下的独立售后平台精益车服。不同于其他主机厂的独立售后品牌，精益车服采用全员营销模式，无论是门店、代理商还是车主在实现消费推广后均可获得一定的销售返利。

截至目前，国内约有 11 家主机厂布局独立售后，累计门店数量超过 5000 家。为配合快修连锁品牌的扩张，主机厂纷纷自建或收购独立供应链品牌，如上汽的车享配、上汽通用的德科、东风日产的 KEY VALUE 优品服务零件等。

主机厂跻身独立售后体系的最大优势便是品牌、供应链和技术。主机厂自建独立售后体系不仅可以作为 4S 店的有力补充，成为其利润增长点，还能掌握大量客户信息。

（四）零部件制造商升级在华后市场战略

近年来，随着新车市场增速放缓，不少零部件制造商、供应商也在顺势谋变，继早期布局后市场的博世车联之后，采埃孚等零部件供应商，特别是润滑油和轮胎厂商，如壳牌、嘉实多、埃克森美孚、胜牌、米其林、驰加等企业均以不同方式进行服务升级和数字化变革，其中不乏强强联手，以此加大对终端市场的争夺。

2019 年，采埃孚售后事业部将其后市场品牌"采埃孚汽车服务"（ZF pro Tech）正式引入中国，计划在 2020 年形成覆盖中国的规模化网络。"采埃孚汽车服务"包括综合覆盖的模块化产品服务解决方案以及数据查询、技术支持等增值服务，有助于全面提升维修厂竞争力。随后，采埃孚与巴图鲁达成战略合作，双方将共享独立后市场线上资源。

此外，博世汽车售后事业部与嘉实多建立合作伙伴关系，在中国和美国探索全新的维修站运营模式，以适应汽车售后市场的需求变化，其中最先落地的是在两国设立的 25 个联合品牌维修站。埃克森美孚与途虎进一步深化合作，宣布与旗下经销商、腾讯和途虎共同组建合资公司，打造 S2B2C 业务模式，通过在线平台向客户提供整合供应链，深耕汽车养护市场。

国内零部件企业中，当数金固股份在后市场布局中表现得最为活跃。金固股份在钢轮毂制造板块全球领先，2015 年搭乘互联网的东风正式进入汽车后市场，借助阿里的资本、流量、商业模式赋能，成为践行汽车后市场新零售的开拓者。

（五）维保新势力加剧市场竞争

2015 年前后，连续多年的新车市场高速增长，让汽车后市场成为备受各方看好的蓝海。得益于政策的渐趋松绑，以及互联网和资本力量的助推，一大波维保新势力如雨后春笋般涌现出来，它们从不同角度切入缩短了汽车后市场产业链条的流程、提高了效率、降低了流通成本，在一定程度上消除了备受诟病的信息不对称的问题，并使汽车后市场呈现百花齐放、百家争鸣的局面。

不过，经过市场初步洗礼，一些商业模式不清晰、消费体验不佳、竞争力不足的维保新势力逐渐被市场淘汰。与此同时，近年来保险公司、互联网巨头也相继进入汽车后市场掘金，采取自建、战略投资等方式全面布局维保市场，涉及的领域从配件到终端门店，从数据类到综合服务类，进一步加速汽车后市场的整合与升级。

截至目前，阿里、腾讯、京东、百度已全面入局。综观途虎养车、汽车超人、乐车邦、新康众、巴图鲁等行业头部企业的背后，不乏 BATJ 重金押注的身影。因此，维保新势力的竞争日趋激烈，市场格局也日渐分化。

阿里通过与金固股份的深度合作，一方面成立合资公司新康众，以 B2B 模式整合供应链，让采购、售后、服务更高效、更标准化，另一方面金固股份旗下汽车超人打造汽服连锁品牌，通过数字化管理赋能门店，实现精准运营，提升管理效能和利润。此外，双方还推出包含连锁维修管理体系平台——"天猫养车"，运用数字化运营、诊断技术、人才培养等层面赋能维

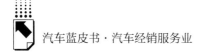

修企业。在 2019 年的"双十一"，天猫养车刚发布几个月，一天便产生 44 万单，安装商品件数达 54 万件。

京东推出线上线下一体化的汽服连锁品牌京车会，通过品牌背书、门店引流、技术支持和高效供应链等方面推动汽修门店的数字化转型。截至目前，京车会已在全国 23 个省份、68 个城市部署近 400 家门店，并计划在 2020 年将线下门店拓展至 3000 家。

腾讯通过战略投资行业头部企业途虎养车实现了对汽车后市场的布局。前者负责提供数字化平台和工具，建立高效的用户运营、服务推广系统，后者负责解决行业痛点，理顺供应链，建立仓储与物流体系，规范售中及售后。截至目前，途虎养车已在全国 405 座城市拥有 13000 余家合作门店，超过 900 家工场店。

百度则通过投资乐车邦介入汽车维保市场。乐车邦致力于使用移动工具整合 4S 店资源，破解行业痛点，是以 O2O 模式切入至今少有的仍活跃在维保市场的头部企业。在成功打造 4S 店养车折扣平台后，乐车邦还顺势推出 4S 店托管和 B2B 供应链业务，进一步赋能 4S 店，探索汽车新零售模式。

此外，瓜子二手车、毛豆新车的母公司车好多集团，推出了瓜子养车服务平台，试图在新车、二手车业务之外，拓展维保业务。2019 年，滴滴旗下小桔车服对 2018 年成立的小桔养车进行了升级，2019 年累计服务 24 万辆车。

三 汽车维修保养市场呈现六大特征

（一）行业集中度提高

从行业集中度方面看，汽车维修保养行业产业集中度既有所分散，但在分散中又有所集中。所谓分散是指，自 1999 年国内首家 4S 店建成运行以来，4S 店模式被汽车厂家广泛采用，同时也成为国内消费者汽车维修保养的重要选项之一。德勤《2019 中国汽车后市场白皮书》研究显示，目前厂家授权的 4S 店占据汽车维修保养市场约 60% 的市场份额。不过受到我国认证配件工作推动，互联网及数字化赋能供应链以及行业诚信度、透明度逐步提升等因素影响，独立第三方维修企业占据的市场份额逐步提高，一定程度上挤占了4S店在汽车维保市场的份额。数据显示，4S店体系售后业务入场台次逐年降低，客户流失率从2016年的22.4%上升到2018年的26.3%。尽管4S店采取分发优惠券等方式试图维系客户，但效果并不显著。因此，从独立第三方维修企业抢食4S店业务方向上看，汽车维修保养市场是趋于分散的。

随着数字化时代的到来，大数据分析、人工智能、SaaS系统等技术在汽车后市场领域更为广泛地应用，线下连锁店逐渐扩大规模，品牌力越来越强，服务趋于标准化和流程化，而资本也在向行业头部企业聚集，行业垂直整合和横向整合的趋势开始显现。

首先是在垂直整合方面，大型连锁经销商，通过强大的资金和供应链体系进行垂直和并购，同时配套进行自建或与电商平台合作打通产业链。例如，2019年11月26日，全车件汽配供应链平台巴图鲁和老牌汽配经销商广州市一山汽配贸易有限公司宣布正式合并，双方以股权置换方式进行合作。广州市一山汽配贸易有限公司主营全车件批发业务，在批发市场拥有一定的体量和品牌影响力，并且搭建了丰富的产品体系和渠道，具备强大的供应链管理能力、丰富的工厂资源及品牌商资源和人才资源。而巴图鲁核心竞争力体现在中心仓、以中心仓为基础的汽配经销商、城市合伙人和线下维修厂。双方合作有助于打通上下游产业链，资源共享，降本增效。

其次是在横向整合方面，随着消费者对汽车服务品质要求的提升以及国家环保政策日趋严格、房屋人工成本不断上升，夫妻店式的维修店逐渐被淘汰，大型维修连锁和区域连锁市场份额逐步提升。连锁维修店以其标准化的运营、有品质保障的配件和技术服务能力获得了消费者对品牌溢价的认可。

同时汽修龙头企业也在广泛开展合作。如2019年10月25日，杭州小拇指汽车维修科技股份有限公司、华胜奔驰宝马奥迪专修连锁和全球领先的轮胎与维修零售连锁品牌Point S在上海举办"Point S中国区战略启动会"，开启了国际连锁品牌携手国内优秀品牌进入中国市场的新模式。又如同年10月，博世汽车与嘉实多共同开展品牌维修店项目，首批门店于2019年10

月在中美同时落地，首批预计布局 25 家品牌维修店。

横向整合趋势在供应链端也尤为明显。2019 年 9 月新康众通过系列发布会签约本地汽配经销商，与华天麒祥、陕西蓝翔、郑州新辉、大连奥鹏、沈阳立晨等企业达成合作，扩大了经营区域，扩充了产品线。2019 年 2 月，快准车服与为曼汽配连锁举办签约发布会，为曼汽配连锁融入快准车服，双方将结合各自优势，立足三、四线城市并争取在一线城市市场取得突破。

（二）供应链备受资本青睐

供应链是指围绕核心企业，从配套零件开始，制成中间产品以及最终产品，最后由销售网络把产品送到消费者手中的，将供应商、制造商、分销商直到最终用户连成一个整体的功能网链结构。2019 年，在汽车维修保养领域汽配供应链最受资本青睐，好汽配、三头六臂、新康众、巴图鲁、快准车服、开思、甲乙丙丁、中驰车福等头部企业相继获得融资，累计融资金额近 55 亿元。

由于消费端持续低迷，资本将目光投向汽配供应链，而资本的推波助澜，促使汽配供应链领域两极分化现象日渐严重，一方面是传统汽配供应商客户订单减少，各项成本上升，效率提升困难，导致生存压力越来越大；另一方面是建立了庞大的配件数据库、高效的信息化系统平台和完善的供应链服务体系的平台型企业，由于较早引入新的技术和管理模式，对企业进行了互联网改造，使企业效率大幅提升，服务能力不断增强，因此获得了更多客户和资本的青睐。

在资本助力下，汽配供应链企业在 2019 年开始大举扩张。新康众在 2019 年初其直营配件供应网点有 600 多个，通过一系列对区域中小供应链企业的并购，2019 年底其配件供应网点数量已经达到 900 个。据了解，新康众计划在 2020 年末发展网点到 2000 家。

新康众于 2019 年 3 月与广东佛山臻荣签约合并，佛山市臻荣商贸有限公司成立于 1999 年，是佛山地区具有一定规模和影响力的汽车服务用品销售专业公司。这次签约成为新康众在华南地区的首秀，也开启了新康众全力开拓华南市场的大幕。11 月初在其"战略布局山东发布会"上，又有 8 家单品类经销商加入新康众。通过并购，新康众触角逐渐触达全国更广阔的地区。

快准车服则采取加盟模式，先从三、四线城市切入市场，采取了农村包围城市的策略。在稳固三、四线城市市场后，逐渐向一、二线市场推进。2018年底，快准车服的服务点数量为470多家，截至2019年8月起服务点数量已发展到将近800家，合作服务修理厂数量超14万家。快准车服的目标是到2021年建立3000家服务点，覆盖全国大部分县市及乡镇。

2019年伊始，中驰车福宣布全面启动赴美上市工作，并再次获得融资。其创始人张后启认为，目前互联网发展已经进入下半场，产业互联网将成为互联网的主要发展方向。基于此，中驰车福建成了行业领先的车型与配件数据库，还打造了交易和管理一体化的供应链交易平台，推出贴合多业务场景的供应链金融产品，旨在为汽配产业链上下游主体全面赋能。

三头六臂在2019年完成3.7亿元融资后宣布，融资将主要用于阶段性的18个省仓的扩容、150家直营旗舰店的建设和2000家服务商的加盟，以及新产品的导入和战略层面的项目储备与团队建设。

一边是制造商，一边是分销商和门店，对于汽配供应链平台而言，核心竞争力就是如何"多、快、好、省"地实现交付。所有流程中效率的提升是关键，提升了效率但找不到客户，或者经营利润没有增加，那就相当于充当了配件的搬运工。市场上知名品牌占比较高，价格透明，供应链平台难以在这些品牌上获得利润，因此平台打造自有品牌成为趋势。

2019年新康众、快准车服、三头六臂都在特定品类上推出了自有品牌。京东也在2019年发布了自有品牌"京安途"，涉及机油、电瓶、轮胎、配件、养护等系列。

（三）汽车维修保养领域产业融合加速

产业融合是指不同产业或同一产业不同行业相互渗透、相互交叉，最终融合为一体，逐步形成新产业的动态发展过程，它已成为驱动产业发展的新趋势。反映在汽车维修保养领域，不难看到互联网电商与线下供应链及门店的打通融合、零部件生产制造企业与门店的融合、保险公司与产品制造和供应链的融合、大型零售企业与维修连锁企业的融合等。

如今，互联网及电商已经渗透到居民生活的方方面面，电商平台进入汽车后市场以后与汽车维修保养行业融合的脚步一直没有停歇。但是二者怎样融合才能产生 1 + 1 > 2 的效果，业内各方还在摸索。

三年前汽车维修保养市场 O2O 模式风起云涌，众多互联网创业平台广泛吸纳维修企业并依靠补贴吸引客户，以期在短时间内积累流量拿到融资并占领市场份额。但是这种只看中短期效益，而忽视对门店管理、人员培训、供应链支持等方面进行提升改造的表面融合终究难以为继。在烧钱大战后，能运营到今天的平台屈指可数。

不过线上线下产业融合并未因受到挫折而停止，供应链平台、互联网电商平台继续走向产业链下游和线下，试图利用系统、数据、管理和流量，实现与终端的共赢。从这一趋势可以看到，终端门店的重要性已经被汽车后市场各方认可，作为汽车后市场最宝贵的资源，其成为各大互联网平台和跨界入行者争夺的对象。

比如，2018 年京东上线汽车养护服务门店"京东京车会"，推行 18 项保养服务标准、对接配套供应链、推出线上线下一体化运营方案。截至 2019 年 11 月，京东京车会服务网络已经遍及全国 23 个省级行政区 73 个城市，加盟门店数量近 800 家。京东京车会承接了京东优势资源赋能汽车后市场，通过品牌背书、门店引流、技术支撑和供应链升级等推动汽修门店的智慧化转型。

此时，不只是互联网平台，就连互联网媒体平台、保险公司、大型家电零售销售企业、油品生产企业也相继进入汽车后市场，跨界合作屡见不鲜。

2019 年 12 月 18 日，互联网媒体平台腾讯与埃克森美孚、途虎决定共同组建合资公司，通过在线平台，向客户提供整合供应链，为门店端赋能，为消费者提供汽车养护服务，形成"S2B2C"业务模式。合资公司将扩大在中国的"美孚 1 号车养护"网络，并利用各合作伙伴在资源、人才、市场等方面的优势，提供高质量、品牌化、数字化、全方位的汽车养护服务。

成立于 2017 年末的邦邦汽服是中国人保旗下的专注于汽车后市场的互联网交易服务平台公司。它们从保险事故车理赔切入，通过汽配电商平台

"驾安配"，实现了车主、保险公司、维修企业、配件供应商、运营服务提供商事故车理赔链条的打通。

2019年6月，邦邦汽服将业务延伸到了新能源汽车零部件制造与服务领域。邦邦汽车销售服务（北京）有限公司与骆驼集团股份有限公司及北京伟业兴诚科技有限公司展开战略合作，推出"邦邦优品免维护蓄电池"，同时三方还将在产品、服务、渠道等方面打通融合，优化实现从厂家到蓄电池服务商到车主的全流程服务链条。

2019年12月，苏宁电器旗下的苏宁易购与汽车服务连锁企业德师傅在南京苏宁总部签署战略合作协议，双方将联手布局苏宁车管家＆德师傅线下服务门店体系，在门店建设、会员、数据、金融、供应链、线上平台运营等方面展开全方位深度合作。苏宁车管家是汽车用品"产品＋服务"的一站式汽车养护平台，据悉2020年苏宁车管家加盟模式将重点围绕授权加盟展开。

此外，此前只是提供产品供应的油品生产企业2019年更加深入汽车维修保养终端，直接参与到门店数字化改造和为门店提供管理、设备、服务支持等方面来。比如，美国胜牌和兔师傅成立合资公司共建汽车保养社区店；壳牌联手腾讯、途虎推出"一物一码"货品全链追溯系统；嘉实多与博世汽车宣布共同开展品牌维修店项目等。

（四）行业数字化进一步加深

根据中国互联网协会发布的《中国互联网发展报告（2019）》，截至2018年底，我国网民数量达到8.29亿，全年新增网民5663万，互联网普及率达59.6%。比达咨询发布的《2019年上半年度中国物流快递市场研究报告》显示，2018年中国网络购物用户规模已达5.95亿人，占总体网民规模的73%。居民消费习惯的变化正倒逼各行业加快与互联网的融合。德勤《2019中国汽车后市场白皮书》显示，2018年汽车维保市场电商渗透率仅为5%，预计2025年可达17%。汽车后市场在产业互联网浪潮的裹挟下，或主动或被动地开启了生产和服务模式的数字化升级，随着O2O商业模式的成熟，汽车维修保养市场线上渗透率将呈现快速增长态势（见图3）。

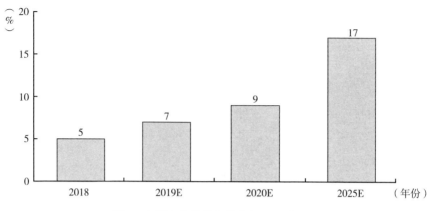

图3　中国汽车维修保养市场线上渗透率

信息化、在线化、数据化和智能化，可以帮助企业降低对人的依赖，降低交易成本和管理成本；通过数据沉淀，形成企业核心竞争力，以此为基础为消费者提供更优质的创新产品和服务；有利于解决信息不对称问题，打破信息壁垒，促进生产厂家、供应链平台、经销商、零售电商及维修门店上下游产业链密切合作。

同时，汽车新四化趋势将带来汽车零部件制造、生产方式、出行方式的变革，汽车结构更加简单，事故率和维修量降低，远程故障判断和维修方案在线生产成为可能，因此将催生新的服务模式和商业模式。汽车后市场将经历全面整合和价值链重组。数字化转型能够为行业和企业提供数据挖掘技术及基于人工智能的解决方案，将在汽车后市场此次重大变革中起到关键作用。

当前，行业内部汽车OEM、汽车零部件品牌制造商、大型经销商都在加速推进数字化整合。来自互联网行业的阿里、京东、腾讯等企业，则从外部渗透到产业链各环节，助力汽车后市场的数字化转型。

例如，由轮胎橡胶贸易逐步发展起来的供应链综合服务化公司甲乙丙丁，在面向C端的消费数字化改造中，利用其战略投资人满帮集团超过700万名司机在平台形成的找货、结算、加油、购车、保险、买卖车、ETC、金融白条等一系列数据，改进其服务质量。在服务门店方面，甲乙丙丁推出太极ERP、订单通、SaaS系统、CRM等产品，通过数字化运营和大数据分析，提升门店运营能力，解决了门店营销和客户管理的问题。它们认为，产业互联网的底层逻辑是供应链建设和渠道数字化改造，针对产业内发展的各环节进行效率及服务能力的提升，流通环节中的生产制造、订单采购、分销运营、物流仓配服务管理、供应链金融等多个环节，都可以进行数字化改造，以此提升效率。信息的高效传递和物流的无缝联通是决定供应链效率的核心。

互联网巨头腾讯进入汽车后市场也以对行业的数字化改造为抓手，与途虎养车联手，打造"腾虎计划"，沉淀汽车后市场深度行业数据，整合腾讯平台优势与途虎专业管理经验，满足汽车后市场品牌从提升供应链管理、精准获客、优化门店服务，到高效营销的全链路商业诉求。

（五）继续践行新零售模式

汽车维修保养环节电商渗透率仍然处在较低水平，德勤研究数据显示，2018年汽车维修保养电商渗透率不足5%。据其预测，伴随互联网和汽车后市场线上、线下加速融合，汽车维修保养市场线上渗透率2020年有望达到9%，并在2025年达到17%。85后成为线上消费主力军，伴随这部分人群年龄增长和购买力增强，汽车线上消费市场的潜力有望进一步提升。

汽车后市场新零售一般是指平台搭建线上汽配商城，消费者在线上选择商品并完成下单、支付、评价等一系列交易环节，并到平台合作的线下门店接受服务的模式。车主可以根据自己的地理位置选择附近的线下服务门店，并在线上平台了解到门店距离、价格、好评度等信息，降低了车主对线下服务信息不透明的担忧。新零售是大数据驱动下的现代商业，是对人、货、场的重构。

例如，金固股份汽车超人供应链业务与阿里天猫汽车、康众汽配联手成立天猫车站，打通了产品、供应链、仓储物流、服务门店等维修保养环节，逐步形成了规模化的新零售智慧连锁服务品牌。

天猫汽车后市场零售平台将与新康众共享1.4亿车主数据，新康众则将建设完备的自有供应链采销体系、仓配服务体系、IT系统体系、行业数据体系、线下服务体系，完成 S2B2C 的基础设施升级，通过数据和系统能力链接产业链上下游，将基础能力开放至整车商、二手车商、配件品牌商、主机厂、广告商、门店服务商等上下游行业合作伙伴，共建汽车后市场生态体系。

又如，2020 年 1 月，乐车邦与京东汽车宣布达成合作，双方率先在轮胎业务上合作，开展"商品＋服务"的模式，合作将覆盖京东汽车线下 3 万家门店以及乐车邦合作的 4S 店。乐车邦合作的 4S 店将接入京东平台，作为线下渠道为用户提供轮胎安装服务。凡是在京东自营商品中购买轮胎的用户，都可以选择去乐车邦合作的 4S 店进行预约安装；后期乐车邦的用户也可以直接在乐车邦 App 或者小程序上购买京东轮胎预约到店安装。

（六）保有量推动新能源汽车维保热

截至 2019 年底，全国新能源汽车保有量达 381 万辆，占汽车总量的 1.46%，与 2018 年底相比，增加 120 万辆，增长约 46%。其中，纯电动汽车保有量 310 万辆，占新能源汽车总量的 81.19%。新能源汽车增量连续两年超过 100 万辆，呈快速增长趋势。

随着新能源汽车保有量增加，新能源汽车的维修保养受到消费者和行业的普遍关注。对于消费者来说，新能源汽车结构简单，保养频率低，所以在日常保养支出上比燃油车要节省约 70%，但是一旦出现事故或者故障，新能源汽车电池、电控等设备维修支出少则会占补贴后车价的 50%，多则超过补贴后整车价格。

对于维修企业来说，新能源汽车维修保养频次降低，意味着用户进店率下降，再加上车辆智能化水平提升，安全性能强化，事故率也在降低，因此 4S 店及独立维修企业维修保养产值受到的影响将进一步加剧。同时，因新能源汽车维修技术培训不到位、行业标准缺失等问题，大多数维修企业对车辆故障维修无从下手，修不了也修不好。另外，新能源汽车保险条款至今未能出台，也在一定程度上限制了维修企业对新能源汽车维修业务的承揽。

不过，新能源汽车无疑是未来全球汽车产业的发展方向，因此不少经销商集团和独立维修企业决定先行先试，开始了与整车企业或出行公司的合作，共同为消费者提供售后服务，争取确立先发优势。

例如，2019年12月20日，广州华胜企业管理服务有限公司与天际汽车科技集团有限公司达成战略合作协议，双方基于新能源车型中售后供应链不完善、维修保养处理周期长、车主担忧"修不了、修不起"等售后问题，通过合作，进一步完善售后服务环节。

除了售后服务领域的强强联合，双方还将整合供应链资源，进一步优化双方配件采购及销售渠道，在降低成本的同时提高物流配送效率。

又如2020年1月3日，小桔车服与小鹏汽车达成合作，双方将协同彼此在网约车、社会车辆长租、充电及维护保养等汽车产业链业务上开展全面合作，为用户提供用车服务。在养车方面，小桔车服旗下的小桔养车将为小鹏车主提供售后服务。

"和谐汽车"2019年上半年财报显示，新能源汽车是和谐汽车的未来重点，其旗下专注新能源汽车销售的"和谐智联"与运营逐步成熟的"和谐修车"将合并融合。融合后的新公司整合了在新能源汽车销售和售后服务方面的优质资源，专注于在全国范围内发展多品牌新能源汽车的授权与服务网络。新公司已经获得包括拜腾、广汽、零跑、威马、江淮、合众、天际、爱驰在内的8个新能源品牌授权。

四　汽车维修保养市场存在的诸多痛点

尽管我国汽车后市场潜力巨大已是不争的事实，但由于市场起步晚、成熟度低，且长期处于缺少政策规范和监管的野蛮生长阶段，企业鱼龙混杂，无论是从消费端还是行业端的角度看，均存在诸多行业痛点。

（一）消费端

我国现有维保渠道均存在一定的短板，且较为单一的渠道格局，也难以满足车主渐趋多元的市场需求。汽车之家《2019经销商增值服务报告》显示，在对以 4S 店、专业维修店、街边快修店为代表的现有维保渠道的调查中，消费者普遍认为，4S 店虽然技术可靠、服务有品质、硬件设施好，但收费较高，而且一般距离网点较远，接受维保的时间成本也很高。然而，便利性高和收费相对合理的路边店，大多存在缺少品牌背书、技师水平参差不齐、配件品质缺乏保证、服务体验欠佳等问题。相比之下，介于二者之间的专业维修店虽在一定程度上弥补了上述两个渠道的不足，但依然存在供应链体系不够完善、服务欠缺标准化、配件和维修品质有待提升的问题（见图 4）。

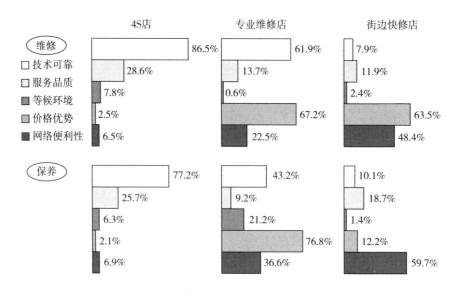

图 4 用户选择不同服务渠道的原因

（二）行业端

1. 商业模式待突破，行业效率待提升

随着市场的发展，厂家授权的 4S 店体系在规范市场的同时，弊端也日益显现。近年来，我国汽车后市场的蓬勃发展吸引了不少采取创新模式、插上互联网翅膀涌入的新创企业，但由于商业模式不够清晰、服务竞争力不足、业务链条未能打通等原因，不少企业在市场竞争中昙花一现，时至今日

构成我国汽车维保市场主体的仍是2.4万家4S店和48万家汽修厂。尽管汽车保有量与美国接近，但我国每千辆汽车拥有的维修厂数量是美国的7倍以上，可见行业效率之低。

2. 破除行业垄断，增强供应链竞争力

碍于政策导向，我国多年来形成的4S店体系一家独大的市场格局，抑制了独立后市场整条产业链的发展。特别是，由于主机厂长期把控原厂配件的流通和维修技术信息的授权使用，我国后市场供应链的效率不高、配件质量参差不齐，行业信息化和透明度都很低，配件厂商大多采用代理、分销的层级流转模式，由此长期形成了以汽配城为主的采购渠道，导致行业效率较低、流通成本较高，制约了独立后市场渠道的做大做强，客观上助长了市场垄断，导致售后配件价格虚高，还给假冒伪劣产品提供了可乘之机。正如中国汽车维修行业协会发布的零整比数据所显示的，我国市场主流的18个车型的零整比均处于300%以上，部分车型甚至在1000%以上。

德勤《2019中国汽车后市场白皮书》指出，我国汽车后市场（特指维保市场）快速增长的市场规模与相对落后的发展模式之间的矛盾促使行业进行变革升级，而不断变化的消费者、互联网数字技术的发展以及行业自身的内生发展成为推动中国汽车后市场变革的三大核心驱动力。与此同时，产业政策、产业资本及产业技术的发展，则有助于汽车后市场破解痛点实现升级。

五　汽车维修保养市场商业模式变化

随着汽车后市场的发展，汽车维修保养市场逐渐发展为两种主要的平台，即面向最终用户的B2C平台和面向专业独立市场配件和服务提供商的B2B平台。

（一）B2B模式

B2B业务模式是为汽车零配件制造商的B2B平台提供相应的配件，并直接发送到汽车零部件工厂。为了开放汽车零配件的上下游，这类平台作为供应链管理平台，其业务涵盖汽车零部件商场、仓库管理、运输管理和应用数据等。

具体来说，以交易为主的 B2B 平台使买方能够直接与供应商对接，并根据货物的可用性进行采购，这不仅降低了供应商的促销成本，也降低了运营商的流通成本和最终用户的维护成本。同时，这种模式缩短了货物的流通时间，提高了流通效率。具体细分为以下几类。

1. 服务门店管理支持

以深远汽车咨询与人和岛为代表的此类平台，致力于为配件生产商、门店等提供营销战略规划与实施、品牌策划与推广、渠道规划管理与认证、经销商运营能力提升等服务。

2. 服务门店供应链支持

典型平台有巴图鲁、开思和康众汽配。巴图鲁为汽车维修厂用户提供一站式服务，包括备件搜索、报价和比价、支付、配送和售后服务，同时作为实际参与交易的所有车辆零部件的在线流通平台，可以基于日常交易中积累的大量交易信息进行大数据分析，并提供相应的大数据服务；康众汽配是集服务、配送、结算、推广、售后于一体的汽配供应链专业服务商。

开思旗下全车件交易平台"开思汽配"，以"Google + 天猫"的独特模式解决配件交易的效率问题。"AI + 大数据"智能搜索引擎、VIN 码解析器、智能交易匹配，让汽车零配件的交易效率提升。通过联结优质的源头供应商，开思建立了配件有质保、假劣必赔的品质承诺，提供包括技术服务在内的售后体系。同时，开思还建立了汽配交易的标准和信用体系，并通过数据服务和供应链金融，帮助供应商提高库存周转率、资金使用效率。

（二）B2C 模式

B2C 模式是在车主在平台上下单后，选择将备件送到汽车修理店，汽车修理店为消费者提供服务。为了构建供应链管理系统，需要完善汽车零部件商场、仓库管理和运输管理平台，构建应用数据系统。具体分为以下几类。

1. 线上线下融合的汽服连锁门店2.0

汽车超人依托新康众强大的供应链能力以及自身在连锁体系门店高品质的服务体系，深耕互联网对于线上和线下深度融合的新模式，致力于线上流量运营沉淀与线下门店布局。

特别是汽车超人数字门店解决方案整合线上线下产业链条，使数字技术始终贯穿于汽服连锁门店的服务全流程，以数字分析平台、数字门店系统、数字精准营销、标准化服务体系为四大模块，通过数字化管理工具提升门店管理效率；结合消费者需求，打造一键预约、一键救援、车主评价体系、智能客服、智慧大屏等数字化产品，提升用户养车体验。同时依托汽车超人App、小程序、在线商城形成系统会员体系，实现拉新、孵化和培育的全链路数字化营销，进而在门店形成基于大数据的标准化服务体系。

2. 线上（电商）引流型线下连锁

典型平台是途虎养车和京东京车会。途虎不只提供流量，还提供供应链；同时，它又以正品保证解决了线下普遍存在的品质问题。这个模式比线下更轻，但又比普通线上更有控制力，途虎养车工场店即线上线下融合的店面模式。

特别是紧跟时下的网红潮流，途虎打出"社交＋网红＋电商"营销组合拳，开创引流带货新模式，并利用自身正品保障、高质量供应链的优势，将汽车保养、维修、汽车知识普及等趣味化、人格化内容融入网红与粉丝的互动中，在移动社交电商时代打出了粉丝经济这把王牌。

京东京车会是京东依托强大电商能力和汽车后市场优势资源，通过将原有"商品＋服务"模式创新升级，按照"京东标准"精选线下优质服务门店进行合作而推出的汽车维修保养体系。"线上下单线下服务"的一体化运营模式，保证商品明码标价，信息全部透明。

3. 线下无人洗车连锁

典型平台为驿公里和大盒子。驿公里智能无人洗车颠覆了传统洗车行业的产业模式，结合了人工智能、大数据、物联网、互联网等众多技术，树立了相当高的技术壁垒。与之类似,大盒子智能洗车也致力于推动汽车后市场行业全面进入数字化时代,打造智能化生态圈。

4. 流动经营上门服务

以"逸掌帮"上门蒸汽洗车和携车网上门汽车保养为代表的流动经营上门服务类平台,以"线上 + 线下"的闭环服务模式,为用户提供专业、便捷、安心的标准化到家服务,解决"最后一公里"便民问题。

5. 服务门店引流支持

典型平台为乐车邦和车点点。乐车邦致力于整合行业资源,在 2015 年5 月正式推出首款移动端产品,为用户提供接近综合维修厂价格的 4S 店原厂、标准化维修与保养服务,为维修保养门店提供引流支持。

车点点为车主用户提供违章查询、洗车美容、维修保养、道路救援、车务代办等服务,打通线上线下服务场景,赋能线下门店智慧发展。开展线上线下渠道的深度融合,不断进行渠道下沉,通过低成本的运营模式,快速完成商户—平台—用户间的互动。

在保证操作流程高效的基础上,车点点为合作商户提供与用户实时互动的场景化产品服务,从而降低合作门店的成本,让这些商家充分利用自有流量,最大限度地发挥它们触达客户的能力。利用多年来精耕汽车市场所积累的信息和 AI 数据分析能力,打通合作商户的会员系统,为商户提供线上线下全场景全客层的车主用户客群,帮助商户实现精准营销。

(三)B2B2C 模式

近来兴起的 B2B2C 新模式,能很好地整合渠道、平台和配件流转以及后段服务等要素,为客户提供全场景的服务体验。成立于 2013 年的集群车宝一直贴着"区域直营连锁"的标签,其城市合伙人计划是"直控"模式,同时输出品牌以及连锁体系和标准。

(四)S2B2C 模式

2019 年 12 月,埃克森美孚正式对外宣布,与旗下经销商、腾讯、途虎共同组建合资公司，通过在线平台向客户提供整合供应链（S），为门店赋能（B），为消费者（C）提供汽车养护服务，这也是近年来流行的S2B2C业务模型。

六　汽车维修保养行业政策情况

近年来，政府不断深化简政放权和机构改革，同时面对可以预见的高速增长，频频出台相关政策，意在规范市场健康有序发展，也为企业降低入门门槛，以及实施突破创新予以"松绑"。2018年，政府先后取消了维修从业资格证核发、维修业行政许可，2019年又进一步落实机动车维修经营备案制，加强事中事后监管。与此同时，为确保打赢"蓝天保卫战"，各地政府的环保力度进一步加强，特别是针对"三废"制定了管理办法，加大了治理力度，大部分钣喷业务迁至远离市中心的位置，而一些环保不达标的企业因此停业整改。根据当前政策导向判断，未来汽修业的环保力度只会从严，不会松懈。

（一）《关于取消一批行政许可等事项的决定》

2018年8月，国务院发布《关于取消一批行政许可等事项的决定》，其中包含取消机动车维修经营许可，同时规定取消审批后，交通运输部要制定完善并公布维修业务标准，督促地方交通运输主管部门加强事中事后监管。

（二）《中华人民共和国道路运输条例》

2019年3月，国务院修改了《中华人民共和国道路运输条例》部分条款，进一步落实了取消机动车维修经营许可制度：一是取消了许可条件，但交通运输部要制定"业务标准"；二是不再需要取得许可，但要"按规定进行备案"，未按规定备案的，由道路运输管理机构责令整改，拒不整改的将处以5000元以上2万元以下的罚款；三是不符合业务标准或有违法经营活动的，没法吊销经营许可，但会被责令"停业整顿"。

（三）《机动车维修管理规定》

2019 年 7 月，交通运输部对《机动车维修管理规定》作了 34 项修订，删除了关于机动车维修经营许可的全部内容，建立了关于机动车维修经营备案的制度体系，依法调整优化了有关事中事后监管措施，增加了对汽车维修企业经营者和从业人员的管理、建立"黑名单制度"等，体现了政府放宽市场准入条件，鼓励创业，鼓励非授权汽修企业进一步融入市场的决心，4S 店的垄断格局或将被打破，有助于推动汽车维修行业全面形成市场化运作和竞争机制的良好局面。

政府下一步将从四个方面加强对汽车维保市场的事中事后监管措施。第一，制定"业务标准"，即交通运输部会制定完善的业务标准、备案流程、信用信息采集标准等，督促地方交通运输主管部门加强事中事后监管。维修连锁可由总部向所在地运输部门统一备案。第二，实施处罚措施，即不再需要取得许可，但要"按规定进行备案"，不按规定备案将受到处罚，从长远来看，政府的处罚力度会越来越大。第三，停业整顿，即不符合业务标准或有违法经营活动的，没法吊销经营许可，但会被"停业整顿"。实际上放宽许可证，监管部门会从质量、环保和信用方面规范企业依法、规范经营。第四，信用监管，即建立黑名单制度，强化行业信息化监督手段，充分发挥全国汽车维修电子健康档案系统的作用，加快推进维修诚信体系建设。

（四）维修保养政策走向

中国汽车技术研究中心有限公司中国汽车战略与政策研究中心汽车流通与后市场政策研究室副主任陈海峰，在《汽车后市场政策现状及调整趋势》中指出，随着监管的从严、技术的升级，未来维修保养领域转型升级的需求将更加迫切，因此政策也将趋向环保、诚信、信息化、公平竞争等方向。

1. 环保治理

未来，环保部门对维修行业"三废"处理的监管依然保持高压态势。

在 VOC 防治方面，要求企业对喷烤漆房进行改造，使用水性漆，鼓励建设集约化的钣喷中心。另外，针对水、噪声和固废的防治，需要注重收集、处理和交付。

2. 维修技术信息公开

未来，维修技术信息公开的重点是公开资料的规范、督查。如违反规定，由县级以上道路运输管理机构责令其限期整改、通报、罚款，直至停止发放 3C 认证。具体公开信息包括：公开主体——汽车供应商（含进口企业）；公开内容——依据公开目录，含维修手册、配件目录、专用设备工具信息等；公开时间——新车上市 6 个月内。

截至目前，备案的汽车企业共有 500 多家，备案品牌 600 多个，备案基础车型 30000 个左右。

3. 电子健康档案

目前，各省份汽车维修电子健康档案对接平台已逐步落实企业信用评分体系，已有不少违规汽修厂被拉入黑名单并公示。截至目前，已有 28 个省份的 365 个地市完成了系统建设，其中 26 个省份的 326 个地市实现了与部级系统的互联互通。67 家整车企业、6 家连锁维修企业通过"总对总"方案实现了维修数据自动采集。已注册维修企业 10 万多家，累计采集维修记录超过 1.9 亿辆次。

4. 机动车排气污染检测与维护（I/M）制度

政府对在用车的监管力度会持续加严，如加快建立机动车 I/M 制度。主要内容包括：有关部门联合监管；数据共享联网；对维护站（M 站）认定，对设备、人员进行相关规定；搭建 I/M 制度的质量监管控制体系。

（五）汽车维保市场政策建议

1. 促进汽车售后服务行业品牌化、规模化、低碳化发展

鼓励连锁维修企业发展，支持快修企业进社区。进一步破除汽车售后服务领域配件、技术信息的垄断行为，加快认证配件、再制造件、回用件等各类配件的流通渠道建设。以地方或行业优秀项目试点推广等形式，大力推动

绿色汽修、智慧汽修，加快行业低碳化、数字化转型。加快在用车检测维修闭环管理，发布实施在用车尾气维修技术规范。

2. 推动新能源汽车售后服务政策创新

落实国家关于加快售后服务体系建设的要求，制定新能源汽车售后服务规范，明确售后服务主体义务，包括"修理更换退货"责任、售后服务流程、售后服务纠纷处理办法、违反规范的惩罚措施、废旧动力电池回收责任、安全风险防控等，实现与现行法律法规及相关制度的有效衔接。

3. 完善家用汽车三包制度

尽快出台新修订的《家用汽车产品修理、更换、退货责任规定》，健全第三方争议处理机制，探索建立产品三包信息公开平台，充分发挥市场机制和消费者监督的作用，促进产品服务消费升级和营商环境改善。

七 汽车维修保养市场融资情况

2019 年，受宏观经济影响，汽车消费仍处于下行趋势，汽车后市场也同样面临消费需求不足的状况，市场加速进入洗牌期，行业集中度进一步提升，资本更倾向于发展相对成熟的头部企业。2019 年汽车后市场融资企业和融资事件的数量明显下滑，但是过亿元融资数量有所提升，过亿元融资 16 起，多家前期完成融资的企业持续受到资本青睐。

另外，2019 年融资还有以下三个特点，一是维保终端领域融资相对趋冷，汽配供应链领域热度走高。无论是融资事件数量，还是单笔融资金额以及融资总体金额，汽配供应链领域都完胜汽修终端。二是美元资本持续关注汽车维保领域，例如新康众完成 3.8 亿美元 D + 轮融资，快准车服完成 6000 万美元 B 轮融资，好汽配 C 轮和 D 轮均拿到 6000 万美元，开思完成 C1 轮 8000 万美元。三是区域汽配连锁逐渐受到资本关注，聚焦于北京市场的和谐汽车，以及起家于四川的奔世达都完成 Pre-A 轮融资（见表 1）。

表1

企业类型	公司名称	时间	融资金额	轮次	投资方
维修保养	集群车宝	2019年1月	1亿元	B轮	朗盛投资、展泽投资
	大咖养车	2019年1月	3000万元	第二轮战略投资	叶氏化工集团
汽配供应链	好汽配	2019年1月	6000万美元	C轮	时代资本、DCM、XVC、SIG、俄罗斯投资人Yuri Milner、国际私募基金Access Industries
		2019年6月	6000万美元	D轮	Access Technology Ventures、XVC、时代资本、DCM以及SIG海纳亚洲投资基金跟投
	三头六臂	2019年2月	1.7亿元	A轮	鼎资本领投、君联资本
		2019年9月	2亿元	A+轮	君联资本、钟鼎资本、银河系创投、元禾辰坤
	新康众	2019年3月	3.8亿美元	D+轮	华平投资、PAG太盟投资集团和云峰基金
	快准车服	2019年8月	6000万美元	B轮	元生资本
	车通云	2019年9月	数千万美元	C+轮	东方弘泰资本、大钲资本
	开思	2019年10月	8000万美元	C1轮	红杉资本中国基金、源码资本、华业天成
	奔世达	2019年10月	3000万元	Pre-A轮	鳌图资本
	甲乙丙丁	2019年11月	3.5亿元	B轮	远洋资本、上海国和投资、满帮集团
汽车综合服务	车主邦	2019年1月	2.75亿元	B轮	金沙江联合资本、清科资管、中海资本、青岛全球财富中心公司、朴素资本
		2019年8月	4.5亿元	B+轮（股权+债权）	国家中小企业发展基金、东方富海、日照市财金投资集团、建设银行青岛分行
		2019年11月	1.1亿美元	C轮	愉悦资本、蔚来资本、KIP中国
	和谐汽车	2019年11月	5200万股	首期增持	香港恒基地产主席李家杰

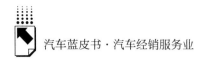

八 汽车维修保养市场展望

（一）维保行业加速洗牌

展望汽车维保市场，洗牌、融合、升级将是行业趋势。无论是从政策导向看，还是从客户需求变化看，我国庞大的汽修汽保终端门店终将会迎来一场洗牌，那些经营不规范、技术落后、服务水平不高的企业将逐渐被淘汰，一些小而散的终端门店有些依靠管理、服务、技术升级存活下来，而大量门店可能会被连锁品牌或互联网新势力所整合。从整体上看，未来我国汽车维保市场的终端门店数量将有所减少，在互联网、信息化的推动下，行业水平将上一个台阶。

（二）融合创新渐有突破

与此同时，汽车后市场这块大蛋糕将吸引更多各类玩家入场，并在互联网技术的助推和新零售理念的引导下，通过跨界、融合实现优势互补、多元发展，从而在商业模式创新方面有所突破。

（三）线上渗透率持续增长

《2019中国汽车后市场白皮书》显示，2018年汽车维保市场电商渗透率仅为5%。随着消费者对汽车维保O2O服务的依赖度加深，预计2025年可达17%。随着消费年轻化，消费者通过多元化渠道获取信息已成常态，线下渠道在信息传播中仍占据不可取代的地位，消费者在服务模式上有了新的诉求，模式创新和拓展势在必行，多渠道融合是打造无缝体验的必由之路，这也给我国维保行业提出了加快数字化、信息化转型的更高要求。

（四）全国性直营连锁品牌盈利难

近年，在资本的助力下，一些维修品牌尝试开启全国性连锁模式，但在中驰车福创始人张后启看来，维保属于低频服务，且产值不高，除非开设七八个以上的经营项目，否则难以盈利，目前专注于维保服务的门店70%都存在亏损的问题，而且汽车维保这类重度专业的服务，很难实现产品化，因此全国性的大规模连锁化很难在汽车维保市场实现。

（五）产业互联网渐入人心

我国在互联网和资本的双重推动下，催生了产业互联网的土壤。不同于消费互联网以交易为主，产业互联网更强调的是连接。我国汽车后市场存在交易效率低，信息化和管理水平不高，海量SKU导致库存周转慢、资金占用量大等痛点，急需产业互联网平台通过重构人、货、场，理顺行业主体之间关系，高效连接物流、信息流、资金流来重塑汽车后市场。目前，我国后市场供应链还处在以交易为主的"铁路警察，各管一段"的阶段，经过未来一两年的探索，我国汽车后市场或将出现趋近于产业互联网理念的标杆企业，借助资本市场，推动我国汽车后市场的升级。

B.5

汽车金融2019～2020年发展概况和趋势

杨永平　张嫣　曾乐　钱漪　郝秋慧*

摘　要： 汽车金融市场前景广阔，截至2018年末，总体汽车金融渗透率达到48%。商业银行、汽车金融公司、互联网平台和融资租赁公司四类主体参与汽车金融市场，竞争日趋激烈，市场利润率逐步下滑。2019年主要呈现三大特点：一是融资租赁风险不断提升；二是二手车金融受到追捧；三是政府加强风控，规范市场行为。

关键词： 汽车金融　融资租赁　二手车金融

一　汽车金融前景广阔，市场渗透率进一步提升

中国汽车金融正快速发展。银监会数据显示，截至2018年末，我国汽车金融业务贷款余额已达到7691亿元，同比增长15%（见图1）。中银协发布的《2018年中国汽车金融公司行业发展报告》显示，截至2018年末，总体汽车金融渗透率已达到48%，其中新车市场金融渗透率为51.9%，二手车市场的金融渗透率28.8%（见图2）。

虽然目前我国汽车金融市场增长迅速，但新车金融渗透率与发达国家市

---

* 杨永平，亿欧公司副总裁、亿欧汽车总裁，研究方向为汽车产业、汽车金融、汽车电商；张嫣，亿欧汽车主编，研究方向为汽车产业、汽车金融、汽车电商；曾乐，亿欧汽车分析员，研究方向为汽车四化；钱漪，亿欧汽车分析员，研究方向为汽车金融；郝秋慧，亿欧汽车高级分析员，研究方向为汽车金融。

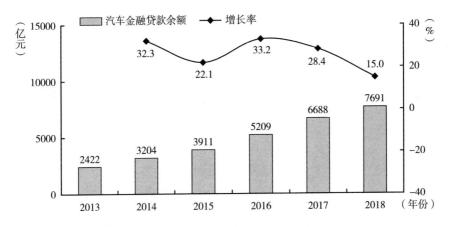

图1 中国汽车金融贷款余额及增长情况

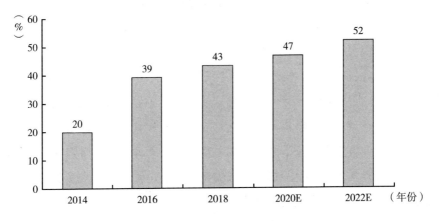

图2 中国新车金融渗透率对比

场（德国75%、美国86%、英国90%）相比仍有较大差距。而在融资租赁方面，2017年中国融资租赁渗透率为4%，同样远低于发达国家市场（德国20%、美国30%）。这主要源于中国汽车消费群体消费心理对信贷的整体接受度较之发达国家偏低，还有政策环境等因素的影响。上述数据也说明中国汽车金融市场尚处于发展期，潜力巨大。

从未来的发展趋势来看，随着汽车行业的消费升级和产品转型，并依托于国内消费习惯变革、信用体系完善等若干环境因素，汽车金融行业的发展前景将更加广阔。从产业转型来看，随着利润缩减，汽车产业的盈利点正在

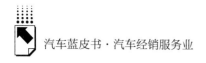

从整车销售逐步向汽车后市场转移，汽车金融是连接整车销售和汽车后市场服务的重要一环。

二 各类汽车金融主体充分发挥各自优势拓展市场

我国汽车金融市场主要参与者包括商业银行、汽车金融公司、互联网平台和融资租赁公司四类。早期汽车金融市场主要被商业银行占据，汽车市场急剧扩张带动汽车金融公司蓬勃发展。近年来，随着汽车金融市场的开放、个人征信体系完善以及金融科技蓬勃发展，互联网平台、融资租赁公司纷纷参与到汽车金融市场，各类平台进入群雄逐鹿的阶段。

商业银行，具有资金成本低、贷款利率低、信誉高和先入优势。在我国汽车金融市场占主导地位。其劣势为信用门槛高、流程审批慢。

汽车金融公司，与主机厂和经销商联系密切，具有产品服务专业度高、贷款利率低、拥有新车贷款补贴、一站式便捷服务等优势，逐渐受消费者追捧。

互联网平台，包括助贷平台、汽车交易平台和其他开展汽车金融业务的互联网平台。直租和助贷是其参与汽车金融的主要方式。互联网平台凭借自身流量，具备服务多品牌、贷款要求较低、产品丰富、贷款方式灵活以及审批速度快等优势，近年来发展迅速。

融资租赁公司，发展较快。目前我国融资租赁公司主要提供回租服务，未来将逐步提高直租占比。相较于汽车贷款服务，融资租赁服务具有用户资质审核门槛低、灵活性高、首付比例低以及利率高等特点。

2019年众多传统主机厂和经销商集团，涉足并加速领跑汽车金融领域，不仅包括上汽通用汽车金融、宝马汽车金融等，还包括一汽汽车金融、长安汽车金融等。就目前来看，用户更加偏爱汽车金融公司的金融产品，市场占比约为66.6%。上汽集团、一汽集团、广汽集团、三一重工、长安汽车、长城汽车、东风汽车以及比亚迪等国内上市公司都有汽车金融公司。汽车金融服务能力已经成为国内各大汽车厂家的一种新的竞争力体现。

互联网汽车金融竞争白热化。在汽车金融业务中，除了传统意义上的消费贷款业务，还有受资本追捧的汽车融资租赁业务。近年来，融资租赁企业不仅设有新车金融，还发力二手车金融。在汽车融资租赁方面整车企业和经销商具有一定的优势。首先，整车厂商拥有大量的销售渠道，在车源和采购价格上有着天然优势，可以降低新车使用和购买的门槛；其次，通过融资租赁，整车厂商也解决了二手车置换的车源问题，能够进一步挖掘包括二手车市场业务在内的其他业务，实现业务的扩张。

随着互联网的发展，互联网公司开始进入汽车金融领域，这些公司通过大数据，正在针对市场尚未完全覆盖的用户，特别是一些年轻的客户群体，提供适合的产品和高效的服务，为其提供有弹性且个性化的定制购车方案。

银行的优势在于汽车信贷业务，手上握有充沛的和低成本的资金，第三方汽车金融公司手里有大量的用户信息，因此可以在向客户推销产品的基础上一起打包其他金融服务。

中国正在进入汽车存量市场竞争中，汽车金融的渗透率不断提高，利润率相对下滑，未来各类主体将展开激烈竞争，汽车金融平台的头部效应未来会更加凸显。

三 2019年汽车金融发展呈现新的特点

（一）融资租赁风险不断积累，行业面临一轮优胜劣汰

随着金融科技的发展，科技应用已经开始渗透到包括汽车金融在内的各个金融细分领域。利用金融科技带来的风控能力，以及第三方积累的二手车数据信息，凭借人工智能、大数据技术，越来越多的企业开始从事融资租赁业务。

2016年底，大搜车推出汽车融资租赁品牌"弹个车"，在业内引领了一股融资租赁热潮。2017～2018年，易鑫、瓜子、花生好车和优信等也纷纷开展融资租赁业务，汽车企业、传统融资租赁公司、汽车经销企业也希望能够在发展中获得一定的市场份额。

但随着市场竞争加剧，一些融资租赁公司的风险累积已经达到临界点。包括近期一些大企业带来的潜在坏账损失，也包括融资租赁企业在爆发式增长中遭遇到的公司发展的管理瓶颈。随着行业内部交流和学习的加强，一些风险识别能力较弱或者租赁经验较少的企业，也跟随"行业标杆企业"加快发展融资租赁业务，但疏于对自身能力的建设，陷入了困境。融资租赁行业发展风险加大，行业开始进入淘汰期。

（二）诸多企业抢占二手车金融

在过去很长一段时间里，从银行到汽车金融公司等金融机构，对新车金融不断加码，却一直对二手车金融涉足甚少。随着二手车业务的发展，二手车金融也开始得到更多企业的关注。据分析机构 Frost & Sullivan 预测，到2030 年，中国二手车金融市场规模预计达 7043 亿元。

当今二手车金融市场的参与者包括五大类：以平安银行、工商银行为代表的银行机构；以上汽通用汽车金融、宝马汽车金融为代表的汽车金融公司；以浙江安信为代表的信用担保公司；以先锋太盟、建元资本和沣邦租赁为代表的融资租赁公司；以大搜车、灿谷和瓜子二手车为代表的互联网汽车交易平台。

从业务模式来看，二手车金融市场参与者以融资租赁、直租、车抵贷、库存融资模式为主。目前，二手车交易主要以线下渠道为主，通过独立经销商开展交易。Frost&Sullivan 数据显示，我国共有 10 万家二手车经销商，二手车交易集中在非一线城市。

因为每辆车的使用情况均有不同，所以二手车具有"一车一况一价"的特点。传统的人工风控效率低，且易诱发道德风险。在一些业务前端，存在销售协助 C 端将用户资料包装的情况，还可能出现人为利用二手车辆处置价格区间大的特点进行不正常操作的问题。目前，整个二手车金融市场在风控方面存在不小挑战。

为了解决好这些问题，二手车金融市场出现了不少"新打法"。大搜车推出了"大搜车家选"，通过与银行开展合作，为二手车定制金融产品。大搜车联合全国各地的优质二手车经销商，通过"大搜车家选"有效链接新零售交易平台和线下优质车源以及消费场景。不仅为消费者提供车源，还为用户提供如1年或3万公里质保以及优享先行等交易保障。另外，参与者基于数据与技术的精细化运营能力愈发凸显。二手车检测评估机构车300与汽车新零售花生好车达成合作，从开始的直采直租到二手车置换的残值数据，作了统一管理，建立二手车的风险管理闭环。将单个客户的反欺诈管理前置到获客渠道、关系链，以及欺诈客户的多个社交触点，一方面避免团伙欺诈，另一方面也做到用户资质与产品属性的匹配。

随着二手车金融业务的发展，越来越多的企业进入这一市场。二手车金融市场也正在由"蓝海"变为"红海"。与头部企业相比，中小企业在手续交易、放款速度、流量、存量优势以及规模上处于相对弱势地位。强者愈强、优胜劣汰将成为行业发展趋势。由于早期的无序竞争，未来二手车金融将进入洗牌阶段，特色化企业走差异化路线将有一定竞争优势。

（三）政府监管力度加强，企业继续加强各类风控

近年来，中国人民银行、银保监会等汽车金融管理部门出台多项支持汽车金融发展的政策措施，包括提高消费者汽车贷款最高发放比例，逐步放宽汽车金融公司、融资租赁公司等融资途径，允许其通过多种途径进行融资等，不断推动汽车金融市场发展。

自2018年底以来，部分银行因为违规办理汽车分期业务，促使监管机构进一步加强了监管。仅2018年，行业内4家汽车金融公司合计收到了7张总额为255万元的罚单。这也直接暴露了汽车金融行业在风险防控和内控管理方面的缺陷。

2019年4月，西安奔驰女车主维权事件将汽车金融服务过程中长期存在的"潜规则"暴露出来。金融服务费是汽车经销商盈利点之一，但一直缺少法律依据和无税务发票，处于灰色地带。早在2012年，银监会出台《关于整治银行业金融机构不规范经营的通知》，规定金融机构不得借发放

贷款或以其他方式提供融资之机，要求客户接受不合理的中间业务和其他金融服务，从而收取费用。

2019 年 11 月，二手车金融头部企业美利车金融高管因暴力催收贷款被警方带走，此前公司贷款业务因隐瞒高额利息、合同条款释义不明和随意收费等行为被很多消费者投诉，成为二手车金融领域的一次强震。美利车金融主要为消费者提供二手车和新车购买分期贷款，也为经销商提供车辆交易、库存融资服务。美利车金融拟在美国上市的招股书中披露，投资方包括京东金融、领沨资本、宜信、挖财、新希望集团等，累计投资近 2 亿美元。美利车金融汽车融资贷款余额 219 亿元，最大的融资合作伙伴提供的助贷资金高达 142 亿元。有报道称，其融资伙伴包括新网银行、微众银行、众邦银行、南京银行、工商银行、浦发银行、渤海银行等。美利车金融线下销售人员一度超过 4000 人，布局超过 300 个大中城市，拥有合作关系的线下经销商约 75000 家。同年 10 月 21 日，51 信用卡因为委托外包催收公司涉嫌暴力催收寻衅滋事，也遭到有关部门调查。

2019 年 10 月 21 日，最高法、最高检、公安部及司法部联合印发了《关于办理非法放贷刑事案件若干问题的意见》的通知，对违反国家规定，未经监管部门批准，或者超越经营范围，以营利为目的，经常性地向社会不特定对象发放贷款，扰乱金融市场秩序，情节严重的，依照刑法第二百二十五条第（四）项的规定，以非法经营罪定罪处罚。10 月 23 日，银保监会、国家发改委、工信部等九部门联合印发的《关于印发融资担保公司监督管理补充规定的通知》提到，未经监督管理部门批准，汽车经销商、汽车销售服务商等机构不得经营汽车消费贷款担保业务，已开展的存量业务应当妥善结清。

汽车金融相关企业若要避免罚单，即需降低经营过程中各项风险指数。因此，风控在汽车金融行业中的地位日益凸显。此前，部分汽车金融公司为了扩大放贷规模，放松了前期申请人资料审核，无形中增加了贷款的风险。中国信用体系建设起步晚，个人信用制度和管理体系存在短板，从而加大了汽车金融风险概率。

四 汽车金融发展趋势展望

（一）汽车金融未来是汽车市场发展的重要引擎

2020年，汽车金融将是车市销量的一架新引擎。其主要体现在金融产品对消费需求的挖掘与帮助主机厂销量提升等方面。当大数据、人工智能的应用更加贴近人们生活时，技术亦将赋能汽车金融，带来产品力的创新和服务的优化升级，在提高风控能力的同时，为消费者提供更加多元化、个性化的产品，同时倒逼主机厂更加积极地跟汽车金融紧密合作，以提升汽车市场的金融渗透率，共同赢得中国汽车销量的增长。

2020年新能源汽车市场快速发展，将成为汽车金融新的增长点。此外，二手车市场也会不断拓展，二手车金融将成为汽车金融市场的重要主体。

（二）利用科技手段强化风险管理，将成为汽车金融企业发展的重要方向

汽车金融行业出现的问题根源在于平台的风控能力薄弱，缺乏风控意识，直接导致骗贷、借贷逾期等坏账问题野蛮生长。汽车金融风控需要加强风险管理与控制，包括风险识别、风险评估、风险控制和风险管理效果评价等环节，在风险的环境里，将其减至最低。

中国汽车金融行业的发展在于科技，在于服务。科技将提升风控监管能力，服务必将提升质量。各类汽车金融企业应审时度势，在国家政策日趋严格的情况下，利用行业转型与技术创新化解时代挑战，应对2020年持续走跌的车市与极易生变的大环境。也应认知到，快速发展不能以牺牲市场秩序为代价，合规是企业生存和成长过程中的重要坚守。

（三）汽车金融业务将走向专业化、细分化，附加服务成为差异化手段

随着不同汽车金融服务产品同质化、标准化程度日益提高，汽车金融服

务机构的竞争转变到专业化服务，将提高贷款利率等基础金融服务转移至提供附加服务。汽车金融将与贷中和贷后的汽车保险、维修保养连接，以及将还款情况良好的客户加入信用白名单等，实现客户体验的最佳化、便捷化。汽车金融服务机构所提供的附加服务，将不仅满足客户融资需要，还要在客户汽车产品整个生命周期中为其提供全方位的服务。

（四）汽车金融将加快优胜劣汰

汽车金融行业经过 20 多年的发展，正在从市场蓝海变为红海。在严格的金融监管下，汽车金融企业的竞争将体现企业的综合实力，行业将会出现"马太效应"，强者越强、弱者越弱。商业银行背景的汽车金融头部机构由于掌控低成本的资金来源和更广阔的渠道，易于在现有市场格局中构建自身的"护城河"；中小型机构业务规模较小，遭遇汽车行业效率下滑和行业监管趋严时，如果没有特别的管理手段和服务能力，将面临被淘汰的局面。

B.6

汽车保险行业2019~2020年
发展概况和趋势

王学成　谢朝阳*

摘　要： 2019年汽车保险行业延续增长态势，但增速收窄。全年机动车辆保险保单数为4.97亿单，原保费收入合计8188亿元，保险金额超252亿元。其中，汽车交强险投保率达到95.6%。行业集中程度较高，前三位保险公司合计占有市场67%的份额。汽车保险保费收入占保险公司全部财产保险收入的比重为66.47%。保险赔付比较稳定，自保公司、互联网保险公司当年赔付支出占保费收入的比例较低。从政策层面看，推动费率市场化改革和加强规范经营监管是2019年政策变化的主要着力点。一系列行业标准的陆续出台也为汽车保险健康、规范发展创造了条件。展望未来，汽车销售进入调整期，汽车保险成为重要的利润保留点。车险产品市场化改革提速，汽车经销商更需主动参与。车险渠道多样化进程加快，经销服务商生存空间呈收缩态势。从严监管成为常态，汽车保险行业价值链的重构势在必行。

关键词： 汽车保险　保费收入　经销商

---

* 王学成，北方工业大学汽车产业创新研究中心讲师，博士，研究方向为交通出行、金融保险；谢朝阳，北方工业大学人事处处长，副教授，研究方向为互联网金融、保险。

一　汽车保险行业整体发展情况介绍

当前机动车辆保险①（简称汽车保险或车险）已经成为非寿险市场的主要组成部分，是我国财产保险中的第一大险种。根据中国银行保险监督管理委员会披露的数据，2019 年全年机动车辆保险保单数为 4.97 亿单，原保费收入合计 8188 亿元。

（一）机动车辆保险保费收入情况

保险公司机动车辆保险保费收入快速增长，1997 年保费收入为 209 亿元，2006 年突破 1000 亿元，2014 年突破 5000 亿元大关，2019 年保费总收入达到 8188 亿元，与 1997 年相比涨了约 40 倍。机动车保有量的持续增加是推动保费收入增长的主要原因，同时全民保险意识的加强、保险产品的差异化发展、金融消费能力的提升也是推动保费收入增长的重要原因（见图 1）。

2011 年以前，保费收入增速起伏较大。2010 年达到 40% 增长率的峰值，1999 年最低为 9%，多数年份位于 15% 到 20% 的区间。产生较大波动的原因，主要是随着我国金融行业市场化改革的推进，汽车保险产品、行业竞争格局都处于调整中，汽车保险的监管政策也处于摸索期。

2011 年以后，汽车保险增长率呈现缓慢下降的趋势，2017 年接近历史最低增长率。2018 年增长率在 2017 年基础上减半，仅录得 4.16%，2019 年为 4.5%。主要原因是：①汽车保有量快速增长，形成庞大的发展基数，汽车消费市场空间不断收缩，增长率逐步走低成为不可逆转的趋

---

① 机动车辆保险是以机动车辆本身及其第三者责任等为保险标的的运输工具保险，属于财产保险中的一种。具体可分为商业险和交强险。商业险又包括车辆主险和附加险两个部分。商业险主险包括车辆损失险、第三者责任险、车上人员责任险、全车盗抢险。附加险包括玻璃单独破碎险、车辆停驶损失险、自燃损失险、新增设备损失险、发动机进水险、无过失责任险、代步车费用险、车身划痕损失险、不计免赔率特约条款、车上货物责任险等多个险种。

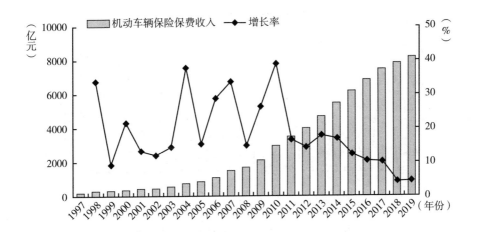

图1　1997～2019年全国机动车辆保险保费收入及增长情况

资料来源：国家统计局数据库。

势；②2018年以来，汽车市场进入全行业层面的调整周期，汽车销量数据不佳，造成汽车保险增量不足。随着传统燃油车市场竞争程度加剧、新能源补贴政策退坡，汽车保险短期内还将延续相对低迷的增长困境。

（二）汽车保险赔款和给付情况

从机动车辆保险赔款和给付（简称车险赔付）情况来看，车险赔付额与车险保费收入保持了基本一致的趋势，2018年赔付额为4401.94亿元（见图2）。

从增长趋势上看，车险赔付增长率与保费收入增长率也基本一致，2014～2017年，车险赔付增长率连续四年低于保费增长率。2018年，受保费收入增速回落影响，赔付增长率高出7.2个百分点，保险公司车险业务承压明显。

从当年赔付支出占当年保费收入的比例来看，1997年以来基本保持在50%～60%的区间，波动较小。2013年至2017年，该比例由57.61%连续下降至52.36%。2018年大幅回升到56.19%，主要原因是保费收入端增长乏力，而赔付端快速增长（见表1）。

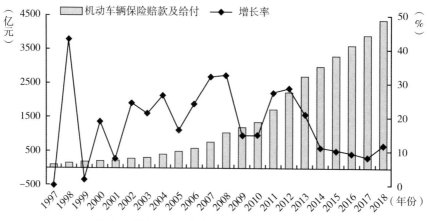

图2　1997～2018年机动车辆保险赔款及给付

资料来源：国家统计局数据库。

表1　1997～2018年当年赔付支出占当年保费收入比例

单位：%

年份	当年赔付支出/保费收入	年份	当年赔付支出/保费收入
1997	56.34	2008	61.47
1998	59.84	2009	55.70
1999	55.79	2010	45.80
2000	54.42	2011	49.96
2001	51.66	2012	56.12
2002	57.42	2013	57.61
2003	60.81	2014	54.87
2004	55.84	2015	53.81
2005	56.29	2016	53.38
2006	54.08	2017	52.36
2007	53.25	2018	56.19

资料来源：根据国家统计局数据库数据计算。

（三）交强险发展情况

2018年交强险投保机动车（包括汽车、摩托车、拖拉机）共计2.55亿辆，机动车交强险整体投保率为78.0%。2005年至2018年，交强险保费收入从600亿元增长到2000亿元，占据车险总保费收入的1/4左右。单从汽车保险来看，截至2018年底，全国汽车保有量为2.40亿辆，中国保信车险平台登记的全国2018年承保交强险保单2.30亿件，交强险投保率为95.6%，同比提高0.4个百分点，远高于机动车全行业发展情况。投保交强险的汽车中商业三责险投保率为82.5%，同比提高1.6个百分点。

2018年交强险理赔的立案件数为3177万件，赔付金额为1384亿元。截至2018年底，交强险累计处理赔案2.5亿件，累计赔付突破1万亿元。从2018年的数据来看，交强险综合成本率为97.4%，综合赔付率为69.8%，主要得益于道路交通安全管理水平和全社会安全驾驶意识的不断提升。

2018年，交强险承保盈利51亿元，投资收益71亿元，经营利润122亿元，带动历年累计经营效益扭亏为盈。截至2018年年末，交强险已累计承保亏损508亿元，累计实现559亿元的投资收益，两相叠加实现累计经营利润51亿元。2018年交强险承保亏损险企数量也较上年44家下降至31家，交强险保费收入在2亿元以下的险企，出现承保亏损的有18家，占据26家亏损险企的近七成。人保财险、平安产险、国寿财险、阳光产险利润超过10亿元，分别达到28.95亿元、27.51亿元、11.08亿元和10.27亿元。

2018年，全国三责险平均保额和单人死亡赔付费用平均水平分别是77.7万元、99.1万元，同比分别提高17.2%、7.7%。从死亡赔偿费用中扣除交强险死亡赔偿限额后，三责险保额整体平均保额充足度为88.3%，比上年提高6.4个百分点。中国保险信息技术管理有限责任公司发布的《2018年全国交通事故责任保险保障程度分析报告》显示，2018年仅有32.2%的三责险保单实现了风险的充分覆盖，整体保障程度较低。北京、天津、上海、广东、深圳、青岛6个省市风险覆盖率不足10%，主要原因在于死亡赔付费用标准在100万～200万元，覆盖风险需要更大的保额支撑。

二 保险企业汽车保险经营情况

（一）车辆保险保费收入情况

截至2018年底，全国共有88家财产保险法人公司，其中常年经营机动车辆保险业务的有 70 家左右。

67 家有保费收入的保险公司中,收入最高的为人保财险 2588 亿元,最低的仅有 7700 万元,全部企业平均保费收入为 117 亿元,中位数为 18 亿元。从行业情况来看,汽车保险行业集中度较高,排前三位的人保财险、平安产险、太保产险合计占有 2/3 的市场占有率,分别为 33.00%、23.17% 和 11.22%。余下 64 家的机动车辆保险总收入与人保财险持平(见表 2)。

表 2   2018 年保险公司车险保费收入前 10 名

单位:百万元,%

排序	公司简称	机动车辆保险保费收入	市场份额
1	人保财险	258809.34	33.00
2	平安产险	181767.40	23.17
3	太保产险	87966.38	11.22
4	国寿财险	54624.19	6.96
5	大地保险	27241.32	3.47
6	中华财险	25876.13	3.30
7	阳光产险	23752.09	3.03
8	太平财险	18543.12	2.36
9	天安财险	11907.50	1.52
10	华安保险	9935.60	1.27

资料来源:《中国保险年鉴 2019》。

保险公司机动车辆保险保费收入占全部财产保险的比重依然较高,2018 年保险公司全部财产保险总收入为 11800 亿元,其中车险贡献了 66.47%。从企业层面来看,华海财险占比最高,达到了 90.48%。占比在 80% ~90% 的有 11 家,70% ~80% 的有 14 家。从特征上看,规模较小的财险公司对车险的依赖性更强,排序较高的前 10 家保险公司中,9 家的财险保费收入在 50 亿元以下(表 3)。

表 3   2018 年保险公司车险保费收入占财险总收入比重前 10 名

单位:百万元,%

排序	公司简称	机动车辆保险保费收入	车险保费收入在总保费收入中占比
1	华海财险	1842.63	90.48
2	安盛天平	5642.83	88.96

续表

排序	公司简称	机动车辆保险保费收入	车险保费收入在总保费收入中占比
3	渤海财险	3546.39	88.60
4	合众财险	183.85	88.00
5	富德产险	2063.17	87.66
6	众诚车险	1307.63	85.98
7	都邦财险	3224.53	83.81
8	安邦财险	3224.69	83.78
9	恒邦财险	587.78	81.45
10	泰山财险	1378.44	80.49

资料来源:《中国保险年鉴2019》。

(二)当年车辆保险赔付/保费收入比情况

截至2018年底,全国共有70家保险公司保费赔偿和给付支出大于0。人保财险、平安产险和太保产险赔付金居前,分别为1499亿元、940亿元和497亿元。赔付金额排序与保费收入排序基本一致。

从保险公司当年车险赔付金额与保单收入比来看,京东安联、安邦财险、国泰产险和现代财险该比值较高,分别为1.55、1.14、1.05和0.96。剩余保险公司该比值均在0.75及以下。赔付收入比较低的保险公司主要包括专业自保公司、互联网保险公司和小规模公司。众安在线、泰康在线作为专业互联网财产保险公司表现突出(见表4)。

表4 2019年保险公司当年车险赔付/收入比前10位企业

排序(前序)	公司简称	当年车险赔付/收入比	排序(后序)	公司简称	当年车险赔付/收入比
1	京东安联	1.55	1	中远海运自保	0.00
2	安邦财险	1.14	2	融盛财险	0.01
3	国泰产险	1.05	3	黄河财险	0.15
4	现代财险	0.96	4	铁路自保	0.16
5	英大财险	0.75	5	众安在线	0.20
6	鑫安车险	0.74	6	泰康在线	0.22

排序 （前序）	公司简称	当年车险 赔付/收入比	排序 （后序）	公司简称	当年车险 赔付/收入比
7	三井住友	0.72	7	中原农险	0.26
8	长江财险	0.71	8	合众财险	0.29
9	中银保险	0.70	9	中路财险	0.35
10	永诚财险	0.70	10	华海财险	0.37

资料来源：《中国保险年鉴2019》。

三　2018~2019年汽车保险领域主要政策回顾

（一）管理政策

2018年3月，原中国保监会发布了《关于调整部分地区商业车险自主定价范围的通知》（保监财险〔2018〕61号），旨在更好地发挥市场在资源配置中的决定性作用。文件对各地区财产保险公司使用中国保险行业协会机动车商业保险示范条款，明确了分地区进行自主核保的系数调整范围。

2018年3月，中国银保监会发布《中国银行保险监督管理委员会办公厅关于开展商业车险自主定价改革试点的通知》（银保监办发〔2018〕4号），旨在进一步深化商业车险条款费率管理制度改革，更好地发挥市场在资源配置中的决定性作用，开展商业车险自主定价改革试点。试点地区的财产保险公司在拟定地区商业车险费率时，可在符合通用精算原理和保险监督管理机构规定，且商业车险费率厘定结果合理、公平、充足的条件下，自行确定自主系数调整范围。

2018年6月，中国银保监会发布《中国银保监会办公厅关于商业车险费率监管有关要求的通知》（银保监办发〔2018〕57号），加强了商业车险产品费率监管，保护消费者合法权益通知要求非试点地区财产保险公司制定费率方案应严格遵循合理、公平、充足的原则，不得以任何形式开展不正当竞争。对各财产保险公司报送新车业务费率折扣系数、手续费的取值范围和使用规则等作出了详细规定，并完善了费率方案制定和执行的责任制。

2019年1月，中国银保监会发布《中国银保监会办公厅关于进一步加强车险监管有关事项的通知》（银保监办发〔2019〕7号），旨在进一步加强车险业务监管，整治市场乱象，维护车险消费者合法权益，为下一步商业车险改革营造公平、规范、有序竞争的市场环境。通知主要针对当前车险市场未按照规定使用车险条款费率和业务财务数据不真实两个方面问题提出要求。

2019年2月，中国银保监会发布《中国银保监会办公厅关于加强保险公司中介渠道业务管理的通知》（银保监办发〔2019〕19号），通知要求保险公司应当加强银行、邮政、车商等保险兼业代理渠道管理，承担业务合规性管理责任，建立定期数据核对机制，确保保单信息真实性。旨在贯彻落实2019年监管工作会议精神，进一步规范保险中介市场秩序，筑牢防范系统性金融风险底线。

2019年4月，中国银保监会发布《中国银保监会办公厅关于开展保险专业中介机构从业人员执业登记数据清核工作的通知》（银保监办发〔2019〕56号），通知要求开展从业人员执业登记数据清核整顿，减少从业人员信息不准确、数据失真问题。

2019年4月，中国银保监会发布《关于印发2019年保险中介市场乱象整治工作方案的通知》（银保监办发〔2019〕90号），对保险中介市场的风险防范意识弱、管控责任落实不到位，以及与第三方网络平台非法合作等乱象进行重点整治，严肃查处相关违法违规行为。

2019年5月，中国银保监会对《关于规范互联网保险销售行为可回溯管理有关事项的通知（征求意见稿）》进行了修改完善，明确了保险公司和中介机构的职责，前者负责互联网可回溯资料的管理，后者将可回溯资料反馈至承保的保险公司。

2019年5月29日，财政部、国家税务总局发布《关于保险企业手续费及佣金支出税前扣除政策的公告》（财政部 税务总局公告2019年第72号），将原来财产保险业15%和人身保险业10%的限额扣除比例统一并提高至18%。

2019 年 10 月，中国银保监会财险部下发《关于进一步加强和改进财产保险公司产品监管有关问题的通知（征求意见稿）》，提出将机动车辆保险、1 年期以上信用保险和保证保险产品由审批改为备案，原属于备案类的产品仍采用备案管理。

2019 年 12 月，中国银保监会发布《中国银保监会关于推动银行业和保险业高质量发展的指导意见》（银保监发〔2019〕52 号），在强化保险机构风险保障功能、发挥银行保险机构在优化融资结构中的重要作用、精准有效防范化解银行保险体系各类风险等方面做出了详细规划。意见提出要推动车险综合改革，完善车险条款和费率形成机制。

（二）标准文件

中国保险行业协会成立于 2001 年 2 月 23 日，是中国保险业的全国性自律组织，业务主管单位是中国银行保险监督管理委员会。《中华人民共和国保险法》规定"保险公司应当加入保险行业协会。保险代理人、保险经纪人、保险公估机构可以加入保险行业协会"。截至 2019 年 9 月，中国保险业协会共有会员 326 家，其中财产保险公司 86 家。协会依据《中华人民共和国保险法》，督促会员自律，维护行业利益，促进行业发展，为会员提供服务，促进市场公开、公平、公正，全面提高保险业服务社会主义经济社会的能力。协会下设车险专业委员会。

2018 年 6 月 13 日，中国保险行业协会、中国汽车维修行业协会在北京联合发布《事故汽车维修工时测定规范 第 1 部分：涂装工时》标准，对相关维修的工时测定方法和数据处理校验要求进行统一。

2019 年 3 月 21 日，中国保险行业协会在京召开标准项目提案论证会，来自 25 家公司的 40 余名代表参加会议。提案单位代表对《客户线上投保作业规范指引——车险部分》、《共享经济下的车险理赔案件风险管控》、《车险简易案件快速处理规范》和《车险定损核价管理规范——普通厂维修案件配件分类核价项目》等标准项目进行逐一介绍。

2019 年 3 月 28 日，中国保险行业协会、中国汽车维修行业协会共同发布《事故汽车维修工时测定规范 第2部分：覆盖件钣金工时》标准，适用于保险行业、汽车维修行业对事故汽车维修覆盖件钣金作业工作量统计和维修费用计算。明确了覆盖件钣金工时的价格与车辆自身价格没有必然关联。

2019年3月28日，中国保险行业协会发布《机动车保险车联网数据采集规范》，对机动车保险经营管理过程中车联网数据采集、交换、共享、分析等活动进行规范，涉及主要术语及车联网基础数据采集的定义、范围、类型、频率、精度等方面的内容，同时首次规定了数据有效性、合理性、真实性的校验规则，填补了车联网数据在车险经营管理使用时真实性校验的空白，让车联网数据信息更有效。该规范的发布可更好地推动保险行业在车联网应用方面的创新。通过采集速度、里程、加速、减速、转弯等驾驶行为数据，进行费率厘定、保险责任确定，进行产品开发。

2019年3月28日，中国保险行业协会发布《汽车后市场用配件合车规范 第3部分：车身覆盖件》（标准编号：T/IAC 19.3－2019），本部分规范适用于保险行业对GB/T 15089中的M和N类事故车维修所使用车身覆盖件的合车检验。

2019年3月28日，中国保险行业协会发布《汽车后市场用配件合车规范 第4部分：车辆外后视镜总成及配件》（标准编号：T/IAC 19.4－2019），本部分规范适用于保险行业对GB/T 15089中的M和N类事故车维修所使用机动车辆外后视镜总成及配件合车检验。

中国保险行业协会发布的若干车险标准文件，为推进车险行业健康、稳定、可持续发展创造了良好的条件。

四　汽车保险行业发展趋势及对汽车经销服务业的影响

（一）汽车销售进入调整期，汽车保险成为重要的利润保留点

我国新车销量从2018年起开始出现负增长，2019年负增长的幅度加大。短期来看，受汽车行业转型升级、中美经贸摩擦、环保标准升级及新能

源补贴退坡等因素影响，汽车产业尚未完全结束调整。长期来看，我国的人均汽车保有量与发达国家还有比较大的差距。汽车消费需求依然旺盛，尤其是农村地区存在大量的新增需求和更新需求。随着经济高质量发展的推进，汽车消费需求将逐步释放，推动汽车产业全面回暖。另外，随着汽车产业电动化、网联化、智能化、共享化的融合创新发展，未来出行形态也将有巨大的变化，既存在严峻的挑战，也蕴藏着大量的机遇。

相较于汽车销售的增量市场，汽车保险和汽车维修都是典型的存量市场，在应对行业周期性低谷方面，可以发挥重要的作用。

汽车销售服务4S店是中国汽车销售的主要渠道，也是汽车保险销售的重要代理机构和终端渠道。4S店在与整车厂的合作关系中处于相对弱势的地位，随着汽车行业进入调整期，整车厂经营压力必然部分转移到销售渠道，导致占比较高的汽车销售业务不能成为主要利润来源，因此车辆售后服务、维修保养将成为4S店在寒冬中求生存、谋发展的重要路径。汽车保险业务与其他业务有很高的关联性，衔接了汽车销售服务、保养以及维修等多个环节。因此，提高汽车保险的服务能力，尤其是有针对性地提高车辆维修服务能力，是汽车经销服务渠道应对销售寒冬、提高盈利的重要抓手。

（二）车险产品市场化改革提速，汽车经销商更需主动参与

车险市场化改革是车险领域发展的重要方向，目前车险中高定价、高手续费、粗放经营、无序竞争、数据失真等问题仍然存在。随着市场加快开放、主体门槛降低、用户需求提高，加快车险改革已经成为摆在行业所有从业者面前的一项紧迫任务，而改革的核心就是车险费率形成机制的市场化。

表5中的系列文件将商业车险条款费率的制定权交给保险公司，把对商业车险产品和服务的选择权交给市场，从而逐步解决商业车险条款费率管理中的非市场化行为问题。下一步车险改革将继续向深水区进发，而坚持市场化是改革的基本方向。

表5 车险费率改革部分文件

时间	文件名称
2018年6月	《关于商业车险费率监管有关要求的通知》
2018年3月	《关于开展商业车险自主定价改革试点的通知》
2018年3月	《关于调整部分地区商业车险自主定价范围的通知》
2017年6月	《关于商业车险费率调整及管理等有关问题的通知》
2016年6月	《中国保监会关于商业车险条款费率管理制度改革试点全国推广有关问题的通知》
2015年4月	《关于商业车险改革试点地区条款费率适用有关问题的通知》
2015年3月	《关于印发〈深化商业车险条款费率管理制度改革试点工作方案〉的通知》
2015年2月	《关于深化商业车险条款费率管理制度改革的意见》
2012年2月	《关于加强机动车辆商业保险条款费率管理的通知》
2009年7月	《关于严格执行〈机动车交通事故责任强制保险费率浮动暂行办法〉的通知》
2008年1月	《关于做好机动车商业三责险费率调整工作有关要求的紧急通知》
2007年6月	《关于印发〈机动车交通事故责任强制保险费率浮动暂行办法〉的通知》
2004年9月	《关于调整机动车三者险费率管理权限问题的通知》
2004年1月	《关于车险费率调整权限等有关问题的通知》
2002年8月	《关于改革机动车辆保险条款费率管理制度的通知》
2002年3月	《关于改革机动车辆保险条款费率管理办法有关问题的通知》
2001年9月	《关于在广东省进行机动车辆保险费率改革试点的通知》

资料来源：根据中国银保监会网站资料整理。

在互联网商业模式创新、大数据技术进步等的共同推动下，基于使用表现的保险（Usage Based Insurance，UBI）成为车险产品创新的重要方向。UBI在车险领域的发展，与技术的进步、商业模式的创新等有密切的关系。保险公司、出行服务平台公司、信息技术服务公司可以实现对车辆精确时空状态的跟踪。UBI保费取决于车辆状况，驾驶人行为习惯，实际行程的时间、地点、具体方式等指标的综合考量，实现个性化定制保费。信息不对称下的逆向选择问题也将得到改善。

随着汽车保险费率的市场化，保险公司的专业化程度将不断提高，市场的竞争也将由价格竞争转向品质竞争，保险公司也将根据自身特点设计专业产品、开拓专业领域。过去，保险公司渠道能力有限，新车市场没有立足点，因此对汽车经销商有较大的依赖，加之各家保险公司产品高度同质化，因此普遍形成了经销商挑选保险公司的局面。而随着大数据技术、互联网渠道等的完善，未来极有可能出现保险公司以专业化产品和服务争取消费者、4S店地位下降等情况。面对新的情况，汽车经销商应该改变简单服务模式，与保险公司开展深入合作，提高专业服务水平和综合服务能力。

（三）车险渠道多样化进程加快，经销商生存空间呈收缩态势

车险作为一种基础性的财产保险，具有非常广泛的群众基础。随着车险市场化改革的持续推进，销售渠道也呈多样化的特征。互联网渠道、整车厂渠道以及专业车险代理机构渠道的发展非常具有代表性。

互联网车险是互联网保险中兴起较早、发展较快、市场份额较高的重要险种。互联网车险从无到有，在互联网财产保险中占据了半壁江山。与传统渠道相比，互联网车险流程更加便捷、服务更加透明，价格优势也比较明显。值得注意的是，2019年互联网车险也呈增长乏力的态势。中国保险行业协会发布的互联网财产保险市场业务数据显示：2019年上半年，互联网车险业务实现保费收入共147.66亿元，同比下滑18.12%。同时，互联网车险业务在全部互联网财产保险中的占比明显下降。总体上看，互联网车险在整个车险市场中的份额还比较低，成长空间广阔。

整车厂是汽车产业的核心，以车险为切入点，可以连接整车厂、保险公司、经销商等。目前比较可行的路径是：通过对接保险公司的保险管理系统，提升出单效率，降低理赔成本；为旗下经销商提供保险管理和相关服务系统；通过大数据等技术联合推出新的品牌保险和服务。整车厂涉足汽车保险，实际上造成了经销商对保险信息把控程度的下降，减弱了车主与经销商的连接，对经销商形成巨大的压力。作为经销商，一方面要谋求与整车厂形成目标一致、利益共享的分配格局；另一方面，就是要提高自身的服务水平，通过车主全生命周期的服务，提高用户满意度，增加保险与维修的相互转化。

除此之外，专业的车险代理机构也成为经销商发展车险业务的重要挑战。随着保险市场的不断完善、保险代理人进入门槛的提高，全能型代理模式将逐步过渡到专业型代理模式。汽车经销商如何以用户服务为中心，理顺与保险公司、保险代理机构、保险代理人之间的关系，成为重大的挑战。

（四）从严监管成为常态，汽车保险规范化势在必行

2019年被业内称为"史上最严车险监管年"，监管力度持续升级。2019年中国银保监会系统共对141个财险分支机构采取了停止商业车险条款和费率的监管措施，涉及33家财险公司法人主体（占开展车险业务保险公司的一半左右）；并对87个财险分支机构车险违法违规行为进行了行政处罚，共罚款1735万元，处理责任人126人次。

2020年，车险监管政策将进一步收紧。从1月1日起，查实1次违规，相应的市级财险机构停商业车险业务3~6个月；查实财险公司在同一银保监局辖区内2次违规，相应的省级财险机构停商业车险业务2~6个月；查实大型公司在全国范围内10次、中型公司6次、小型公司4次违规，相应的财险公司总公司停商业车险业务1~6个月。对机构及高管则层层问责，被停商业车险业务的相应公司，在上级机构对其及高管问责处理后，再解除监管禁令。

中国银保监会从严监管车险市场，主要针对的是当前车险业务中广泛存在的不合规问题。包括：通过给予或承诺给予保险合同约定以外的利益，变相突破报批费率水平；通过虚列其他费用套取手续费，变相突破报批手续费率水平；费用数据不真实，保险公司向中介机构承诺支付高于报批水平的手续费率，但不及时入账，等等。随着保险监管理论的深化、保险监管技术的进步、保险监管手段的多样化发展，未来从严监管将成为车险市场监管的常态，汽车保险市场也将更加规范。

从汽车经销商的角度看，从严监管、规范发展对经销商参与汽车保险的整个商业逻辑都有深刻的影响。一方面，汽车保险回归保险本质，将不可避

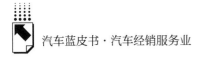
免地带来汽车保险与事故车修理的切割，非竞争性的定点维修、小事故大维修等问题都将面临调整与规范；另一方面，汽车保险的透明化，将对行业内隐形回扣、复杂收费等问题形成强力冲击。汽车经销商面临的问题，是新旧业态竞争和更迭的问题。从重渠道、重用户量到重品质、重服务，是汽车经销商应对车险市场变化的必由之路。

专 题 篇

Special Research Reports

B.7

2019年汽车经销商对厂家满意度调研报告

杨一翁　纪雪洪*

摘　要： 中华全国工商业联合会汽车经销商商会在 2020 年初进行了第
五次汽车经销商对厂家满意度调查。调研发现，2019 年汽车
经销商对厂家满意度均值为 69.5 分，同比 2018 年的 66.2 分
有所上升。然而，非常满意与满意（得分 80 分以上）的经销
商仅占 28%，整体而言，经销商满意度仍处于低位。2019 年
汽车经销商的盈利情况不佳。2019 年盈利的经销商仅有
52.4%，仅有 31.1% 的经销商近三年全部盈利，49.7% 的经
销商不能完成厂家下达的销售目标，77.8% 的品牌不能完成

---

* 杨一翁，北方工业大学汽车产业创新研究中心副教授，研究方向为汽车产业发展、品牌管理；
纪雪洪，北方工业大学汽车产业创新研究中心主任、教授，研究方向为出行行业、汽车产业
发展。

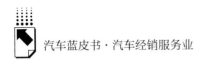

销售目标。70.3%的经销商代理的主要产品的市场价格低于厂家的批发价格。

关键词： 汽车经销商　汽车厂家　满意度调查

一　经销商满意度调查项目背景

根据中国汽车工业协会的数据，2019年我国乘用车销量为2144.4万辆，同比下滑9.6%，相比2018年4.1%的下滑幅度进一步扩大。汽车经销服务业是汽车产业的重要组成与延伸，汽车销售下滑，一些原有存在的矛盾将继续升级。为发现经销商与厂家关系中的问题，促进汽车经销服务业健康发展，中华全国工商业联合会汽车经销商商会联合北方工业大学第5次发布《经销商对厂家满意度调查报告》。

本次满意度调查工作调查对象以乘用车品牌（主要是轿车、MPV、SUV）为主，主要包括36个品牌。其中豪华品牌有10个，分别为奥迪、宝马、奔驰、捷豹路虎、雷克萨斯、凯迪拉克、沃尔沃、英菲尼迪、保时捷、红旗。普通品牌共26个。其中国内品牌有6个，分别为哈弗、WEY、奇瑞汽车、吉利、长安汽车、广汽传祺。国外品牌有20个，分别为东风本田、广汽丰田、一汽丰田、广汽本田、上汽大众、雪佛兰、东风日产、上汽荣威、上汽通用别克、北京现代、一汽大众、一汽马自达、东风雪铁龙、东风标致、长安福特、斯柯达、广菲克、东风悦达起亚、斯巴鲁、长安马自达。

本次调研面向中华全国工商业联合会汽车经销商商会的会员，历时2个月，共收回1940份有效问卷。本次样本调查涵盖一线、二线、三线和四线城市；地区包括华北、华东、华中、华南、西南、西北和东北七个大区的情况。

本次发布的经销商满意度同时考虑了客观满意度和主观满意度。

客观满意度包括八大板块：品牌与产品（20%）、授权合同（3%）、网络建设（5%）、商务政策（7%）、销售管理（12%）、售后服务（10%）、管理干预（3%）和投资回报（40%），如表1所示。主观满意度在经销商主观感受基础上填写得到。

表1　经销商客观满意度指标权重

单位：项，%

评价内容	题项数量	权重
品牌与产品	6	20
授权合同	4	3
网络建设	7	5
商务政策	7	7
销售管理	16	12
售后服务	11	10
管理干预	3	3
投资回报	8	40

资料来源：全国工商联汽车经销商商会调查数据，后同。

二　2019年汽车经销商满意度均值及其变化

2019年，经销商对厂家满意度得分均值为69.5分，相比2018年的66.2分有所上升，但不如2014年至2016年，如图1所示。

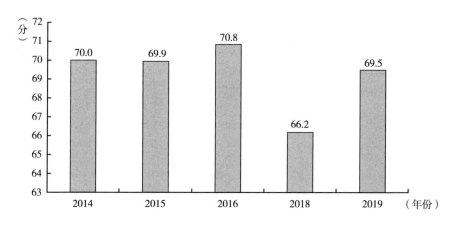

图1　2014~2019年汽车经销商满意度变化情况

三 2019年汽车经销商对厂家满意度排名

（一）总排名

2019年汽车经销商对厂家满意度排行如表2所示。

表2 2019年汽车经销商对厂家满意度排行

单位：分

排名	品牌	均值
1	雷克萨斯	98.0
2	东风本田	90.3
3	保时捷	89.1
4	一汽丰田	87.1
5	红旗	86.8
6	奔驰	86.5
7	广汽丰田	85.7
8	哈弗	84.5
9	广汽本田	83.9
10	斯巴鲁	82.2
11	宝马	79.8
11	吉利	79.8
13	长安汽车	77.3
14	广汽传祺	77.2
15	奇瑞汽车	74.0
16	一汽大众	72.5
17	东风日产	70.4
18	凯迪拉克	69.4
19	WEY	66.0
20	北京现代	65.9
21	奥迪	65.6
22	上汽通用别克	64.7
23	长安福特	63.0
23	东风雪铁龙	63.0
25	雪佛兰	60.6
26	上汽大众	59.8

排名	品牌	均值
27	长安马自达	59.3
28	沃尔沃	57.5
29	上汽荣威	57.4
30	捷豹路虎	53.1
30	一汽马自达	53.1
32	英菲尼迪	51.5
33	广菲克	49.2
34	东风悦达起亚	46.0
35	东风标致	45.5
36	斯柯达	44.9

如表2所示，在进入排名的36个品牌中，雷克萨斯、东风本田2个品牌的得分超过90分，为经销商非常满意品牌；保时捷、一汽丰田、红旗、奔驰、广汽丰田、哈弗、广汽本田、斯巴鲁8个品牌的得分超过80分，为经销商满意品牌；宝马、吉利、长安汽车、广汽传祺、奇瑞汽车、一汽大众、东风日产7个品牌的得分超过70分，为经销商比较满意品牌；凯迪拉克、WEY和奥迪等8个品牌的得分超过60分，为经销商比较不满意品牌；上汽大众、长安马自达、沃尔沃等11个品牌的得分低于60分，为经销商非常不满意品牌。

在经销商非常满意与满意的10个品牌中，日系品牌占据6席，丰田公司旗下有3个品牌入围（雷克萨斯、一汽丰田、广汽丰田）。

2019年汽车经销商满意度得分分布如图2所示。

如图2所示，非常满意与满意的经销商仅占28%（得分80分以上），占比偏低；经销商比较不满意与非常不满意的品牌占比超过一半，为53%（得分低于70分），占比偏高；非常不满意的经销商占比高达31%（得分低于60分），相比于2018年的29%继续提高。

豪华品牌与普通品牌、新能源汽车与传统燃油汽车在总体满意度上无显著差异。进口品牌的总体满意度明显最好，其次为自主品牌，总体满意度明显最差的是合资品牌。

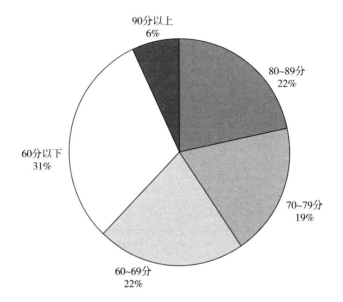

图2 2019年汽车经销商满意度得分分布

整体而言，汽车经销商满意度仍然处于低位。

（二）2016~2019年满意度排行变化趋势

2016~2019年满意度排行前十名如表3所示。

表3 2016~2019年满意度排行前十名

排名	2016年	2018年	2019年
1	哈弗	哈弗	雷克萨斯
2	东风本田	雷克萨斯	东风本田
3	长安	广汽丰田	保时捷
4	奇瑞	东风本田	一汽丰田
5	奔驰	WEY	红旗
6	广汽丰田	宝骏汽车	奔驰
7	吉利汽车	奔驰	广汽丰田
8	北京现代	领克	哈弗
9	雷克萨斯	一汽丰田	广汽本田
10	一汽丰田	广汽本田	斯巴鲁

由表3可知，哈弗在前两次调查中均排名第一，2019年排第8位；雷克萨斯呈上升趋势，2019年排名第一；连续3次排名前十的品牌有：雷克萨斯、东风本田、一汽丰田、奔驰、广汽丰田、哈弗。

2016～2019年满意度排行后十名如表4所示。

表4　2016～2019年满意度排行后十名

排名（倒序）	2016年	2018年	2019年
1	东风标致	东风悦达起亚	斯柯达
2	广菲克	广菲克	东风标致
3	雪佛兰	英菲尼迪	东风悦达起亚
4	奥迪	捷豹路虎	广菲克
5	捷豹路虎	上汽名爵	英菲尼迪
6	雪铁龙	江淮汽车	一汽马自达
7	英菲尼迪	斯柯达	捷豹路虎
8	沃尔沃	广汽传祺	上汽荣威
9	东风悦达起亚	长安福特	沃尔沃
10	宝马	东风标致	长安马自达

由表4可见，连续三次排在后十名的品牌有：东风标致、东风悦达起亚、广菲克、英菲尼迪、捷豹路虎5个品牌。

（三）满意度领先品牌分析

1. 豪华汽车品牌雷克萨斯（近三次排名：第9位、第2位、第1位）

雷克萨斯的经销商管理经验包括以下方面。

第一，将经销商利益作为重要经营理念。雷克萨斯始终坚持的经营理念是：客户第一，经销商第二，厂家第三。把经销商的利益放在厂家之前。

第二，盈利好。调研数据显示：雷克萨斯是唯一的销量最好的车型的售价超过厂家指导价的品牌。目前雷克萨斯还在坚持纯进口，这成为其竞争优势，受到中国消费者的喜爱。由于供不应求，雷克萨斯在2019年9月对其旗下最畅销车系ES进行了涨价，官方起售价从27.9万元涨至29万元。数据还显示：在雷克萨斯的经销商代理的所有产品中，能通过价差获利的产品的比重在所有品牌中位列第一。在行业卖车普遍亏损的情况下，雷克萨斯的经销商靠卖车还能赚钱，着实不易，因此盈利能力强。调研数据显示：雷克萨斯在 2019 年的盈利仅次于保时捷，排名第二。

第三，销售目标完成率高。雷克萨斯的销售目标制定合理，2016 年（107%）、2018 年（101%）连续两次调查均超目标完成销售任务，2019 年也接近 100% 完成销售目标。

第四，零库存政策。雷克萨斯实行订单式生产方式，其经销商实现零库存。调研数据显示：雷克萨斯不会对其经销商进行压库，这在压库成为行业普遍现象的今天实属难能可贵；这也使雷克萨斯的库存系数在所有品牌中最低。经销商的资金压力大为减缓。

2. 国内普通汽车品牌哈弗（近三次排名：第1位、第1位、第8位）

哈弗曾经获经销商满意度排行榜三连冠，本次调查排名下滑到第 8 位，但仍居国内普通汽车品牌第 1 位。其管理经验如下。

第一，始终将经销商视为事业伙伴，秉承诚信经营、合作共赢的服务理念。哈弗一直强调终端决胜战略，强调经销商是厂家的一部分。比如在销售淡季时，提供一些资金的支持方案；在产品销售不好时，能够及时调整商务政策。

第二，品牌定位深入人心，产品性价比出色。哈弗的成功很大程度上归功于其成功的品牌定位"中国 SUV 领导者"，并一直聚焦于 SUV 细分市场，在消费者心中占据了 SUV 这一品类的重要位置。哈弗产品兼具较高品质与亲民价格，性价比十分出色。调研数据显示，哈弗相比于主要竞争对手的价格优势高居第 3 位。本次调研数据还显示，哈弗的产品与品牌满意仅次于奔驰与宝马，列第 3 位，而排名前五的品牌除了哈弗全是豪华汽车品牌。

第三，单店销量高。本次调查数据显示，哈弗单店销量均值为 3271 辆，其中新车销量均值为 2517 辆，均大幅领先所有品牌。截至 2019 年底，被誉为国民神车的哈弗 H6 连续 79 个月获国内 SUV 销量冠军。

第四，2019 年满意度排名下滑的原因。虽然哈弗 H6 销量仍居国内 SUV 销量第一位，但是这款产品上市多年，开始显示出疲态，哈弗 H6 的 2019 年销量同比 2018 年大幅下滑 17.2%。随着消费升级以及越来越多的消费者是购买第二辆车，哈弗在品牌上受到挑战。

3. 国外普通汽车品牌东风本田（近三次排名：第2位、第4位、第2位）

其经销商管理排名靠前原因如下。

第一，盈利情况好。调查数据显示，2019 年东风本田的盈利排第 3 位，仅次于保时捷与雷克萨斯两大豪华品牌。销量最好的车型售价与厂家指导价比较排第 4 位。

第二，销售管理满意度高。本次调查数据显示，2019 年东风本田销售管理满意度排第 3 位，仅次于雷克萨斯与奔驰，连续 3 次调研销售管理满意度排第 3 位，说明东风本田的销售管理持续保持领先。东风本田设立的销售目标较合理，2019 年其经销商的销售目标完成率排第 3 位，接近 100% 完成。厂家强制压库行为较少；库存系数较低，为所有品牌第三低。

第三，商务政策满意度高。本次调查数据显示，2019 年东风本田销售管理满意度排第 3 位，仅次于雷克萨斯与广汽丰田；2018 年东风本田商务政策满意度排第 1 位，连续两年保持领先。

第四，网络建设满意度高。本次调查数据显示，2019 年东风本田销售管理满意度排第 2 位，仅次于广汽丰田。2018 年东风本田网络建设满意度排第 3 位；2016 年东风本田网络建设满意度排第 2 位。连续三次调查保持领先位置。厂家不会强行布点，且布点很公平。

（四）满意度落后品牌分析

1. 豪华汽车品牌捷豹路虎（近 3 次排名：倒数第 5 位、倒数第 4 位、倒数第 7 位）

存在的问题有以下几点。

第一，投资回报满意度低。捷豹路虎投资回报满意度连续两次调查排名落后，2018 年垫底，2019 年倒数第 2 位。盈利能力差，捷豹路虎经销商盈利连续两次调查排名落后。价格倒挂严重，捷豹路虎销量最好的车型的售价低于厂家指导价的 30% 以上，排倒数第 2 位。"七折虎，六折豹"在业界广为流传。E-Pace、揽胜极光部分"国五"车型的折扣后员工内购价几近五折。造成经销商大面积亏损。获利产品比重低于 10%。在捷豹路虎经销商代理的所有产品中，能通过价差获利的产品的比重（按产品种类计算）低于 10%，2019 年排倒数第 1 位，2018 年排倒数第 2 位。

第二，售后服务满意度低。捷豹路虎 2019 年售后服务满意度排名垫底。

第三，商务政策满意度低。捷豹路虎 2019 年商务政策满意度排倒数第 2 位。基本返利占比低。捷豹路虎经销商拿到的基本返利占比低，在 30% 以下。为了拿到返利，捷豹路虎的经销商被迫完成各种销售任务。由于捷豹路虎厂家给经销商的基本返利较低，经销商需要完成 120% 以上的销售任务才能获得更多返利，经销商为了冲量普遍采用大幅度优惠政策，这导致经销商长期处于亏损状态。部分经销商因不满厂家的商务政策，集体反抗，停止从厂家提车。

2. 豪华汽车品牌英菲尼迪（近 3 次排名：倒数第 7 位、倒数第 3 位、倒数第 5 位）

英菲尼迪的满意度排名一直落后，主要的原因是品牌与产品满意度不高，2016 年、2018 年、2019 年连续三次调研排名倒数。消费者认为英菲尼迪相比于主要的竞争对手价格劣势明显。业界流传豪华汽车品牌中"开英菲尼迪的人最穷"，这说明英菲尼迪的品牌缺少竞争力，不能抓住顶级消费群体。作为一个二线豪华品牌，英菲尼迪的市场定位比较尴尬，有钱的人看不上，没钱的人买不起。英菲尼迪的产品力也不强，不仅车型少，而且更新换代频率低。英菲尼迪的销量在豪华汽车品牌中一直落后，从未超过 5 万辆，2019 年的销量约 3.5 万辆。

3. 国外普通汽车品牌斯柯达（近 3 次排名：倒数第 11 位、倒数第 7 位、倒数第 1 位）

斯柯达的经销商满意度排名逐年下滑，2019 年垫底。

第一，投资回报满意度低。2019 年斯柯达的投资回报满意度列倒数第 3 位。通过价差获利的产品比例低，排倒数第 2 位，获利产品比例在 10% 以下。2019 年斯柯达中国市场销量为 28.2 万辆，同比下滑 17.3%。为了提高销量，经销商不得不降价。斯柯达销量最好的车型的售价低于厂家指导价 20%~30%，排倒数第 3 位。进入 2020 年之后，斯柯达全系车型还在降价。

总而言之，斯柯达价格倒挂严重。

第二，销售管理满意度低。2019年斯柯达的销售管理满意度排倒数第1位。厂家的强行压库行为严重，排第5位。2019年上汽大众被爆疯狂压库，斯柯达品牌也难以幸免。厂家压库导致库存系数严重超标，2019年斯柯达经销商的库存系数排名高居第1位，平均超过2.5。厂家制定了较高的销售目标，导致斯柯达经销商的销量目标完成率低，排倒数第5位。

第三，售后服务满意度低。2019年斯柯达的售后服务满意度排倒数第2位。

第四，商务政策满意度低。2019年斯柯达的商务政策满意度排倒数第3位。斯柯达的经销商拿到的基本返利低于6个点，排倒数第1位；基本返利占比低于30%，排倒数第1位。经销商为了拿到返利被迫完成各种销量目标，导致亏损。

第五，网络建设满意度低。2019年斯柯达的网络建设满意度排倒数第3位。

综上所述，在八个模块的满意度中，斯柯达有5个排倒数前三，其总体满意度排倒数第一并不意外。

（五）豪华汽车品牌排名

豪华汽车经销商对厂家满意度得分均值为73.7分。

雷克萨斯的得分均值超过90分，是唯一让经销商非常满意的豪华汽车品牌，且连续两次调查得分超过90分；保时捷、红旗、奔驰的得分均值超过80分，是3个经销商满意品牌；宝马的得分均值超过70分，是经销商比较满意品牌；凯迪拉克、奥迪的得分均值超过60分，是2个经销商比较不满意品牌；沃尔沃、捷豹路虎、英菲尼迪的得分低于60分，是3个经销商非常不满意品牌（见表5）。

表5　2019年豪华汽车经销商对厂家满意度排行

单位：分

排名	品牌	均值
1	雷克萨斯	98.0
2	保时捷	89.1
3	红旗	86.8

续表

排名	品牌	均值
4	奔驰	86.5
5	宝马	79.8
6	凯迪拉克	69.4
7	奥迪	65.6
8	沃尔沃	57.5
9	捷豹路虎	53.1
10	英菲尼迪	51.5
平均得分		73.7

（六）普通汽车品牌排名

从普通汽车品牌排名看，普通汽车经销商对厂家满意度得分均值为67.8分，低于豪华汽车品牌的73.7分。

东风本田的得分均值超过90分，是唯一让经销商非常满意的普通汽车品牌；一汽丰田、广汽丰田、哈弗、广汽本田、斯巴鲁5个品牌的得分均值超过80分，是经销商满意品牌；吉利、长安汽车、广汽传祺、奇瑞汽车、一汽大众、东风日产6个品牌的得分均值超过70分，是经销商比较满意品牌；WEY、北京现代、上汽通用别克等6个品牌的得分超过60分，是经销商比较不满意品牌；上汽大众、长安马自达、上汽荣威等8个品牌的得分低于60分，是经销商非常不满意品牌。如表6所示。

表6　2019年普通汽车经销商对厂家满意度排行

单位：分

排名	品牌	均值
1	东风本田	90.3
2	一汽丰田	87.1
3	广汽丰田	85.7
4	哈弗	84.5
5	广汽本田	83.9
6	斯巴鲁	82.2
7	吉利	79.8
8	长安汽车	77.3

续表

排名	品牌	均值
9	广汽传祺	77.2
10	奇瑞汽车	74.0
11	一汽大众	72.5
12	东风日产	70.4
13	WEY	66.0
14	北京现代	65.9
15	上汽通用别克	64.7
16	长安福特	63.0
16	东风雪铁龙	63.0
18	雪佛兰	60.6
19	上汽大众	59.0
20	长安马自达	59.3
21	上汽荣威	57.4
22	一汽马自达	53.1
23	广菲克	49.2
24	东风悦达起亚	46.0
25	东风标致	45.5
26	斯柯达	44.9
平均得分		67.8

四　2019年汽车经销商盈利情况分析

2019年汽车经销商盈利情况如图3所示。

如图3所示，仅有52.4%的汽车经销商在2019年是盈利的，有47.6%的经销商是亏损的。虽然盈利经销商占比相比于上年的46.5%有所上升，

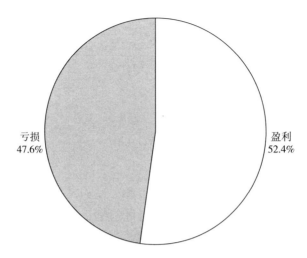

图 3 2019 年汽车经销商盈利情况

但是行业状况仍不容乐观。

分品牌来看，2019 年汽车经销商盈利排行如表 7 所示。

表 7 2019 年汽车经销商盈利排行

排名	品牌
1	保时捷
2	雷克萨斯
3	东风本田
4	一汽丰田
5	广汽丰田
6	广汽本田
7	雪佛兰
8	哈弗
9	红旗
10	凯迪拉克
11	斯巴鲁
12	宝马
13	奔驰
14	英菲尼迪
15	广汽传祺
16	北京现代
17	上汽大众
18	一汽大众

排名	品牌
19	东风雪铁龙
20	上汽通用别克
21	奥迪
22	长安汽车
22	东风日产
22	上汽荣威
25	奇瑞汽车
26	东风标致
27	吉利
28	长安福特
28	斯柯达
30	一汽马自达
31	东风悦达起亚
32	沃尔沃
33	长安马自达
34	WEY
35	捷豹路虎
36	广菲克

如表7所示，保时捷与雷克萨斯排名前两位；4个日系品牌（东风本田、一汽丰田、广汽丰田、广汽本田）排名第3～6位。前6位有5个日系品牌，这得益于日系品牌较强的产品力以及对细分市场趋势变化的精准把握。广菲克、捷豹路虎、WEY、长安马自达和沃尔沃排名靠后。2019年9月，雷克萨斯逆市上调市场指导价格，经销商的盈利进一步巩固。哈弗与红旗这两个自主品牌位列盈利排行榜前十。

新车毛利率较低。调查显示，有31.5%的经销商2019年新车销售亏损3%以上。通过新车销售盈利的经销商仅占32.8%。以上数据说明经销商越来越难通过新车销售来盈利，大部分经销商的新车销售是亏损的，如图4所示。豪华汽车和普通汽车在新车销售毛利率上并无显著差异。进口汽车的新车销售毛利率较高，接近盈利0～3%；自主品牌的新车销售毛利率次之，接近持平；合资品牌的新车销售毛利率明显最低，接近亏损0～3%。

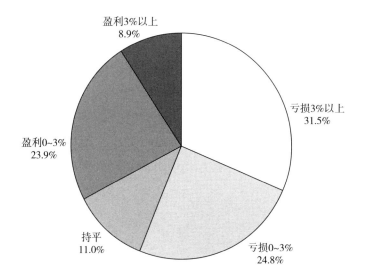

图4 2019年新车销售毛利率情况

从车辆销售的价差看，超过一半的经销商在所代理的所有产品中，能通过价差获利的产品比重仅在10%以下；仅有9.5%的经销商有超过一半的产品能够获利，如图5所示。

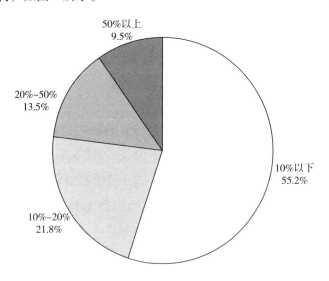

图5 价差获利产品比重

五 汽车经销商生存发展面临的主要问题

（一）销售目标完成率低

如图 6 所示，近一半的汽车经销商（49.7%）不能完成厂家下达的销售目标，其中销售目标完成率不足 80% 的经销商占 17.9%。

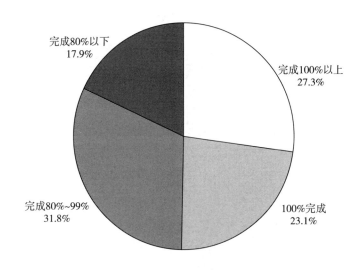

完成80%以下
17.9%

完成100%以上
27.3%

完成80%~99%
31.8%

100%完成
23.1%

图 6　2019 年汽车经销商的销售目标完成率

统计分析结果表明，豪华汽车品牌销售目标完成率显著地高于普通汽车品牌。自主品牌、合资品牌和进口品牌的销售目标完成率差距不显著。无法完成销售目标的品牌（28 个）占 77.8%。大多数品牌的平均销售目标完成率在 80% ~ 99%。100% 及以上完成了厂家下达的销售目标的品牌只有 8 个，包括雷克萨斯、保时捷、东风本田、一汽丰田、奔驰、宝马、广汽本田、东风日产。销售目标完成率最低的品牌为东风雪铁龙、一汽马自达、东风标致、奇瑞汽车，不足 80%。综上所述，汽车经销商普遍不能完成厂家下达的销售目标。

（二）压库问题严重

44.5%的经销商反映厂家存在强行压库行为，表明厂家的强行压库行为仍然较普遍，厂家强行压库导致经销商库存严重超标。如图7所示，有57.5%的经销商的库存系数在1.5的警戒线以上；仅有42.4%的经销商的库存系数在1.5的警戒线以下；有4.0%的经销商库存系数超过3，库存严重超标。

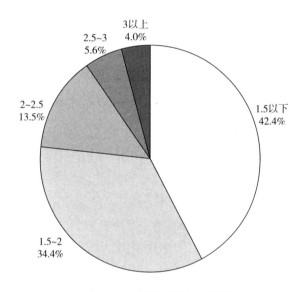

图7　2019年汽车经销商月库存/销量分布

几乎所有品牌的库存系数均超过1.5的警戒线，只有广汽丰田、雷克萨斯、一汽丰田3个品牌的库存系数在1.5以下。在库存积压已成为整个行业痛点的情况下，丰田公司零库存管理值得各大汽车厂家学习。

除了广汽丰田、雷克萨斯、一汽丰田之外，东风雪铁龙、保时捷、斯巴鲁、长安马自达、红旗、东风本田的情况相对较好；斯柯达、上汽荣威、东风悦达起亚、雪佛兰的库存超标最严重，库存系数达2.5以上。

各品牌经销商的平均库存系数得分如图8所示。

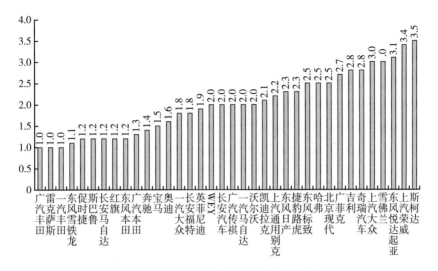

图8 各品牌经销商平均库存系数得分

注：平均库存系数得分为1，表示库存系数在1.5以下；平均库存系数得分为2，表示库存系数为1.5~2；平均库存系数得分为3，表示库存系数为2~2.5；平均库存系数得分为4，表示库存系数为2.5~3；平均库存系数得分为5，表示库存系数在3以上。

（三）价格倒挂严重

79.8%的汽车经销商销量最好的车型的售价低于厂家指导价，大部分经销商在亏本卖车。有32.6%的经销商销量最好的车型至少打八折；有10.2%的经销商销量最好的车型的折扣低于七折。2019年汽车经销商销量最好的车型的售价与厂家指导价的比较如图9所示。

2019年汽车经销商销量最好的车型的平均售价与厂家指导价的比较得分均值排名如表8所示。

如表8所示，仅有雷克萨斯一个品牌的销量最好的车型的售价高于厂家指导价。其他品牌的销量最好的车型的售价均低于厂家指导价。红旗、广汽丰田、东风本田、奔驰、长安汽车、保时捷、广汽本田、斯巴鲁的销量最好的车型的售价低于厂家指导价的1%~10%，其他品牌至少打九折。雪佛兰、捷豹路虎的销量最好的车型的售价低于厂家指导价的30%以上；有一半的品牌的销量最好的车型至少打八折。绝大多数品牌只能靠打折来促销。

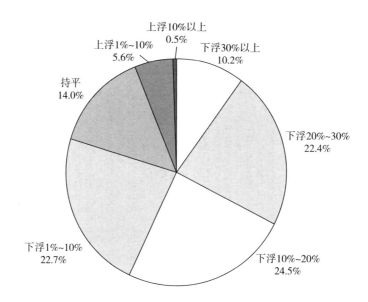

图9 销量最好的车型的售价与厂家指导价的比较分布

表8 销量最好的车型的售价与厂家指导价的得分均值排名

排名	品牌	均值
1	雷克萨斯	5.5
2	红旗	4.8
2	广汽丰田	4.8
4	东风本田	4.5
5	奔驰	4.2
5	长安汽车	4.2
5	保时捷	4.2
8	广汽本田	4.1
9	斯巴鲁	4.0
10	哈弗	3.9
11	奇瑞汽车	3.8
12	一汽马自达	3.6
12	宝马	3.6
14	广菲克	3.5
15	一汽丰田	3.4
15	东风日产	3.4
17	WEY	3.3
18	长安马自达	3.0

续表

排名	品牌	均值
19	东风悦达起亚	2.9
19	一汽大众	2.9
19	北京现代	2.9
19	东风雪铁龙	2.9
23	广汽传祺	2.8
23	吉利	2.8
25	英菲尼迪	2.7
26	奥迪	2.6
26	上汽大众	2.6
28	上汽荣威	2.5
29	凯迪拉克	2.4
30	长安福特	2.3
30	上汽通用别克	2.3
32	东风标致	2.0
32	斯柯达	2.0
32	沃尔沃	2.0
35	捷豹路虎	1.7
36	雪佛兰	1.4
均值		3.2

注：均值一列中的数据代表该问项的得分均值（选①得1分；选⑦得7分），分数越高代表平均售价比厂家指导价高出越多。得分为1，表示平均售价比厂家指导价下浮30%以上；得分为2，表示平均售价比厂家指导价下浮20%～30%；得分为3，表示平均售价比厂家指导价下浮10%～20%；得分为4，表示平均售价比厂家指导价下浮1%～10%；得分为5，表示两者持平；得分为6，表示平均售价比厂家指导价上浮1%～10%；得分为7，表示平均售价比厂家指导价上浮10%以上。

B.8

汽车经销商的数字化转型

纪雪洪*

摘　要： 汽车经销商越来越重视数字化转型，希望借助数字化工具提升营销和服务水平。经销商的数字化转型的主要过程包括信息化、互联网化和智能化三个阶段。信息化帮助汽车经销商提升管理效率，做好风险控制。信息化基础上的互联网化协助企业建立统一的用户账号系统，推动线上与线下的融合。基于大数据技术和 AI 技术的智能化，利用可自我学习的数据模型和算法，让企业可以更高效地完成线索管理、智能推荐、智能展示和智慧销售等工作。

关键词： 汽车经销商　数字化　信息化　互联网化　智能化

汽车经销商稳站汽车销售市场 20 余年，凭借线下动辄上千万元的建设投入以及成熟完善的店面服务体系，至今还是消费者心中无法撼动的购车首选场景。但在技术飞速发展的今天，产业端及消费端都在经历翻天覆地的变化，数字化浪潮凶猛来袭：大数据、云计算、AI、虚拟现实等新技术爆炸式的发展，不断重构行业商业模式；主流消费者伴随互联网成长，整体消费行为数字化，线上线下边界越发模糊，面对更丰富的信息和多元化的选择，消费者体验预期不断提升。

---

* 纪雪洪，北方工业大学汽车产业创新研究中心主任、教授，研究方向为出行行业、汽车产业发展。

面对行业及市场的不断变革、进化，越来越多的汽车经销商开始意识到进行业务数字化转型创新的必要性，在消费者日益依赖更便捷的数字化服务的同时，经销商也需顺应这一趋势，考虑如何让线上线下无缝串联，借助高效化的数字化工具提升营销和管理水平，应对新的挑战。

一 数字化转型是汽车经销商业务发展的主要方向

随着中国车市整体放缓，汽车经销商的盈利信心日渐消减。面对巨大的生存压力，汽车经销商更加迫切地希望能够有新的技术与管理方法来扭转局面，全面拥抱数字化时代的创新技术与模式，成为经销商转型的重要方向。

经销商比主机厂更近距离地接触消费者，更了解消费者需求变化，如何更有效地运用数字化技术，对经销商来说是非常重要的。只有运用数字化技术，才能实时、有效地了解和掌握消费者的信息，了解其需求。数字化技术也能够协助经销商与外部合作者搭建生态圈，整合相关资源。

随着汽车技术变革进程加快，汽车行业的价值链正在从过去上游的制造环节，向下游的服务和运营环节转移，汽车行业的利润将逐步转移到高附加值的服务上。数字化将会是新的业务模式的血液，数字化能力的培养和数字化系统的建设已经迫在眉睫。

然而，经销商端的数字化却远落后于汽车整车企业。其中有几个主要原因。一是经销商集团的经销店一方面接受经销商集团的管理，另一方面也受到整车厂的制约，其数字化转型面临意识层面和落地层面脱钩的情况，导致整车企业数字化发展愿望与经销商实际落地执行有很大差距。二是一些经销商投入数字化转型时，由于转型过程存在一些磨合，出现一些意想不到的问题，导致转型失败。三是涉及经销商内部信息，如产品库存、客户满意度、备件情况等与车企给经销商的返利挂钩的信息，经销商会比较谨慎。整体看，经销商的数字化还在开始阶段，处于数字化转型的前期。

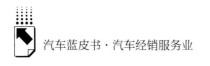

二 汽车经销商的数字化转型过程

对于汽车经销商数字化转型的过程，有不同的观点。有的从流程上对经销商数字化转型进行界定，比如包括潜客获取、客户交易以及客户维持等阶段，再将其不断细分，梳理数字化转型的过程，并提供相应的工具。也有企业从数字化体系构建角度来分析，比如数岳科技将数字化分为信息化、数字化、互联网化和智能化四个阶段。还有的企业将经销商数字化转型看作一个生态体系，这个生态体系是传统业务与数字化业务的一个有机结合，可以借助数字化技术构建起网络营销生态。本部分结合上述理论和企业实践，提出数字化转型的主要过程，包括信息化、互联网化和智能化三个阶段。

（一）信息化阶段

信息化一般指企业构建匹配自身业务的信息管理系统，对于经销商而言，主要是ERP系统，这种系统替代了手工账表方式，实现了经销商业务的电子化、一体化管理。能够提升采购、维修、库存和财务管理效率，提升企业管理能力。

SAP、Oracle等公司所推广的ERP项目是信息化的典型案例。如SAP成功实施的利星行的信息化项目，为数字化转型的未来一体化IT平台建设打下非常好的基础。经销商集团利用信息化的机会，可以将企业从传统职能导向的组织结构、流程和业务模式，转换到一个以信息技术为支撑，以客户为导向的全新的组织架构，构建新的流程以及商业模式。信息化过程往往不仅是完成企业改造，也是企业文化的变革。信息化可以帮助经销商为用户和合作伙伴提供一致的、精细化的服务。

毫无疑问，传统的信息化系统可以帮助汽车经销商实现集团化商品管理和内部经营过程的风险控制，支持集团的4S店有效进行进出存管理，完成合同结算，也支持客户线索管理。但传统的信息管理系统，包括各类ERP软件在支持全渠道客户整合、统一线索管理和挖掘客户全生命周期价值等方面力不从心。传统的信息化主要是将业务效率提高，但在当下互联网快速发展过程中，还无法充分利用和整合各类互联网的工具。

（二）互联网化阶段

互联网化阶段是通过互联网技术构建直达消费者的经营通路，获取消费者行为的真实数据，为其提供个性化的服务。互联网化能够打通单个4S店的会员体系，建立统一的用户账号系统，可以打通线上与线下的全流通渠道。

汽车之家利用互联网技术和大数据技术，提出了UVN分群模型[①]，帮助经销商实现深度用户洞悉。在市场竞争激烈的当下，汽车经销商前所未有地重视用户，"用户画像"成为经销商提升销售能力的重要基础。但传统的所谓"用户画像"并不能实现描绘用户特征、了解用户偏好、获取用户购车诉求的目的。事实上传统的用户画像只是小样本条件下对用户特征的一种具象总结，用某一接近群体平均特征的用户来代表群体，这样既无法完整描述用户的特征分布，也会损失掉用户的个性化需求。大数据的环境下，可以实现全量用户特征的描述，不需要用典型用户代表整体，因此可以兼顾整体用户特征和需求偏好的趋势，以及小众个性化需求的深入探究。

汽车之家利用多年深耕汽车垂直行业的基础，积累和提炼了海量的真实用户行为数据。每天有超过4300万的活跃用户访问汽车之家，用户的使用行为100%围绕看车、买车、用车的全周期应用场景；服务器从1500台增加至6000多台；数据人才从200人增加至800多人；数据总量超100PB，每日新增数据300TB。

基于海量的数据支持，汽车之家得以有能力构建真正意义上的精准用户画像，基于对用户诉求的深度洞悉，为经销商提供有针对性的营销策略

---

① U（USER）代表目标用户，包含用户所在城市级别及用户年龄两类用户基础信息；V（VALUE）代表用户的购买实力及价值观；N（NEED）代表用户购车需求，包含用车场景、产品需求等多种信息。

指导。

汽车之家的 UVN 分群模型，真正做到用户画像精准化解析。UVN 分群模型，通过 U、V、N 这三个维度对用户进行细化分组，根据这三个维度，当前已实现将用户立体分群为近 50000 个细分群体。

每个群组用户都有各自不同的特征及需求，UVN 分群模型的价值不仅是对于用户的洞察，更在于基于精准用户洞察，帮助经销商、厂家对于不同分群用户形成针对性的营销策略。U、V、N 这三个维度的用户分组指出了用户是谁，UVN 分群模型想要真正释放其营销价值，有效输出针对性营销策略指导，还需要对用户当前购车阶段进行明确。在 U、V、N 三个维度外，汽车之家引入通过用户行为判断用户购车阶段的维度 B（behavior），按照"关注、粗选、兴趣、偏好、意向"五大购车阶段对用户进行再次聚类，实现对用户真正的全方位洞悉，为后续营销策略指导做好充足准备。

基于 U、V、N、B 四个维度分群结果，可形成完整的 4W 营销策略。4W 营销策略包含 4 个部分：WHO，WHEN，WHAT，WHERE。通过 UVN 分群模型，经销商可以了解这个用户是谁（WHO），用户正处于哪个购车阶段（WHEN），对于哪些板块及内容有兴趣（WHAT），通过什么途径和手段能够有效触达目标用户并形成转化（WHERE）。

数岳科技为经销商提供的互联网化的技术，能够在前台接待、试乘试驾、售后服务预约和售后维修记录条等触点上，通过流程重组，产生新的服务和体验。如在进店后，利用互联网预约、智能识别等技术识别出顾客的身份，可以了解到客户是新客户还是老客户，有助于提高销售人员营销积极性和服务针对性。老客户到店，相应的销售顾问会即时得到系统的信息，可以来门口迎接，提升了客户体验。当客户到店后，根据客户信息，系统会自动分配相关的业务顾问，特别是介绍原有的顾问，销售顾问的工作效率与接待服务体验会明显提升。利用互联网技术，还可以大大简化试乘试驾流程。以前经销店做试乘试驾流程很复杂，数岳科技将试乘试驾线上化，效率提高了70%。

（三）智能化阶段

智能化是利用大数据技术和 AI 技术，建立可自我学习的数据模型和算法，完成线索评级、线索分类、智能推荐、智能展示以及智能销售等工作。运用智能化技术可以将企业的决策科学化，可以更精准高效服务好用户。

汽车之家以"大数据 + AI 技术"为基础，结合多重行业独家技术手段，深度布局经销商集客—邀约—成交全业务场景。运用智能化技术，开发了智慧展厅、智慧助手、智慧网销、智慧外呼、智慧销售等智能化产品，可以有效帮助经销商吸引更多意向人群，获得更多线索，提升邀约及销售转化率。

1. 智慧展厅

随着新兴媒体技术的不断发展成熟，当前消费者触媒习惯全面变迁，互动体验需求不断提升，传统媒体的营销效果已经远远无法满足经销商的集客需求。如何提供用户更极致的看车逛店体验？如何实现更高效精准的营销曝光？这些成为经销商迫切需要解决的营销难题。

顺应这一市场需求，汽车之家推出智慧展厅产品，运用大数据及增强现实技术，结合真实场景构建全新线上营销场景。通过提供极致化逛—看—选—比—试用户体验，吸引购车意向用户关注，实现营销信息强势触达，用户留资效率有效提升。

智慧展厅包括沉浸式逛店和交互式看车功能。

智慧展厅实现了沉浸式逛店，突破了时间空间限制。智慧展厅为经销商提供 24 小时线上全新曝光场景，展厅车型同步聚合展示，商家根据营销需求可自由挑选虚拟场景模板，便捷更换展示车型，植入图片/视频宣传素材，打造专属的个性展厅。用户进入展厅后可在展厅内自由移动，任意浏览展厅内车型，获得沉浸式的逛店体验。

智慧展厅还包括智能交互式看车功能。除了提供用户自由逛店体验外，智慧展厅还可为用户提供极致化的立体交互看车体验。相较于过去由图片拼接而成的伪 3D 看车形式，智慧展厅通过完美线上复刻原厂 3D 模型，在极致还原车型细节之外，还可以为用户提供全方位的交互功能体验：360°旋转看车、光影效果体验、车型功能交互体验、车型卖点动态演示、深度空间性能体验、定制改装体验……在提升用户看车体验的同时，高效满足经销商车型曝光推广的营销需求。

2. 智慧助手

当前市场经销商线索争夺激烈，集客难问题凸显，虽然经销商也在不断开展对互联网营销的探索，但是由于自身经验和能力不足，网络运营困难重重：营销文章千篇一律，内容缺乏亮点，难以引起用户兴趣；处理来电及时性差，话术不标准，线索流失率大，品牌形象受损；各渠道公共线索资源处理不及时，商家线索量受影响。

针对经销商网络运营难题，汽车之家为经销商市场部提供了全新网营托管智能工具类产品——智慧助手，通过提供基于 AI 及大数据技术的智能化网营托管服务，帮助经销商降低人力成本，提升集客质量，增强线索收集能力。

智慧助手共有三大核心功能：400 云接待、AGC 云服务、智能获客。

400 云接待通过机器人智能接待，在 DCC 人工忙碌时自动接听、智能应答呼入电话，及时进行人工漏接回拨提醒，同时保留通话录音，便于后期管理检核，以达到提升 400 电话接起率、提升 400 服务质量、提高管理效率、降低人力成本等效果。

AGC 云服务在自定义文章写作场景下，通过智能写作平台，利用大数据分析目标用户兴趣偏好，结合当下行情热点及店内特点，输出优质 AGC 文章，并自动匹配合理的最优发文策略，帮助商家收集更多线索，节约人工成本。

智能获客通过智能抢夺、智能清洗、智能推荐功能，实现自动化公共线索抢夺，自动清洗已抢夺公共线索并智能判断客户意向，自动将有效高意向线索分配至营销人员进行跟进。解决线索抢夺、线索清洗及客户跟进场景下的问题，帮助商家直接获得有效线索，节省人力成本。

3. 智慧网销

由于信息获取渠道激增，用户线上行为更加分散，邀约客户到店成为网销业务发展的关键因素，新形势下，原始邀约流程难以为继，销售人员对客户购车需求缺乏了解，邀约策略单一；店内人员更替频繁，新人培养成本高；管理团队无法获取管控数据，业务管理缺乏切入点等问题亟待解决。

为进一步提升邀约到店率，智慧网销产品应运而生。其通过 AI + 大数据技术，深度赋能 DCC 全业务环节，一站式解决线索转化难题，助力商家有效提升线索转化率。针对管理环节，智慧网销通过 DCC 全流程数据采集与分析，有效提升 DCC 全业务链服务检核效率，持续性提供业务优化建议，助力商家业务管理精细化。

智慧网销核心功能包括智能线索分级、智能弹屏、管理决策。

智慧网销产品通过智能分析客户线上浏览轨迹，精准输出用户 UVN 分群模型，同时辅以便捷知识定位工具，快速获取高威胁竞品配置及口碑对比，帮助 DCC 人员提前了解客户相关信息及需求，制定针对性邀约策略，做好万全的邀约应对准备，进而有效提升邀约到店率。

在传统网销模式下，从业人员流动频繁，新人培养成本高；销售人员专业知识储备欠缺，沟通时无法应对客户质疑，严重影响邀约效果，智能弹屏功能依靠语音转译技术实时提供沟通所需知识和竞品攻防话术，辅助业务人员提升邀约到店能力。

由于缺少监管切入点，网销业务长期处于松散管理状态，业务流程优化缓慢。管理决策功能通过对外呼语音监测分析，精准输出线索利用率漏斗，对销售人员能力进行多维度分析，统计个人最擅长跟进的客户类型，对应分配线索，激活销售个人优势，提升邀约效率。最终，智慧网销管理决策功能通过全流程数据分析，持续性提供业务优化建议，让网销管理走向精细化。

4. 智慧外呼

随着时间推移，汽车经销商店的新增及存量线索不断累积，线索的触达工作变得日益繁重，当前采用的人工外呼模式，存在人力成本高、过程监管薄弱、转化率低等问题，导致大量有效线索浪费，提升线索利用率迫在眉睫。汽车之家智慧外呼平台借力人工智能技术，着力解决线索触达过程中存在的各种问题，赋能线索利用率再登新高。

依托于语音语义技术，汽车之家智慧外呼平台可对海量线索批量外呼，并进行智能客户分级。当前智慧外呼产品支持战败激活、清洗等多场景业务需求，在大幅降低人力成本的同时，线索利用率可提升25%。

智慧外呼五大核心优势：多重接听保证、汽车行业 ASR 语音引擎、场景化模型、轻运营高效率、真人语音。

多重接听保证。智慧外呼通过多种手段保证外呼接通效率：通过全国 AXYG 小号网络系统，保证本地手机号来电；通过 UVN 分群模型精准预测用户接听时段，输出拨打策略；与运营商达成合作，来电外显店名防止骚扰标记。当前，智慧外呼可实现高达80%的外呼接通率，远高于统一号码外呼的60%水平。

汽车行业 ASR 语音引擎。相较于广泛行业外呼中心，汽车之家凭借庞大的汽车领域知识库以及行业独家 ASR 语音技术，创造性地定制了汽车销售行业专属的外呼模型，海量通话数据专向训练，客户意图识别率高达95%。

场景化模型。为了满足不同场景外呼需求，智慧外呼产品采用各场景独立外呼模型，外呼话术更具针对性，经销商可提前预置多场景对话模板，保证各场景外呼效率显著提升。

轻运营高效率。针对经销商线索清洗、战败线索激活等多种外呼业务场景需求，智慧外呼提供经销商多款业务对话模板选择，经销商仅需轻松操作，即可通过机器人外呼操作轻松完成繁杂外呼工作，极大简化 DCC 人员运营难度。智慧外呼采用自动机器人云外呼动态响应，商家外呼任务实时接收进行统一分配，单日外呼无上限，当前最大量可达到70万次/日，随时可加，另提供专线服务，全面保证经销商外呼任务高效完成。

真人语音。整个外呼过程采用真人录音，可定制店内活动、位置等多种信息，100%模拟真人逻辑，用户接听体验更佳。

智慧外呼的核心模式。全面网罗销售重点信息构建知识图谱，满足更多对话场景需求，主要有线索清洗和战败激活2种场景，经销商可根据店端需要进行定制。

5. 智慧销售

当前经销商顾问在销售环节存在诸多痛点未被解决：缺少客户信息，无法针对性销售，影响成交率；谈判过程中，客户意向难判断；人员流动性大，专业水平低，培训成本高……面对巨大市场压力以及越发复杂化的消费者，经销商时间和精力有限，仅仅依靠自身能力，很难对销售各个环节实现全面掌控，成交效率较难提升。

汽车之家基于"大数据技术＋AI技术＋专业内容＋数据闭环"四大优势能力，为广大经销商销售顾问专属打造全新销售辅助产品——智慧销售。深入接待前准备、接待中辅助、接待后管理优化三大阶段，通过准确洞察客户需求，提供策略及话术辅助，业务数据全面留存打通，有效助力经销商销售转化提升，降低人员门槛，实现管理精细化。

智慧销售核心功能包括：智能分配、智能话术辅助、全业务管理。

对客户和销售顾问进行画像处理，通过AI算法进行匹配，为每个客户推荐最优的顾问，相较于传统的轮选方式，真正实现了智能分配，促进成交转化。

在销售流程中的不同阶段，如接待、绕车、试驾、谈判等，利用智能硬件的辅助，通过音视频采集实时分析客户的意向及疑问，为销售顾问实时提供各种应对话术，提升客户体验，提高转化效率。

帮助经销商管理层准确掌握销售顾问详细的日常工作，如客户接待、客户跟进详情等，实现精细化、可视化、量化管理，提升管理效率，降低管理成本。

数字化转型的信息化、互联网化和智能化三个阶段并不排斥，可以线性构建，从信息化到互联网化再到智能化。也可以选择性地构建或者同步构建。数岳科技服务永达集团的例子显示，永达集团在初步完成新DMS构建，实现以业务财务一体化为主要标志的"信息化"阶段后，完成了"互联网化"构建。2020 年，永达集团开始进入智能化应用的构建阶段。

三 汽车经销商数字化转型发展趋势

在市场寒冬和日益激烈的市场竞争下，广大经销商若想领先对手，立足逆市，需要对未来汽车市场及营销方向有深刻的认知。凭借长久行业经验累积和深刻供需端洞察，汽车之家提出四大行业未来核心趋势。

（一）用户引导精准化

互联网时代，用户选择多元化，营销信息百花齐放，营销形式不断衍生。在这样飞速变化的时代环境下，用户需求变得更加分散，触媒习惯以及消费习惯不断变化，"粗放型"营销手段逐渐失效，用户转化难度日益增加。

对于需求细分化的用户，只有精准化的营销手段，才能真正带来高效的转化效果。未来，更多渠道用户数据打通，用户标签化程度不断深化，用户画像变得更加全面，用户需求挖掘更加精准。在深度用户洞察的基础上，对于不同用户，经销商需要提供差异化的精准营销引导，基于不同用户意向，制定针对性营销策略，做到内容从形式到渠道完美击中用户诉求，进而实现高效触客转化。

（二）营销辅助工具化

工具的出现对于社会生产力的提升具有划时代的意义，简言之，人类的发展史可称为工具使用的演变史，工具选择与辅助，影响了生产力所处的阶段。

如上所述，汽车销售领域的工具化时代不乏如此，从最原始的人力销售，到中期的网络、电话辅助，再到如今的智能化获客、销售转化，工作效率不断提升，生产力壁垒不断突破，各类智能化的工具层出不穷，带领汽车销售从 1.0 初始阶段顺利跨入 3.0 智能化阶段。如何顺利实现销售模式的转型，显然选择和利用合适的智能化工具成为重要环节。

（三）运营推广智能化

近些年随着造车新势力的崛起，市场准入车型不断增加。同比往期，互联网线索量增速跌入历史低点，购车人群增长首次放缓，瓜分车市这杯羹的品牌却在逐年递增，竞争之激烈毋庸置疑。

在这种市场环境下，经销商的生存险象环生，不断开源节流成了眼下的必然之选。上游不断加强广告曝光拓展品牌知名度，引进新的网络平台提升线索量，创新活动玩法获客，车价放低让利客户，通过各种方式"开源"开拓顶层客流，以期更多销量，却忽视了"节流"这一重要环节，网络客户邀约到店率、到店客户成交转化率低，客户战败率高，销售每一个环节都需投入大量人力，转化率不理想就意味着上游"开源"的客户越多，下游人力成本的浪费越严重，不断吞噬 4S 店利润。

在 AI 技术和大数据蓬勃发展的今天，正如上面所提的一些智能化工具的出现，形成了一套高效的转化率解决方案，自动发文抢夺线索的集客类助手，可以全年无休的外呼平台，完美复刻用户购车行为的画像类辅助，实时反馈攻防话术的支持类工具等，成功解放了大部分冗余劳动力，对转化率提升大有裨益，这些无疑是 4S 店降本增效的重要途径之一。

（四）店铺管理精细化

现代管理学认为，科学化管理有三个层次：第一个层次是规范化，第二层次是精细化，第三个层次是个性化。精细管理的本质意义就在于它是一种对战略和目标进行分解、细化和落实的过程，是让企业的战略规划能有效贯彻到每个环节并发挥作用的过程，同时也是提升企业整体执行能力的一个重要途径。

目前 4S 店普遍处于规范化向精细化过渡阶段，1.0 销售时代，管理层缺乏销售过程数据支持，管理难以准确切入，导致店铺运营处于粗放状态。

随着时代的发展，经销商应以精准化的用户引导、工具化的营销辅导、智能化的运营推广三者作为基础，根据用户偏好进行千人千面的引导，客户到店后进行精准化营销，从曝光到销售成交的整个过程，实现全流程数据化输出，根据数据评估流程优化方向及人员产出情况，进一步调整管理策略，进而达到最优匹配。

B.9
造车新势力渠道模式分析

王 冀*

摘 要： 造车新势力企业主要借鉴特斯拉使用的"品牌体验店＋售后中心"的渠道开发模式。造车新势力企业搭建数字化销售体系，围绕着用车环节而非销售环节赚取利润，这是它们真正区别于传统厂家的地方。在新渠道模式下，授权经销商完全不掌握用户数据，前期投入相对较低，这也意味外部经销商在造车新势力的营销价值链上的作用被边缘化，面临新的挑战。

关键词： 造车新势力 渠道模式 体验店 用户数据

一 2019年造车新势力发展概况

2009 年，新能源汽车产业被我国政府列为战略性新兴产业。此后，为鼓励更多的业外资本和社会资源投入新能源汽车产业的发展中去，国家发改委、工业和信息化部等于 2015 年 6 月联合发布了《新建纯电动乘用车企业管理规定》（简称《规定》）。《规定》明确了"社会资本和具有技术创新能力的企业"这一类主体，投资新建独立法人纯电动乘用车生产企业的准入条件。此后，国内陆续有数十家专注于生产新能源汽车的主体，通过各种途径获得生产新能源汽车的资格，成为汽车产业的一分子。

---

* 王冀，拜腾汽车政府事务高级经理，研究方向为新能源汽车产业。

按照是否按照《规定》申请投资准入，上述企业可分为直接进入和间接进入等两大类。

2015～2017 年，有 14 家企业通过了《规定》的审核，获得国家发改委的新建项目准入许可。截至 2019 年底，这 14 家企业中绝大部分已通过工信部的审核，进入《道路机动车辆生产企业及产品公告》（简称《公告》），成为通常意义所说的汽车厂家（见表 1）。

表 1　14 家通过国家发改委审核的新建汽车企业

单位：万辆

企业名称	获批时间	产能	量产
北京新能源汽车股份有限公司	2016 年 3 月	7	是
杭州长江乘用车有限公司	2016 年 5 月	5	是
前途汽车(苏州)有限公司	2016 年 9 月	5	是
奇瑞新能源汽车技术有限公司	2016 年 10 月	8.5	是
江苏敏安电动汽车有限公司	2016 年 11 月	5	是
万向集团公司	2016 年 12 月	5	否
江西江铃集团新能源汽车有限公司	2016 年 12 月	5	是
重庆金康新能源汽车有限公司	2017 年 1 月	5	是
国能新能源汽车有限责任公司	2017 年 1 月	5	是
福建省汽车工业集团云度新能源汽车股份有限公司	2017 年 1 月	6.5	是
兰州知豆电动汽车有限公司	2017 年 2 月	4	是
河南速达电动汽车科技有限公司	2017 年 3 月	10	是
浙江合众新能源汽车有限公司	2017 年 4 月	5	是
广东陆地方舟新能源电动车辆有限公司	2017 年 5 月	5	否

注：量产统计日期截至 2019 年 12 月 31 日。

除上述企业外，还有一些新成立的汽车公司通过与已有汽车生产资质的厂家合作，或是代工，或是合资，或是购买资质等方式，直接或间接地实现了自身产品的量产。据不完全统计，通过这种方式进入汽车行业的厂家，至少有以下 14 家（见表 2）。

表2　部分与已有资质汽车厂家合作的新进入者

企业名称	进入途径	量产
艾康尼克	购买原天汽美亚资质	否
爱驰汽车	与江铃汽车合资重组江铃控股	是
拜腾汽车	购买原一汽华利资质	否
博郡汽车	与一汽夏利合资	否
国机智骏	购买原恒天汽车资质	是
华人运通	请东风悦达起亚代工	否
理想汽车	购买原力帆乘用车股权	是
零跑汽车	请长江乘用车代工	是
奇点汽车	请北汽昌河代工	否
天际汽车	请东南汽车代工	是
威马汽车	购买原中顺汽车资质	是
蔚来汽车	请江淮汽车代工	是
小鹏汽车	请海马汽车代工	是
新特汽车	请一汽轿车代工	是

注：量产统计日期截至2019年12月31日。

　　表1和表2中提到的厂家，除北汽新能源、奇瑞新能源和江铃新能源等3家从传统燃油车生产厂家中拆分出来的新企业外，通常被业界统称为"造车新势力"；相对应地，在《规定》发布前已获得《公告》的汽车厂家，及其在2015年后设立的生产主体，被业界统称为"传统厂家"。

　　本部分将主要讨论造车新势力在营销渠道方面的尝试，以及与传统厂家惯用的授权经销商模式（即4S店模式）之间的差别。

二　两类造车新势力渠道模式

　　就产品而言，造车新势力基本上选中SUV作为其第一款量产车型；与此相仿，在销售渠道建设上，造车新势力采取的战略模式也较为趋同：大部分企业都借鉴特斯拉使用的"品牌体验店＋售后中心"的渠道开发模式。在这种商业模式下，品牌体验店的选址、设计等大多由汽车厂家来运营，厂家借此实现了与用户和潜在用户的直接对接；同时，厂家将售后等职能向符合条件的外部经销商开放。

造车新势力采用的商业模式间的主要差别在于，是否会将销售职能交由外部经销商来承担。一类企业采用直销模式，选择完全由自己组织销售，以蔚来汽车为代表；另一类企业采用合作经营模式，有选择地与外部经销商合作，由后者承担部分销售职能，以小鹏汽车和威马汽车为代表。

（一）直销模式

直销模式最突出的特点可概括为以下两点：第一，在销售环节，用户全部在线下单，购车款直接进入厂家账户；第二，在交付环节，厂家和用户直接对接。

现阶段，采用直销模式的造车新势力中，以蔚来汽车的商业模式最具典型性。该公司在成立之初，就确定了仿效美国特斯拉汽车直接销售的营销战略。而与特斯拉强调通过网站进行选择下单的销售模式相比，蔚来汽车在用户体验方便性上更进一步，试图更贴近国内消费者的使用习惯。

在线上环节，该公司开发了专门的蔚来 App，以更好地适应人们在移动互联网时代的使用习惯。在 2017 年 12 月 16 日正式发布首款量产车 ES8 之后，蔚来 App 就同步开放了在线预定功能，用户可以在该 App 上选择自己喜欢的颜色、款式，增配其他个性化配置等，并在线付款。后续操作中，蔚来汽车只接受在线预定的方式，即便是用户到店购车，也是在销售人员的辅助下使用 App 下单。

在线下环节，蔚来汽车斥巨资在全国各大城市的核心地段建设"蔚来中心"（即 NIO House），包括车辆展示区、会议室、图书馆、咖啡吧、儿童娱乐等七大功能区。按照蔚来官方对 NIO House 的定义，它属于蔚来用户和它的朋友们的生活空间。从选址到设计再到落地，NIO House 围绕三点展开：一是要体现蔚来服务用户的理念，二是要更好地融入城市整体环境内，三是希望蔚来成为一个标志性的存在，让用户、友商、媒体等每一个来参观的人都能获得一些启发。

蔚来中心在设计上分为五种不同的店型：城市"旗舰店"、位于城市核

图1　蔚来 App 中的购车界面和蔚来中心介绍界面

心商务圈的"CBD 店"、开在购物中心的"商场店"、用户居住比较密集的"社区店"和车主自驾游目标的"目的地店"。它采用"一店一设计"的理念，不仅会融入城市当地生活元素，在店内区域功能的配置上，也会随着店型规划的不同而调整。

作为该公司销售渠道的终端，蔚来中心承担着两个职能，一是品牌宣传、产品展示及销售功能，二是为其用户提供愉悦的生活方式，成为用户休息、会客或工作的场所。而在实际操作过程中，后者是更重要的职能，这体现在除车辆展示区域外，NIO House 其他所有功能区只向该公司用户开放。

蔚来中心及其体现的重视用户体验的理念，与汽车行业重视销售的传统理念完全不同，在推出并实施后，引起了业内很大的争论。不过，蔚来汽车在第一批 NIO House 陆续建成后，也难以承受其高昂的成本，而选择在2019年年中对其销售体系作出重大调整。

按照该公司对外公布的信息，其未来的线下门店将由蔚来中心、蔚来空间（即 NIO Space）、交付中心、服务中心、授权服务中心等不同形式组成，各有职能分工；总的思路是化整为零，离用户更近，以更灵活的方式满足用户需求。其中，NIO Space 会成为该公司今后线下与用户接触的主流模式。相比蔚来中心，蔚来空间的面积更小，并取消了活动场所和对应的社区运营功能（见表 3）。

截至 2019 年底，蔚来已在全国开设 70 家门店，其中包括 22 家蔚来中心和 48 家蔚来空间，销售网络已经覆盖全国 52 座城市。

表 3　蔚来汽车不同类型终端网点的功能差异

功能	蔚来中心	蔚来空间	交付中心	服务中心	授权服务中心
展示	√	√			
接待	√	√	√		
销售	√	√			
维保				√	√
仓储			√	√	
交付			√	√	
延展增值	√	√	√		
社区运营	√			√	

（二）合作经营模式

在造车新势力开发渠道的过程中，相对于直销模式，厂家向外部经销商开放授权，双方合作经营的模式更为常见。这种模式与传统厂家采用的 4S 店模式的差别，可归纳为以下三点。

第一，在合作经营模式下，厂家仍建设有直营店；至少在 2019 年时，造车新势力头部企业开发的授权经销商，只是其销售渠道的补充，而非主体。

第二，在合作经营模式下，厂家可以通过线上渠道与用户直接对接。授权经销商即便在线下开发用户，与其相关的信息、数据等仍会通过线上渠道进入厂家的数据库。

第三，截至 2019 年底，厂家对授权经销商的管理尚未涉及销量、销售额等指标，后者负责的业务更多地集中在分销、交付等方面，按约定比例享受返利。

在造车新势力中，小鹏汽车是从直销模式转向合作经营模式的代表性企业。该公司在 2018 年曾试图采用类似蔚来汽车那样的直销模式，但在 2019年调整了渠道开发策略。

2018 年 12 月 27 日，小鹏汽车首批体验中心在北京、广州等城市开业，该公司时任首席营销官熊青云介绍称，为提升客户整体购车体验，解决用户在购车过程中的痛点，小鹏汽车所有门店均自营，并做到全国各地价格统一。

不过，仅仅 4 个月后，小鹏汽车的渠道建设策略就发生了根本性转变。2019 年 4 月，该公司公开了新零售计划并启动授权经营，正式确立了"2S＋2S"、线上线下多渠道布局、直营与加盟结合的商业模式，旨在打通销售与服务数据，为用户提供"一体化、多触点"的服务体验。

前一个"2S"指的是"小鹏体验中心"，它具有展示、销售、数据服务功能，意在为用户带来价格统一透明、体验一致、方便触达的服务体验；后一个"2S"则是指"小鹏服务中心"，它集销售、体验、活动、充电、交付、售后等服务于一体，提供一站式交付服务。消费者可以在该中心办理包括车辆合同签署、尾款支付、金融、保险、临牌、正式牌上牌等在内的全流程服务。

截至 2019 年底，小鹏汽车共发展了 97 家销售中心，其中直营店 30 家，授权经销商 67 家；仅就数量而言，外部经销商已成为该公司销售体系中的主要组成部分。

和小鹏汽车不同，威马汽车从一开始就采用授权经销商的模式。该公司将其授权经销商定义为"智行合伙人"。在此策略下，威马汽车通过精准算法进行导流、选址以及经销商等级设定，根据用户需求提供与之匹配的产品和消费场景服务，从而形成合理的门店空间布局，避免恶性竞争，确保每位授权经销商的可持续发展。在此框架下，厂家专注做导流和营销支持，而经

销商则专注于面向用户的交付和服务。

对比 4S 店模式，威马汽车实施的商业模式不要求授权经销商垫资，从而不占用经销商的财务成本；经销商只需要通过三年一签的租赁店面就可以开展运营，这样可以稳定经销商队伍，又能保证经销商少投入多产出。

与智行合伙人模式配套的，是威马汽车推行的"新 4S"渠道开发策略。所谓"新 4S"指的是 Space 威马体验馆、Store 威马用户中心、Station 威马服务之家和 Spot 威马 E 站。

在功能上，Space 威马体验馆作为体验中心，可让用户充分了解威马品牌的最新动态，体验威马汽车最前沿的科技；Store 威马用户中心则承接对用户整车的全流程交付功能，并且提供试驾、出行服务、销售、维修、二手车及其他增值服务；Station 威马服务之家则提供充电、维修、应急救援等后市场服务，通过在城市中交通便捷的方位设立更多网点，规模化地为用户提供售后及后市场相关服务；Spot 威马 E 站则旨在提高日常服务的覆盖度，采用资源优化、轻资产投入的方式，吸收更多的渠道网络加盟，为威马用户的充电、日常养护等提供便捷的服务，实现对各个区域和目标人群的全面覆盖，完善以用户为核心的网络布局，为用户提供高效全场景服务。

三　直销模式与合作经营模式的比较分析

如前文所述，造车新势力的创始团队的背景差异较大，既有传统厂家高管离职创业的，也有出身于互联网企业的，因而不同公司在经营战略、产品设计等方面的选择差别较大，甚至大相径庭。但我们观察到，在销售渠道建设领域，它们大多选择了特斯拉开创的线上展示为主、辅之以线下体验店的模式。

这种变化会对现有的汽车经销商群体，以及现有的汽车销售生态带来什么样的影响与冲击呢？通过对部分造车新势力的访谈，我们认为，它有可能从根本上造成汽车经销行业商业模式的变化，汽车经销商需要认识到潜在的危机，提前准备应对预案。

（一）造车新势力销售模式的特点

造车新势力选择的"线上＋线下"渠道开发模式的特点可归结为以下四点，这四点也可被视为它们选择这一模式的主要原因。

首先，也是最重要的一点，这种模式便于掌握用户大数据，方便开展后续经营。

由于创立于移动互联网时代，绝大多数造车新势力从成立之初就非常重视用户的信息大数据。以线上为主的销售模式，便于厂家牢牢地掌握用户数据，这有利于企业后续构建用车环节的生态，赚取传统厂家难以触及的用车环节的利润。

例如，蔚来汽车推出的"能量无忧""服务无忧"等售后服务方案，前者为10800元/年或980元/月，后者是14800元/年。实施这些方案的前提，是要充分掌握用户大数据。以"能量无忧"套餐为例，蔚来汽车只有在掌握所有用户大数据的基础上，才能相应地搭建充电桩、换电站、充电车、车、服务专员和用户的能源互联网，降低成本，提升效率。

其次，是特斯拉的表率作用。

特斯拉在美国采用的就是线上线下相结合的销售模式，进入中国市场后，该公司沿用了这种商业模式。具体表现包括但不限于如下几点：全球统一价格，降低了用户的购买成本，提高了用户体验；用户必须在网上下单购买；在都市核心区域开设体验店，交车和售后服务则在郊区；先下单再生产，尽量减少库存。

特斯拉的这套模式在国内市场也取得了成功。这表明，国内的新能源汽车潜在用户是愿意且能够接受"线上＋线下"的模式。

再次，这种模式符合移动互联网时代的用户习惯。

随着4G网络的快速建成，我国大多数城市从2014年起陆续进入移动互联网时代，手机取代电脑，成为普通消费者上网的主要工具。伴随着这种改变的是潜在消费者的购车习惯。先线上、再线下已经成为当前最常见的购车流程，其具体体现之一，是汽车经销商从汽车之家等在线平台购买用户线

索已成为主流趋势。

最后，但并不是无关紧要的，作为新出现的品牌，它们很难吸引大量优质经销商加盟。

为了在最短时间里尽可能大地搭建起销售网络，把终端伸展到尽可能多的城市中去，造车新势力就必须在销售渠道建设上和传统厂家有所区别。其自行承担线下体验店的建设成本，通过承诺加盟的授权经销商不需要垫资，这些都可视为放弃传统厂商的部分权力换取经销商们认可的行为。

因此，虽然大部分造车新势力都摒弃了传统厂家采用的 4S 店模式，但这种变化并不意味着它们的渠道开发策略就一定优于传统厂家。而且，从现实出发，造车新势力也选择与外部经销商合作，给了经销商熟悉这种全新商业模式的机会。

（二）经销商在新模式下的损益分析

相较于传统的 4S 店模式，在造车新势力实施的销售体系下，与之合作的授权经销商的经营风险要低很多。具体而言，新模式对经销商的好处至少有以下三点。

一是位于城市核心区域，房租高企的体验店，多由厂家直接建设，承担分销职能的外部经销商只需要按照厂家的要求租赁店面，所需费用远低于4S 店的建设费用。

二是多数厂家还承诺外部经销商无须垫资购买车辆，经销商按照获取的订单数或交付的车辆数，享受销售返利或服务费提成。

三是承担售后职能的外部经销商，可以同时经营其他品牌的售后业务，厂家还承担一部分的维修车间的建设成本。

但隐藏在这些优惠之下的，是外部经销商在造车新势力的营销价值链上的作用被边缘化。这种边缘化主要体现在以下两个方面。

第一，造车新势力的授权经销商完全不掌握用户数据。

综观造车新势力采用的销售模式，固然有直销与合作经营之分，但在一点上是确定的：厂家始终掌握着用户及与之相关的大数据。其授权经销商获得的收益，无论是销售返点，还是维修业务收入，都必须通过厂家的导流才有可能获得。

从数据流动的角度看，这是造车新势力搭建的数字化营销系统，可以通过 App、网站、品牌展示店等多个不同场景收集用户数据，汽车经销商不再是其数据流中的必要节点，因此也就不具备不可替代性。而且，由于不掌握用户数据，经销商也就不可能沿着价值链独立发展汽车金融、二手车等附加值相对更高的业务。

第二，前期的低投入就意味着低的置换成本。

如前所述，由于无须垫资购车，造车新势力对其授权经销商的资金要求远低于传统厂家；由于强调终端要进行统一管理，造车新势力对其授权经销商的管理能力要求也随之降低。不过，前期的低投入也就意味着，一旦厂家的经销服务网络搭建完成，它们也就能够以较低的投入新建直营店，取代授权经销商。

（三）新的商业模式对汽车经销服务业的冲击

我们认为，以成立时间或创始团队身份来区分一家汽车企业是"传统厂家"，还是"造车新势力"，是一种形而上的划分方法。新旧势力的本质区别，不应该是成立时间的长或短，而是商业模式的新与旧。在汽车经销服务环节，造车新势力与传统厂家的核心区别，应当是看厂家是否采用了与传统授权销售体系不同的商业模式。

具体而言，那些销售渠道依旧采用或基本采用"用户—经销商—厂家"的信息流、资金流方式，那些主要利润来源依旧来自销售环节的汽车制造商，不论它是不是在 2015 年后成立，都可被视为传统厂家，因为它们的出现并没有推动行业发生变革。

我们重点观察了蔚来汽车、小鹏汽车、威马汽车等已实现批量交付用户的企业的商业模式，也分析了爱驰汽车、天际汽车等尚未大规模开展业务的厂家的商业规划，它们的一个共同点是，这些企业从一开始就搭建数字化销售体系，通过各自独立开发的 App 来串联厂家和用户。根据我们的观察，销售只是这些公司构建商业生态体系的开始，围绕着用车环节而非销售环节赚取利润，是它们真正区别于传统厂家的地方。

在这种新的商业模式下，汽车厂家将自己的价值链向下延伸到了传统上由汽车经销商负责的领域，分走了长期以来由经销商赚取的利润。对汽车经销商而言，这种改变有可能从根本上摧毁他们长期以来赖以生存的商业模式。

例如，购买了蔚来汽车"服务无忧"套餐的用户，其出险、定损、理赔等一系列业务，均由蔚来汽车负责；汽车经销商则成为为其提供维修服务的供应商，这种定位的改变，势必会削弱经销商在维修环节赚取利润的能力。

更值得汽车经销商群体注意的是，这种商业模式是否具备可复制性。即如果这种商业模式被证明能够为汽车厂家带来更多的利润，传统厂家有没有可能转而应用这种模式？一旦大多数厂家都采用这种模式，汽车经销商们又该如何转型呢？

B.10
共享化对汽车经销服务业的影响

纪雪洪　王学成　张君*

摘　要： 共享出行包括网络预约出租汽车、顺风车、汽车租赁、分时
租赁、私人车辆共享等。2019 年网约车日订单量超过 2000 万
单，共享单车日订单超过 4000 万单，共享出行已经成为公共
交通的重要补充。调查研究表明，网约车已经影响到消费者
的购买意愿，减少了汽车产品的消费。网约车、分时租赁等
新的业态模式为汽车经销服务企业利用好自身资源创造了新
的机遇。

关键词： 共享　网约车　分时租赁　购置意愿　汽车销量

一　汽车共享化成为重要发展趋势

（一）多种共享模式兴起

共享出行被认为是指共同使用机动车辆、自行车或其他低速车辆完成
出行。共享出行由于借助互联网技术，能够实现高效率的时空匹配，不仅
满足了人们多样化的需求，同时也提高了交通工具以及相关道路资源的利

---

* 纪雪洪，北方工业大学汽车产业创新研究中心主任、教授，研究方向为出行行业、汽车产业
发展；王学成，北方工业大学汽车产业创新研究中心讲师，博士，研究方向为交通出行、金
融保险；张君，北方工业大学经济管理学院 MBA，研究方向为出行产业。

用效率。

共享出行包括网络预约出租汽车、顺风车、汽车租赁、分时租赁、私人车辆共享等。其中分时租赁是自助、短期的汽车租赁，车辆多停放于路边停车场等人流密集区，是以小时或更小单位计时的自助租车。私人车辆共享是使用私家车共享服务的模式，与其他汽车共享运营商的不同之处在于，其提供的车辆基本来自会员个人所有的车辆，车辆数量随会员提供的意愿而浮动。

广义共享出行还包括公共交通、共享自行车和快递网络服务等。本报告主要关注网约车、顺风车、分时租赁以及私人车辆共享等新兴的汽车共享方式。

（二）网约车日单量超过2000万单

在各类共享出行模式中，发展最快的当数网约车。截至2019年6月，网约车出租车用户规模达到3.37亿，网约车专车或快车用户规模达到3.39亿，较2018年底增加663万人。全国网约车平均日订单超过2000万单，网约车交易额相对2018年持续增加。网约车用户以年轻人为主，网约车在20~29岁、30~39岁年龄段使用率分别为74%和57%，明显高于其他年龄段用户。[①]

市场的发展吸引了包括科技公司和汽车公司在内的众多企业进入，美团、高德和百度等互联网企业采用聚合模式，接入众多出行运营商，汽车整车企业，如吉利、东风、长安、一汽、上汽、江淮、广汽和小鹏等纷纷进入网约车市场。滴滴出行是最大平台，覆盖城市超过400座，涵盖了专车、快车、出租车等全方位的出行业务。首汽约车、神州专车等其他网约车公司也纷纷根据自身情况发掘服务特色，培育壮大各自差异化优势。

网约车的发展大大丰富了出行服务市场供给，节省了司机与乘客的等待时间，有效提升了出行水平。与此同时也带来经济增长，根据国家信息中心

---

① 数据来自中国互联网络信息中心。

的测算，2015～2018年网约车对出行行业的拉动作用为1.6个百分点。网约车以其高效、灵活和便捷的消费体验充分满足了人们的消费新需求，成为公共交通出行的重要补充。

2019年网约车发展特点如下。

一是出现众多新入局者。滴滴与Uber合并让出行市场竞争进入新的阶段，但自2017年开始，美团开始全国布局，2018年3月21日进入上海，同日拿下了杭州运营资质。高德地图于2018年3月在成都、武汉两地上线顺风车业务，此后推出聚合模式。携程于2018年4月也进入了共享出行领域。

整车制造企业在2019年密集布局网约车市场。2019年6月26日，广汽与腾讯联手打造的如祺出行在广州正式宣布上线。该平台将采用广汽传祺、广汽新能源旗下车型，车上搭载腾讯车联智能系统。7月22日，由一汽、东风、长安三大汽车央企联合苏宁、腾讯、阿里等共同打造的智慧出行平台——T3出行正式在南京上线，由此组成了网约车领域的"国家队"，旨在通过整合多方优势核心资源、保障优质合规运力稳定供给，深度应用车联网技术，实现智慧出行。此外，新势力造车企业中，2019年5月，小鹏汽车宣布旗下共享出行平台"有鹏出行"在广州上线运营，这也是新势力造车企业中首家以自建平台形式开展网约车服务的。6月，威马汽车旗下公司新增"网约车经营服务"，意味着威马汽车也将进入网约车市场。传统车企迫切希望在车市发展趋于饱和的情况下，寻找新的赢利点和探索转型发展，移动互联网的快速发展、巨大的出行服务潜在市场以及整车企业已有的车辆方面的优势，无疑是传统车企进入网约车的重要原因。

二是聚合模式成为新的竞争焦点。聚合模式，简单说就是通过一个平台整合多个网约车服务商为用户提供出行服务。2018年上半年，最初主要提供地图服务的高德地图开始将其服务向上下游进行拓展，以聚合模式推出打车业务。10月开始，哈啰出行在发展自营网约车业务、招募线下司机的同时，也聚合了多家网约车服务商。百度地图也上线接入了滴滴、曹操出行等主流网约车平台。2019年4月，美团打车在上海、南京上线"聚合模式"，作为平台连接优质运力和海量用户。到6月，美团打车便进驻了30多个城市。

接入的移动出行平台包括首汽约车、曹操出行、神州专车、AA出行等。

此后，掌上高铁App、滴滴等也开始尝试聚合模式。聚合模式的出现，无疑使网约车市场格局增加了更多的变数。如果具有流量优势的互联网平台与具有整车制造和资产优势的车企密切合作，将给以滴滴占绝对业务比例的网约车市场竞争格局带来颠覆性影响。

三是领先企业积极布局自动驾驶。自动驾驶是汽车产业智能化升级和未来出行服务领域发展的重要方向。网约车平台企业也在自动驾驶业务方面加大投入、积极布局。首汽约车和百度于2017年10月宣布达成战略合作伙伴关系，重点推进自动驾驶、车联网的商业化运行。2019年8月，滴滴将自动驾驶部门升级为独立公司，专注于自动驾驶研发、产品应用及相关业务拓展。网约车平台上积累的海量车辆的行驶数据以及城市道路数据，为自动驾驶技术的开发、学习和升级提供了丰富的数据资源。从未来看，自动驾驶技术自身的技术进展以及相关法律法规的进程会影响到自动驾驶出租车或者网约车的发展速度。

（三）顺风车业务经历曲折

2014年9月，嘀嗒出行进入私人小客车顺风车市场，是中国最早开展顺风车服务的公司。此后滴滴、高德、哈啰出行、曹操专车等平台都上线了顺风车。据滴滴披露的数据，上线一个月，滴滴顺风车在北京、深圳等城市的日订单量就达到60万单；2018年春运期间，滴滴公布其顺风车运送乘客高达3067万人次。据滴滴公布的数据，在2018年下线之前，滴滴私人小客车顺风车的车主数量近千万，日订单量达到200万~300万单。据嘀嗒出行2019年官方数据，嘀嗒出行平台拥有用户1.3亿、车主1500万，累计顺风车出行里程达230亿公里，且已经实现盈利。滴滴利用在网约车业务上的优势，在2015年6月进军私人小客车顺风车市场。2019年2月，哈啰出行宣布在全国300多个城市上线顺风车业务。根据最新哈啰出行提供的数据，其车主注册量突破700万，累计订单量突破1800万。

2018年5月与8月的两次"滴滴顺风车司机杀人案"引起很大的社会

影响，滴滴在 2018 年 8 月 27 日宣布下线整改，截至 2019 年底才重新上线。但顺风车的司机资格审查以及相关安全举措要求不断提升，相关地方的政策对顺风车"低价格、真顺风"的要求越来越高，未来市场的增长空间有待观察。

（四）分时租赁和 P2P 业务受阻

自 2014 年以来，分时租赁持续快速增长。根据相关统计，截至 2019 年底分时租赁车辆规模在 20 万辆左右，其中大部分车辆为新能源汽车。[①]

EVCARD 和联动云租车累计投放量分别达到 5 万辆，GoFun 和华夏出行旗下分时租赁品牌摩范出行总体投入车辆分别达 4 万辆，此四家企业是行业经营规模最大的企业。在大型企业外，基于地方资源，在各自城市有众多的分时租赁运营商，运营规模仅为几百辆甚至几十辆（见表1）。从车辆投放分析，以新能源汽车分时租赁车辆为主，包括北汽 EV 系列、奇瑞 EQ 系列、江淮 iEV 系列、比亚迪 E 系列以及上汽荣威系列等，此外也有部分燃油汽车。

表 1　国内分时租赁行业主要运营商情况

项目	华夏出行	GoFun	EVCARD	联动云租车	盼达用车
布局城市（个）	49	84	64	50 +	10 +
车辆规模（万辆）	4	4	5	5	2
网点个数（个）	／	／	11000	／	／
注册会员（万）	350	>1000	600	／	／
总部位置	北京	北京	上海	深圳	重庆

资料来源：企业调研数据，截至 2019 年 10 月。

从发展特点看，分时租赁发展具有两个主要特点。一是分时租赁服务得到消费者的认可。分时租赁因具有便捷、环保、出行成本低等特点，逐渐被 80/90 后等喜欢尝鲜的年轻人接受，经过多年的市场培育后在消费者心中的接受度正在提升，用户教育成效初步显现。根据摩范出行对分时租赁用户的

---

① 摘自《中国城市客运发展报告（2018）》。

统计，平台的用户数量达到 400 万人。分时租赁车辆在一、二线城市中都有一家或者多家企业运营。二是不同企业发展势头出现分化。2018 年以来，一些创业公司先后出现退还押金困难等问题。麻瓜出行、巴歌出行、位位用车、TOGO 途歌等纷纷倒闭，美团租车关停分时租赁试点，戴姆勒 Car2go 宣布退出中国市场，大道用车、立刻出行出现押金退回困难等。但部分整车厂背景或国企背景的运营商，仍在坚持探索，如华夏出行、GoFun、联动云租车等，各自车辆投放规模均超过 1 万辆。

P2P 租车业务在 2019 年也出现一些波动，PP 租车被瓜子二手车收购，凹凸租车业务也在不断发生调整，其中用户体验不好以及车辆丢失问题成为这一模式发展的主要瓶颈。

二　汽车共享化将影响新车销售数量与市场结构

很多研究机构认为，共享出行将对主机厂的新车销售产生深刻影响。总体看，一方面共享出行将导致面向私人的新车销售下降，另一方面共享出行的车辆会增加。但不同机构在总体数量与结构比例方面，有不同观点。

最为激进的观点来自美国斯坦福大学教授 Tony Seba 与相关机构的报告。该报告认为，到 2030 年，美国私家车保有量将下降 80%，其中客运车辆的数量将从 2020 年的 2.47 亿辆减少至 4400 万辆，未来将有绝大多数人会采用共享出行的模式。

第三方咨询机构普遍认为汽车整车销量会受到汽车共享化的影响，但也提及共享车辆销售的增加。麦肯锡《2030 汽车革命的七大趋势》对 2030 年汽车发展趋势的预测认为，汽车销量仍将继续增加，但仅处在每年 2% 的较低增速。新的出行服务可能会导致私家车销量减少，但是这一减少会因共享车辆销量的增多而抵消，原因是后者使用率更高，损耗较大，需要经常更换。至 2030 年，10% 的新车销售将被投放于共享出行领域，受共享出行、互联服务和性能升级的推动，汽车行业的收入将因新商业模式提高 30%，相当于 1.5 万亿美元。

波士顿咨询公司在 2016 年发布的《汽车共享新前景：新型出行方式对汽车销量的影响》中预测，到 2021 年，汽车共享将使全球新车销售减少79.2 万辆，新车预计销量将减少约 1%。但汽车共享的使用率将大幅上升。另外，该报告认为大部分消费者不会放弃自主购车。

罗兰贝格公司预测到 2025 年，应用于新型出行服务的新车销量比例预计将显著提高，与全球其他成熟汽车市场相比，中国汽车平均拥有量更低（目前中国平均每 7 人拥有一辆车，欧盟平均每 2 人拥有一辆车，美国平均每 1.25 人拥有一辆车），市场颠覆性潜力更大。

根据中国汽车工程学会与滴滴的合作研究，预计中国在 2025 年、2030年、2035 年包含智能共享出行在内的共享出行里程在社会道路出行总里程中占比分别为 18%～25%、28%～38%、40%～64%（见图 1）。

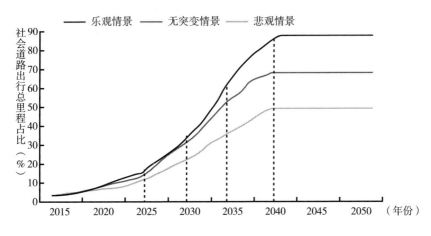

图 1　共享出行渗透率展望

资料来源：中国汽车工程学会和滴滴的调研报告。

根据全国工商联汽车经销商商会的调研，在网约车等共享汽车的使用对汽车销量的影响方面，42.3% 的汽车经销商认为网约车等共享汽车的使用对汽车销量没有影响；25.5% 的经销商认为共享汽车将使汽车销量降低 0～5%，17.9% 的经销商认为降低 6%～10%；认为会使需求降低 10% 以上的占 8.4%。整体看，超过 50% 的经销商认为共享汽车降低了汽车销量（见图 2）。

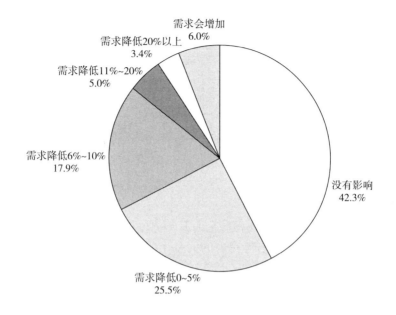

图2 共享汽车对汽车销量的影响

资料来源：编写组统计调查数据。

三 共享化改变汽车价值链

随着共享出行行业的快速发展，传统汽车行业的产业链也在发生巨大变革，价值链被重新分配。传统的汽车生态系统以整车企业为核心，由整车企业上游控制零部件，下游将生产的库存交付给经销商，汽车销售是获取价值的关键，整车企业将产品优势视作核心竞争力，降低成本、提升产品品质是业内竞争的关键成功因素。在这一模式的分工下，经销商通常是直接接触消费者的主要渠道，整车企业与消费者的沟通存在时滞，产品改进革新的进程相对较慢。

在共享出行时代，终端消费者不需要拥有汽车，商业模式转变为以每次出行服务的里程数以及在途中所使用的服务项目来计费。消费者每一次的服务体验将影响下一次的出行选择，产业链商业模式正在从以往的低频次、高单价消费转变为高频次、低单价消费。相关企业开始从以往以汽车产品的推陈出新来满足消费者需求，改变为从软件服务平台上迭代优化，围绕用户出行体验来设计和改善服务内容，形成动态的、可持续的业务发展模式。共享出行、车联网和数据服务将成为价值链获利的主要来源，相关的企业也将占据产业链的顶端。对于整车企业而言，从销售产品的盈利方式向按使用服务收费的模式转变是一种挑战，但又不得不积极应对。传统价值链整车企业、经销企业金融服务以及售后业务都将受到一定的冲击。

根据罗兰贝格公司的研究，未来独立经销商业务收入占产业链条的37%将逐步降低到26%，汽车整车制造商将从2015年的35%降低到2030年的30%，售后服务收入将从17%降低到14%。从利润看，经销商利润将由2015年的23%降低为2030年的15%，制造商利润将由38%降低到22%，售后服务商利润将由31%降低为14%。

在大的汽车产业链价值分布变化的趋势下，产业链上下游的各类企业也在以不同方式提升产业链整合能力。整车企业从制造向后端服务延伸，出行服务商由末端向前端拓展，供应商以不同方式向两端扩展，各方均将成为生态圈的核心主导力量。

共享出行等运营服务商的不断崛起，将带来在汽车销售、售后维修等流通和后市场服务市场的客户结构变化，B端客户需求在车辆批量处理能力、时效性要求等方面带来对现有经销商体系和后市场服务体系的挑战，需要相关行业市场企业灵活调整商业模式服务能力。

租赁公司/移动出行服务平台将成为重要的客户类型，直销/代销成为可能，授权经销商模式将面临更多挑战。整车渠道功能将向对公转化，车辆销售更多成为对公（2B）业务，线下网点功能有可能集约化发展，例如产生专门面向车队用户的展示/体验中心、各地统一的车辆交付点，或专门负责共享出行业务售后服务的维修保养中心等。

共享出行平台企业已经开始布局为车队、车主提供一站式服务，代替传统经销商为车主提供从购车到卖车的全生命周期一站式服务，并提供多项优惠补贴，提升消费者黏性。如滴滴通过自建车主之家线下门店，打造买车、用车、卖车、充电和保养的全生命周期一站式服务。滴滴平台活跃车主数量近千万，2018 年小桔车服成立，小桔车服旗下拥有小桔有车、小桔加油、小桔养车及分时租赁等四项业务，截至 2018 年 8 月，小桔车服年化交易总额突破 600 亿元，覆盖 257 个城市，合作伙伴和渠道商总计 7500 余家。

四 网约车对汽车购置意愿的影响

课题组针对汽车共享化进行了专门的调研，重点关注网约车市场对汽车销售的影响。调查表明网约车的发展从短期和长期都将对汽车销售市场产生较为深远的影响。

在 565 份有效样本中，有 50.3% 的人认为网约车减少了其购车意愿，仅有 24.2% 的人认为不会影响购车意愿，有 25.5% 的人表示不确定（见图3）。

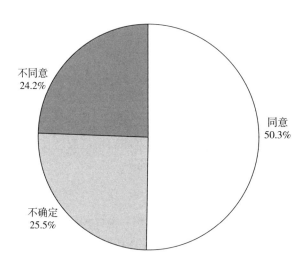

图 3 网约车是否影响购车意愿的比例分布

根据调查，网约车使用成本是用户购买车辆意愿的重要影响因素。当网约车出行成本为车辆拥有成本的 80% 以上时，累计会有 10.8% 的人放弃购买车辆，当网约车使用成本为车辆拥有成本的 60% 以上时，累计会有 45.7% 的人放弃购买汽车。不计成本坚持购买车辆的人员仅为 27.1%（见图4）。

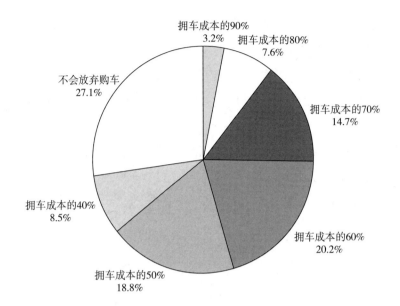

图 4　网约车成本对消费者购车的影响（放弃购车）

当无人驾驶车辆出现后，消费者是否还会购买车辆？

调查发现，有 57.7% 的人将不会购买车辆，明确购买车辆的仅为 11.2%（见图 5）。

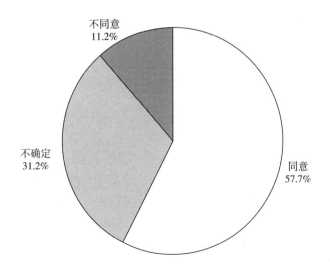

图 5　无人驾驶影响消费者购车的比例分布

本次调研充分表明，随着车辆不断增加带来的外部负效应的增加，人们消费理念正在改变。网约车的发展加速了这一进程，越来越多的人愿意通过网约车出行来替代私人出行。未来自动驾驶技术的不断发展与成熟，将会让这一趋势更加明显，并将给汽车销售市场带来前所未有的颠覆。

从参与的消费者调研情况看，出租车/网约车出行、公交地铁出行是占比最高的出行方式，其次是步行、私家车、自行车以及电动自行车/摩托车。出租车/网约车成为重要的出行方式之一（见图6）。

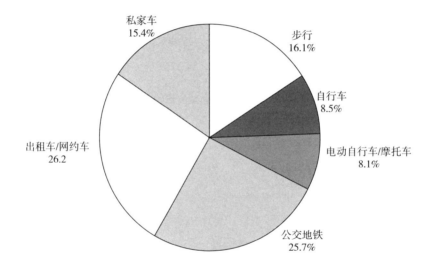

图6 主要出行方式选择

选择网约车出行有多个原因，开车体验差或者不想开车占25.4%，不用找停车位占22%，避免醉驾占15.6%，出差使用占17.7%，想使用手机或者电脑占10.2%，停车费太贵占9.1%。上述原因也是人们不愿意购买车辆的重要原因（见图7）。

在受访者中，使用网约车后，包括以下不同比例的情形：家里已有汽车，不打算再买车的占比为46.4%；家里还没有车，以后也不打算买车的占比为9%；将家里其中一辆车卖掉或出租出去，用网约车代替的占比为

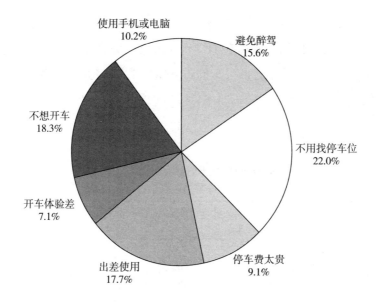

图7 选择搭乘网约车的原因分布

5.8%；把所有车卖掉的占比为2.7%；坚持继续买车的占比为36.1%
（见图8）。

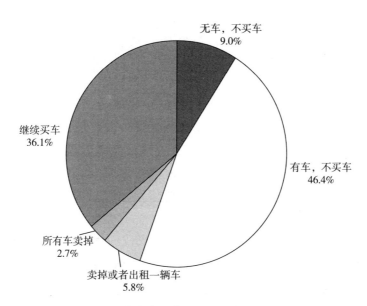

图8 网约车用户使用后的意愿分布

通过表2可以看出，在没有车辆的人中，买车的愿望比例要高于已经拥有车辆买车的愿望比例。但仍有41%的无车者表示不愿意购买车辆。在已有一辆车的人中，表示不会再买车的占62%，愿意将其中一辆车出租或卖掉的比例为6%，拥有两辆车的人中有20%愿意将其中一辆车卖掉或者出租。

表2　当前用户拥有车辆数与购车意愿交叉分析

单位：%

项目		无车，不买车	有车，不买车	一辆车卖掉或出租	所有车卖掉或出租	继续买车
拥有车辆数量	0辆车	41	0	0	0	59
	1辆车	1	62	6	3	28
	2辆车	0	38	20	4	38
	3辆及以上	0	0	0	20	80

从拥有车辆数与网约车使用频率的关系看，拥有车辆的人也会经常选择网约车，其使用频率甚至会高于没有私家车辆的人。可见，网约车的市场需求具有广泛基础（见表3）。

表3　当前用户拥有车辆数与网约车使用频率的交叉分析

单位：%

项目		每月低于1次	每月1次	每月2~3次	每周1次	每周2~3次
拥车数量	0辆车	16	39	29	14	2
	1辆车	9	30	33	26	2
	2辆车	16	16	28	40	0
	3辆及以上	0	60	40	0	0

从不同性别角度看，女性相对于男性更倾向于购买车辆。具体表现为：受调研样本中，未来坚持购车的意愿，女性占38%，男性占34%。在网约车价格为私家车成本70%时放弃拥车的比重，女性占22%，男性占29%。

从不同年龄角度看，也有明显的差别。表现为：年轻人（30岁以下）更渴望拥有车辆和坚持购车，在网约车价格为私家车成本70%以上时放弃拥车的比重以及无人驾驶出租车成熟时放弃购车的比重要低于年纪较大的人（30~65岁）。细致分析也能发现造成这种情况的部分原因：30%的年轻人没有私家车，而年纪较大的人没有私家车仅为20%左右。因此，私人车辆未来的主要用户群体还是年轻人。

从不同收入人群看，中低收入群体（家庭月收入1万元以下）、中高收入群体（家庭月收入1万~5万元）以及高收入（5万元以上）群体具有不同特征。从使用网约车频次看，中高收入群体显著高于另外两个群体。从购车意愿看，中低收入人群购车意愿更加强烈。从无人驾驶出租车成熟时放弃购车的比重看，中高收入人群放弃拥有私家车的比例要高于中低收入人群和高收入人群。

调研结果表明，来自大城市的人群使用网约车的频率显著高于中小城市和农村地区的人群。从购车意愿看，中小城市与农村地区人群的拥车意愿更加显著。

五　共享化驱动汽车经销服务企业加快转型

（一）汽车经销服务企业与共享出行业务有机互补

越来越多的汽车经销服务企业开始参与到共享出行新业态中。很多经销商开始成立网约车业务部门，投放新能源汽车。4S店主营业务是销售和售后维修，网约车的核心则是车辆资产管理和车辆运营。汽车经销与网约车结合可以形成业务互补，网约车可以帮助经销企业消化库存，经销企业则能够为网约车提供专业的维护、保养、定损等服务。与私家车不同，网约车是饱和型运营，需要专业团队对车辆进行维修保养，这样才能达到车辆正常行驶的效率和里程。与此同时，高频度的维保也能拉动4S店营业额。

与传统4S店经营有所不同，网约车运营汽车需要有较强的风控能力和公共关系能力。当前传统的汽车经销服务企业对金融风险评估要求购买人有稳定的收入，通过调查购买人的社保、流水去评判资质，但网约车司机很多都没有上述数据，需要建立相应的分析模型。此外，网约车运营需要合规，需要企业协助司机获得《网络预约出租汽车驾驶员证》，为车辆办理好《网络预约出租汽车运输证》。这也对传统汽车经销服务企业从事网约车运营提出了更高的要求。

此外，很多汽车经销服务企业进入分时租赁行业。共享汽车近几年从风口期逐步冷静，部分中小企业纷纷出局。GoFun 是国内最大的分时租赁企业之一，已经在全国 80 个城市积累了较为丰富的车辆运营数据及管理经验。2019 年 GoFun 推出 GoFun Connect 体系，联合众多合作伙伴，包括汽车经销服务企业以"全链接"来建立车与人及服务的无缝连接，赋能全产业链共同创造智慧、可持续发展的共享汽车出行生态。

GoFun Connect，即以共享出行为链接点，触及汽车 OEM、汽车经销商、保险公司、个人车主、车手服务商、地面服务商等多主体融合发展的产业链。GoFun 创新推出的 GoFun Connect 体系，是一套集硬件 + 软件 + 运营管理能力于一体的系统，通过整合各平台资源、优化链条来盘活市场闲置资源，实现利益多元化再分配。在这个体系中，其作为数据商和智能服务商为经销商和售后服务商赋能，共同探索分时租赁的发展模式。

（二）汽车经销商需要面向整车企业转型提前布局

从 20 世纪 50 年代大规模高速公路的出现，到 2010 年网约车服务的涌现，出行行业已创造了一个相当高效、安全的服务环境。展望未来，"绝对效率与安全"和"资源合理配置与成本优化"依然是移动出行需要解决的时代性课题。最终，伴随着智能网联与新能源车辆的普及，未来出行将更高效、更经济、更安全、更环保，为使用者带来更优质的出行体验。

随着新能源汽车逐步替代传统汽车。汽车经销企业将更多布局充电业务、动力电池检测和回收处理等领域。将原有的传统业务由单一 4S 店模式，转向出行、充电和电池回收等多个领域。

　　未来完全自动驾驶成熟后，无人驾驶共享出行里程将有较大幅提升，出行的"共享"属性将被完全释放。政府监管、开发商技术突破、整车厂品牌与销售、出行服务商成本控制及用户需求都是未来无人驾驶共享出行的驱动力。汽车整车企业有机会与经销商合作成为出行服务商和智慧城市服务商。

案 例 篇

Case Report

B.11
汽车经销服务业典型案例研究

纪雪洪　于新鹏*

摘　要：　本报告选择了 5 家企业开展案例研究，分别是广汇汽车旗下
的汇通信诚、永达二手车商城、车好多集团、铛铛科技、苏
宁汽车等。上述五家企业具有一定的代表性，广汇汽车汇通
信诚租赁公司是国内汽车经销商集团融资租赁业务开展最早、
业务规模最大的公司之一，永达二手车商城是汽车经销商集
团开展二手车零售业务的代表企业，车好多集团是国内最大
的二手车电商平台之一，铛铛新能源汽车是和谐集团投资的
国内最大的新能源汽车经销服务企业之一，苏宁汽车则是苏
宁易购旗下满足消费者一站式出行服务的销售平台，是汽车

---
* 纪雪洪，北方工业大学汽车产业创新研究中心主任、教授，研究方向为出行行业、汽车产业
发展；于新鹏，北方工业大学经济管理学院研究生，研究方向为新能源汽车。

新零售的代表企业。

关键词： 经销商 融资租赁 二手车 新能源汽车 新零售

一 广汇汽车融资租赁业务

（一）企业概况

广汇汽车是广汇实业投资（集团）有限责任公司旗下的一家上市公司，于 1999 年起步，2004 年初步形成全国性的汽车销售服务网络，2015 年 6 月登陆 A 股市场。目前已经发展成为全球规模领先的乘用车经销与服务集团、中国一流的豪华车经销与服务集团。

汇通信诚租赁有限公司成立于 2011 年 2 月，现有注册资金 35.6 亿元，管理总部位于上海。截至 2019 年，汇通信诚已为超过 100 万客户提供超过 700 亿元的购车融资租赁服务，为超 20 万客户提供了二手车融资租赁服务。租赁业务覆盖全国 30 个省份（除西藏），包括 200 多个城市，业务覆盖广汇汽车旗下 800 多家 4S 门店，其中中高端品牌门店超过 400 家，此外还有外部合作代理商超过 200 家。资产证券化业务已成功发行超过 250 亿元，成为中国进行资产证券化的汽车融资租赁公司的先行者。

2019 年末，汇通信诚租赁总资产近 200 亿元，净资产超过 68 亿元，净利润超过 3.2 亿元。全年完成汽车融资租赁 20.58 万台。

（二）汇通信诚汽车金融业务发展

广汇汽车很早就非常重视对国际汽车销售市场的研究，发现在发达国家汽车金融市场中有 40% 的用户会通过融资租赁形式购车。融资租赁业务相比汽车金融公司和银行业务虽然利率普遍略高，但在首付、审核、手续和提车方面具有一定的优势，并享有车辆维修和保险理赔等各项优惠和便捷服务。广汇汽车高层早在 2011 年初就在战略层面上高度重视发展汽车金融，特别是汽车融资租赁业务的发展。

从 2011 年开始，广汇汽车融资租赁业务发展整体经历了三个主要发展阶段。

1. 快速成长的阶段（2011~2015年）

在这一阶段，广汇汽车作为首先进入行业的公司之一，于 2011 年 2 月成立新疆广汇租赁服务有限公司，正式宣布进军汽车融资租赁市场，用超常规的速度迅速开拓市场，2011 年底累计客户突破 1 万人，融资金额达到 15 亿元，到 2012 年保有合同累计超过 5 万个。这一阶段市场参与者少，企业整体收益较高，盈利较大。

2013 年 2 月，汇通信诚租赁有限公司向商务部申请的内资试点融资租赁公司正式获得批准，广汇汽车融资租赁业务逐步切换到汇通信诚租赁。2013 年汇通信诚租赁开始尝试进入二手车的汽车融资租赁市场，二手车开心融正式上线，全面推进二手车融资租赁业务。二手车融资租赁业务也是我国二手车行业发展以及融资租赁业务发展的重要开端。这一阶段，广汇汽车还借助发行资产支持证券（ABS），于 2013 年 12 月成功发行了中国第一单汽车融资租赁资产的 ABS，成为我国首家开展资产证券化的汽车融资租赁公司。

2. 稳定发展阶段（2015~2018年）

在这一阶段，越来越多企业看好并开始进入汽车融资租赁市场，市场规模得到较大拓展，服务和效率得到提升，但同时随着竞争逐步加剧，对客户利率和企业收益率有所下降，进入稳定发展期。2015 年 6 月，广汇汽车成功实现 A 股上市，合作伙伴的增加以及经验的积累，推动广汇汽车融资租赁业务规模进一步扩大。2015 年 9 月，汇通信诚累计发行 ABS 金额突破百亿元，11 月，出资 9000 万元与长安银行共同发起设立长银消费金融有限公司。

这段时间汇通信诚的内部管理也不断加强。2016 年 3 月，拥有自主知识产权的风控评价模型搭建完成，自动审批模块成功上线；同年 7 月接入中国人民银行金融信用信息基础数据库（征信系统）。到 2016 年底公司保有合同突破 50 万个，二手车保有合同突破 10 万个，同时和汽车之家、易车、爱卡等多家国内主流汽车电商全面合作，当年汽车融资租赁电商合同突破 1 万个。

2017 年公司风险控制体系进一步完善，建立了"专属产品评分卡" + "反欺诈卡" + "征信评分卡" + "渠道风险评级 Riskmap"的非常全面的技术评估体系，租赁业务一体化系统 SAP 正式上线。当年汇通信诚租赁资产证券化产品累计发行额超过 200 亿元，注册资金增至 35.6 亿元。

3. 发展成熟阶段（2018 年以来）

2018 下半年开始，融资租赁行业环境开始转变，随着更多的企业进入，市场竞争进一步加剧，行业利润率进一步下降，市场开始从蓝海市场过渡到红海市场。同时这一阶段融资租赁企业的政府监管部门从商务部转移到银保监会和地方金融局，国家对融资租赁企业合法合规的要求越来越严格，政策监管开始逐步加强。这一阶段许多操作不合规甚至不合法的融资租赁企业被清洗出市场，同时也有部分缺少核心竞争力的融资租赁企业逐步退出市场。

这一阶段汇通信诚在动态的市场环境下稳打稳扎，同时也在积极探索创新机会。2018 年底，汇通信诚租赁总成交台次超过 97 万台，融资额超过 700 亿元。2019 年 2 月，汇通信诚租赁客户数突破 100 万人。2019 年起汇通信诚在高质量客户群体及可控业务中积极布局，不断提升自有 4S 店租赁业务渗透率，同时在各区域积极布局直营业务团队，通过直营团队来覆盖一部分细分市场，和外部渠道形成互补合作。在这一阶段汇通信诚还与主机厂、银行、渠道方等上下游合作伙伴深化合作，借助广汇汽车自有覆盖全国的汽车 4S 店和汽车库存资源，在 2019 年底推出了"金融 + 服务"新的汽车金融产品，力争用一年左右时间打造出一款有独特核心竞争力的全新产品以满足年轻客户为主的新的市场需求。

（三）产品创新

1. 引领产品创新

广汇汽车金融团队一直致力于融资租赁产品的创新工作，在行业还未关注融资租赁产品时，率先开展了乘用车融资租赁产品的探索工作。此后，又分别引领行业先后推出了二手车融资租赁、轻型商用车（LCV）融资租赁等创新产品。

2. 多样化的覆盖各细分市场的产品

针对不同客户的需求情况，汇通信诚还重视多样化的汽车金融产品，包括：和众多主流汽车生产厂家合作定制汽车租赁贴息产品，合作定制"残值租赁"产品，可覆盖直租、回租业务，为新能源车辆提供融资租赁产品，借助广汇汽车店面和海量二手车车源打造新零售产品，基于 LCV 客群进行多样化定制等。表1列出了汇通信诚的主要产品类型。

表1　汇通信诚的汽车融资产品

名称	产品特点
精英融	低首付，长租期，低月供，融资范围广
开心融	二手车融资产品，融资期长，可融保险
新易融	超低首付，超低利息，超长租期，超低月供
梦想融	80/90后白领、上班族首选，首付20%起，新车、二手车均可，低费率
气球融	低首付，长租期，尾款的设定根据年限计算，非常灵活，包括一次还清、展期、换购等
一证通	速度快，一张身份证/驾驶证就能申请
售后回租	将车辆抵押，每月支付少量的月供

资料来源：广汇汽车官方网站。

3. "金融+服务"新零售产品

汇通信诚结合新零售发展趋势，从2018年下半年开始酝酿"金融+服务"产品设计，到2019年12月推出了新的产品业务。新产品将企业库存车辆与金融服务结合，为用户提供一站式汽车销售服务。用户可以在手机上浏览广汇汽车所拥有的50多个主流汽车品牌几万台车的车型信息，几乎覆盖了市场上所有的车型资源，客户可以具体看到包括金融产品信息（首付、尾付、月供）、车型、车架号、颜色、分布城市等详细信息，从中顾客可选择满意的车型，预付 2000 元订金即可锁定车辆，汇通信诚为客户提供线上快速授信审批、线上签约、购买保险、上牌、送车上门等多种便捷服务。同时，用户还可以在线上选择装饰、保险、延保等相关产品和服务，如果客户选择直租模式，甚至可以足不出户完成车辆购置的全流程。这是一种"线上下单、线上审批、送车到门"的方便快捷的全新购车产品服务，迎合了当下年轻人网上购车、提前消费的购物习惯。广汇汽车主动变革，借助汽车融资租赁产品，从"坐销"主动向"行销"进行转变，在引领汽车经销商行业探索"去中间化让利于客户"和"销售渠道下沉"的道路上迈出了坚实的一步。

（四）业务模式

汇通信诚的融资租赁业务分为三个流程：租前、租中和租后。汇通信诚有自己的三维评估机制，销售端每个季度会根据渠道综合盈利能力对渠道进行星级评定（涵盖业务规模和风险逾期指标），其最终结果影响渠道产品和返利；风控端每月会根据风控数据（拒单率、伪冒率、退单率、转化率等）进行账户评级，最终结果影响前端自动审批率和该账户下部分产品规则；租后端每季度会根据客户逾期率表现数据，现场走访评估，针对特殊产品渠道进行评级，评估结果将影响汇通信诚对其授信额度发放及逾期管控奖励发放。

在这一过程中，汇通信诚通过与工商银行、招商银行、交通银行、光大银行、民生银行、微众银行等银行以及众多金融租赁公司建立合作关系获取业务资金来源；搭建 SAP、ERP、云通信、拜特等现代化系统为汇通信诚提供系统架构；央行征信、聚信立、同盾科技等给汇通提供了数据支撑；还与奥迪、宝马、沃尔沃等豪华品牌以及上汽通用、一汽丰田、东风本田、东风日产、北京现代等众多主机厂开展了汽车贴息合作，拥有丰富的车源；主要产品车型覆盖了新车乘用车、二手车、物流商用车、中卡等。

目前，汇通信诚的客户主要是个人客户。立足于"以人为本、客户至上"的经营理念，自 2014 年以来，汇通信诚租赁有限公司已开始布局汽车金融线上、线下全服务流程，陆续与阿里、易车网、汽车之家、爱卡汽车、搜狐汽车进行强强战略联合。同时与大搜车及天猫等新兴互联网电商平台开展多方合作，打造全线上汽车金融交易闭环，为消费者提供从选车、融资租赁、车辆保险、车辆交付、车辆保养、二手车置换、二手车融资租赁等客户用车生命周期内的线上线下一体化服务。

外部专业合作渠道（简称SP）为汇通信诚提供了大量的线下客户资源。对于合作SP，汇通信诚制定了严格的准入机制，要求其团队必须有金融代理业务运维管理经验，通过现场调查、历史风险数据评估、总部多部门多维度面试等方式，通过优胜劣汰更换一批优秀的SP进入体系，同时对体系内SP在产品、风控、运营等板块多维度沟通培训，提升其综合竞争力。

（五）广汇汽车融资租赁业务发展的优势

汇通信诚融资租赁业务成功发展主要源于三个方面：一是高层领导的高度重视与支持，二是坚持稳扎稳打和风险至上的管理理念，三是重视人才建设与创新。

一是高层领导的重视和前瞻性。

广汇汽车公司高层很早就看到国外融资租赁的迅猛发展，而我国该行业仍是一块空白。因此，从2011年开始董事会就将融资租赁作为一号项目，通过各种资源倾斜来保证项目实施。

2011年，广汇汽车投入10亿元注册成立广汇租赁，利用广汇汽车自有的销售网络和雄厚的资金实力，在广汇汽车拥有的200家合作商和25家二手车交易中心广泛开展融资租赁业务。租赁业务发展与经销商主业形成良性循环互动。与此同时，广汇汽车还和包括花生、毛豆在内的平台合作，线下的800多家4S店，每个4S店都有多家的合作二网，这也为汽车融资租赁业务创造了大量潜在的客户。

二是稳打稳扎，风险至上。

汇通信诚始终认为做金融产品的核心是做风控，一定要将风险控制放在最重要的地位。由于市场中的客户是存量客户，企业为维护客户，需要建立特有的竞争优势。汇通信诚在前期经营过程中积累了很多风控经验，前端的风控优势和客户历史表现数据是汇通信诚持续发展的宝贵财富。后期汇通信诚在九年上百万存量客户数据基础上，通过外借中国人民银行征信和第三方征信数据，建立了较为系统的风控模型，将风控系统数据化，精准把控客户风险。

三是建立创新人才团队，管理高效化。

汇通信诚将高效创新作为企业的价值观之一，公司管理团队均来自国内一流的汽车金融或租赁公司，具备有梯度的人才储备和丰富的行业经验。2013~2019年，先后开发了企业核心 ERP 平台 SAP 系统、车联网云服务平台、二手车线上拍卖平台、金融租赁平台、保险云平台、新零售平台等应用，2019年6月，汇通信诚又自主开发了 OCP 平台，OCP 平台包括在线化查询、产品评价投诉、公告活动推送三个主要功能模块，通过优化流程、完善管理，将烦琐的线下人工工作移至线上，通过后台智能运维引入数据化平台体系，使管理更加简捷、精准、高效，更好地服务店面销售，规范供应商行为，降低风控风险。

汇通信诚在人才管理方面也十分重视成本控制，追求成本与效率的统一。据了解，汇通信诚仅拥有 500 多名员工，与同行业其他公司相比较少，但通过人员、渠道合作，汇通信诚仅 2018 年就实现了 23 万台的交易量。一些从汇通信诚走出的优秀人才，也陆续成为行业内其他企业的领军者和骨干，共同培育和推动汽车融资租赁行业在中国的蓬勃发展。

（六）未来展望

汽车融资租赁行业在中国经历了第一个十年的高速发展，现在已从蓝海进入红海阶段，竞争激烈，这个阶段行业势必要经历一个残酷的淘汰过程。汽车融资租赁市场在经过洗礼后将进入更加理性、更加合规、更加健康的第二轮快速发展期。

汇通信诚为快速适应新的市场环境，继续保持在行业中的领先地位，正在全力探索购车"金融 + 服务"的全新模式，不断创新融资租赁方式，同时按照政府部门的监管要求坚持合规经营。

在布局购车"金融＋服务"模式的具体实践上，汇通信诚将继续探索"汽车新零售"业务模式，借助广汇汽车的渠道和车源优势，充分发挥自己的风控优势，坚持稳健发展，把库存车辆与金融服务有机结合，将经销商拥有的车源优势与互联网销售融合，为购车用户提供全方位、全流程的服务，让用户有更好的消费体验，享受到更好的服务和更优惠的价格。汇通信诚希望通过在"金融＋服务"模式上的创新探索，开创一个全新的汽车消费模式，进而引领行业开创新的管理和服务标准，承担更大的社会责任。

二　永达二手车

（一）公司发展概况

永达集团成立于1992年，是一家在香港主板上市的大型集团企业，公司专注于汽车服务产业，包括汽车销售服务、新金融、二手车、新能源汽车等业务板块（见图1），代理保时捷、宾利、阿斯顿马丁、捷豹路虎、奔驰、宝马、奥迪、林肯、沃尔沃、英菲尼迪、凯迪拉克、雷克萨斯等多个国际知名豪华汽车品牌，服务网络遍布全国各地。在行业内较早建立学车、买车、卖车、租车、修车和验车等完整的汽车销售服务产业链，提供新车销售、汽车金融与保险、装潢用品、售后服务、平行进口车、二手车置换与销售、快修连锁、汽车零配件和养护品销售等服务，并通过线上线下一体化全方位的汽车产业链生态圈，打造高效、便捷的汽车生活服务平台。[①]

永达二手车商城以经营中高端品牌二手车零售为主，是提供寄售、金融和保险等全方位服务的二手车交易平台。永达二手车商城通过自建、加盟、收购、合作等多种方式，以江、浙、沪、京、津等地区为主，逐渐覆盖全国二、三线城市。商城希望打造成为品牌化、全国化、全渠道、全产业链的二手车交易网络。永达二手车电商平台于2019年上半年投入运营，初步实现

---

① 资料来源于永达集团官网，www.ydauto.com。

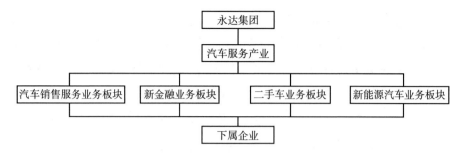

图1 永达集团组织架构

资料来源：永达汽车官方网站。

了在线展示、库存共享、全国销售的功能，并借助渠道的低成本获客优势进行在线引流、线下体验和车辆交付。①

永达集团财报数据显示，二手车板块2019年交易规模为41295台，其中4S店交易规模为33830台。2018年实现销量42280台。目前，永达二手车在全国已经建成了126家二手车零售网点，包括4S店品牌官方认证网点113家及覆盖华东、华北、西南、华南等地的永达二手车官方认证连锁网点13家。

（二）公司发展历程

根据时间历程，永达二手车业务发展经历了以下四个阶段。

第一阶段，起步阶段（1992～2003年）：永达集团于1996年成立旧机动车交易公司。因当时新车业务属于飞速增长过程，加上国内汽车保有量较低，二手车置换业务只是新车销售的配套服务，二手车业务占4S店盈利很小的部分，发展缓慢。

第二阶段，摸索阶段（2003～2006年）：永达集团发现置换需求越来越高，各品牌经销店均开设二手车部门，并于2003年成立了二手车销售公司。公司引入美国认证二手车模式，创立了专属的二手车认证品牌，对于收进二

---

① 资料来源于永达集团2019年中期报告。

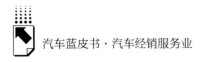

手车进行翻新、提供质保后再进行销售。

第三阶段，发展阶段（2006～2013年）：永达集团开始整合4S店二手车资源，评估人员进行统一编制、二手车车源进批发与零售的分类，并成立二手车管理中心，由集团统一对二手车业务进行规划，从评估、收进、销售等业务环节进行管控，借助厂家的优秀资源迅速发展二手车业务。

第四阶段，稳定阶段（2013年以来）：随着优信拍、车王二手车、开新二手车等电商背景的二手车企业相继出现，永达集团优化二手车管理中心职权，将二手车业务作为独立业务进行运营，提出了"内抓规范，外拓发展"的业务发展目标。对内永达二手车开发全新的信息管理系统，开发移动二手车检测、评估、定价工具，开展二手车评估师培训；对外与优信拍、平安好车、阿里汽车等电商平台成为战略合作伙伴，拓展销售渠道。同时加紧二手车连锁商城布局，使销售渠道畅通。

（三）业务特点

永达集团利用原有的新车销售、售后服务，重视二手车业务投入，希望围绕汽车的消费行为形成一个完整的汽车生态圈，现阶段永达集团在二手车业务方面呈现以下几个特点：一是独立二手车组织框架；二是深度运用互联网技术；三是扩大零售品牌认证二手车。

一是独立二手车组织框架。在新车销售高毛利的时代，二手车业务更多是新车的辅助业务，其目的更多是促进新车成交，因此很多集团都会将其划分至销售条线进行管理。随着新车销售毛利趋稳，在寻求新的利润增长点时，二手车也就成为新的利润爆发点。永达集团一直关注二手车的独立发展，在2013年优化了二手车管理中心，并以市场化原则成立了二手车连锁商城，给予独立资金、独立系统、独立人员进行管理，将集团下属的二手车市场、4S店二手车业务等二手车相关资源进行整合，从而将二手车业务完全从新车业务中脱离出来，优化人员管理及库存管理，实现集团二手车收益的最大化。

二是深度运用互联网技术。永达集团在2013年就已经开始独立使用二手车 ERP 系统进行业务的管控。在评估端 4S 店通过标准的评估标准进行系统录入,由定价中心在后台给出收购指导价;收购后通过集团的拍卖平台,将符合零售标准的二手车拍卖至集团下属具有零售能力的 4S 店和二手车连锁商城,批发车源通过对接各种第三方拍卖平台进行高效处置。同时系统也可以将零售车源通过标准化的车况描述对接自建的电商平台及外部信息发布平台。最终通过一套贯穿全业务的二手车信息管理系统进行日常管理。

三是扩大零售品牌认证二手车。各主机厂都已经推出了本品牌的官方认证二手车,通过提供原厂质保、标准服务,向消费者提供了更加具有诚信度及保障的二手车产品。永达集团作为以中高端品牌为主的经销商集团,在保时捷、宝马、奥迪、沃尔沃、捷豹路虎等品牌方面都已经陆续开展了本品牌二手车的零售,一方面通过厂家完善的认证体系作为零售车源的品牌背书,并利用旗下各 4S 店进行二手车资源调配,保证各品牌二手车车源供应;另一方面利用现有网点以及其他二手车配套服务的天然优势,向消费者提供高标准统一化的服务。

(四)业务流程与商业模式

永达二手车业务包括车源输入、车辆评估收购、车辆整备与销售运营等全业务环节。

在车源上,车辆车源一方面是集团 4S 店的置换车辆,利用永达集团旗下 200 多家 4S 店在全国的布局产生的二手车较为丰富的体量,另一方面充分利用行业发展新出现的市场机会,包括自 2016 年行业开始出现的融资租赁公司,如弹个车、淘车和后来出现的毛豆新车,也包括经营性租赁客户,如神州租车、一嗨租车等。在此基础上永达集团成立专门的二手车连锁经营公司,针对二手车线下零售开展资源整合。获得车源后,对收购车辆进行评估,选择零售车型,其他车辆主要依靠一些拍卖平台进行拍卖。

成立多年以来,永达二手车拥有严苛的质量保证体系,并承诺所有车源均经过 15 大类 178 项严苛检测,杜绝泡水车、火烧车、结构性损伤车辆,所有经过永达二手车认证的车辆可享 3 个月/5000 公里或 1 年/20000 公里质量保障。公司也与第三方机构合作，如德国 TUV 合作进行专业检测，深入排查车辆故障及隐患。

永达二手车整备中心独立于评估收购端和销售门店，用非常严谨的整备工艺，确保每一台出厂车辆符合永达二手车的标准。通过严苛的"15 大类178 项"永达认证二手车检测标准以及透明化的车况信息，解决二手车行业目前存在的车况不透明、信息不对称等痛点问题。

质保体系包括集团的 4S 店以及其他外部连锁售后服务网点。针对索赔等一些服务要求永达二手车也建立了对应的比较完整的售后服务保障体系。

在二手车销售方面，永达二手车借用新车销售的漏洞模型管理客户。针对客户信息进行筛选，并对客户进行区分，进行细化管理。在运营上，永达编制了二手车运营指导手册。针对零售车辆需要达到的标准进行了详细规定，覆盖了永达二手车的所有运营要求标准。

永达二手车通过对国内二手车市场及产业链条的彻底剖析，采用 B2C的商业模式，掌握多方车源，依靠线上引流，线下终端零售网点实现销售，建立"二手车 + 互联网 + 实体店 + 金融"的新的二手车零售商业模式。永达二手车还建立了线上线下一体化的营销服务体系。在线上，永达电商平台推动客户需求和车源的高效匹配，解决车源信息碎片化问题，在线下，永达二手车构建覆盖广、标准化、销售和售后业务完整的零售商城。

（五）企业核心能力

永达二手车核心能力包括三个方面：一是构建了新车销售与二手车有效协同的管理机制；二是专业化、精细化的二手车运营管理；三是充分整合外部资源的优势。

一是充分利用集团优势。

永达集团在经销商经营上有近 20 年的经验，在百强经销商中规模、利润等指标占据前列。这为二手车业务发展提供了非常好的资源基础，为二手车业务发展提供了充足的车源支持和售后服务支持，也为外部合作和赢得消费者信任提供了背书。永达集团的先进管理理念和经验可以渗透到二手车领域，例如 CRM（customer relationship management，客户关系管理）系统可以帮助永达二手车建立非常完整的所有客户的信息链。

从具体业务协同看，4S 店的置换车辆按照市场化原则，通过内部 ERP 系统定价，永达二手车连锁具有相关二手车的优先购买权。无法达到零售条件的车辆将通过外部拍卖平台销售出去。

专业化的二手车零售经营组织架构。国内大多数经销商目前一般将二手车作为事业部，非公司运营化。而永达二手车从 15 年前就采用公司化方式来经营二手车业务，并针对以往的二手车管理风险制定针对性的措施，如车辆通过内部拍卖和外部拍卖方式避免二手车低价出售，通过二手车完整的操作流程、绩效考核、人员培训等工作，实现了对二手车业务的规范管理。永达集团内车辆置换率显著高于行业平均水平。

专业化经营二手车在实际上增强了集团对二手车业务的理解，提高了对二手车资源利用的水平，最大化降低了相关车辆的处置风险。与此同时也避免了一些企业在二手车业务上存在的不同部门由于理解不同以及利益关系造成的相互扯皮现象，降低了管理成本。由于有了专业的二手车团队，经销商真正具备了二手车集中定价的能力，在二手车相关牌照、物流等方面的资源挖掘或者获取上拓展了更多的业务空间。

二是精细化运营管理。

永达二手车在二手车全业务链条上都在追求管理精细高效。

永达二手车连锁商城由总部运营中心及定价采购中心对各区域库存通过库存时间预警机制、强制平仓机制、库存周转奖惩机制等方法进行强管控，保证库存资金安全。同时通过定价采购和销售端捆绑的考核机制，合理保证了每一辆二手车奖惩分明，明确了各自的工作分工。线下各门店都有明确的目标管理，不仅考核数量及利润，同时通过销售漏斗，对于线上线下获客、有效线索转化、订单转化等每个月都有明确的 KPI 考核。

在零售认证上，依托公司自身和德国第三方机构认证，永达二手车对收购车辆的车龄、里程、车况、维保情况等有着严格的把控，充分保证车源质量；进行统一的定价采购，结合大数据运用对收购端及销售端进行精准报价支持、地区差异化分析，进行车源属地化分配，达到车源高效配置。

永达二手车培训发展部针对旗下所有直营和加盟商城进行人员上岗培训及技能提升辅导，并对日常运营进行过程指导与评价，对运营结果进行多维度评估与修正；运管中心及CRM基于大量数据，进行网络化的数据分析，针对地区差价、客户偏好、商城运营指标等给出数据支持及建议，实现零售终端利益最大化。

永达二手车拥有超过150家内部服务网点（涵盖宝马、大众、别克等中高端品牌）以及约200家外部连锁售后服务网点；提供3个月5000公里质保、工时材料费折扣、上门接送车、7×24小时售后救援及抢修等服务。永达二手车的业务布局可以覆盖整个用车生命周期，完善的线下服务体系使车主可以一站式享受到金融、售后、延保等方面的服务。

三是很强的资源整合能力。

永达二手车连锁商城非常重视与外部企业间的合作共赢，近年来在与外部资源合作上进一步深入，生态体系逐步丰富。通过与经销商组建合资公司，开始进行外部4S店的资源整合，从而实现整个中国的零售化布局。另外，主机厂以及租赁公司批量采购的车，为各网点进行优质稳定车源的输送。2019年底，永达二手车与上汽通用和上汽大众正式合作，后者授权永达二手车作为其首家4S店体系外独立零售卖场，并获得官方认证二手车资质。

（六）发展规划

未来，永达集团将会持续加强4S店渠道的二手车展厅置换和保有客户升级置换，实现业务的持续增长；通过集团投资的B2B拍卖平台，将非零售车辆进行高效处置；不断提升二手车管理系统，实现二手车业务和财务一体化高效管理。

同时，借鉴成熟市场的经验和做法，永达集团在二手车业务上通过4S

店和二手车连锁商城两个线下渠道,共同打造一个线上电商平台,积极探索打造二手车"新零售"商业模式,实现线上线下结合的全渠道业务格局;完善基础业务能力,实施标准流程管控,投入更多资源在线上能力建设,借助永达二手车现有渠道优势实现线上引流、线下体验,从而带给客户更好的体验,促进零售业务的进一步升级。

三 车好多集团

(一)企业概况

车好多集团,是国内重要的汽车消费服务一站式平台,旗下拥有瓜子二手车、毛豆新车、瓜子养车、车速拍四大主力品牌,瓜子金融、车好多保险、瓜子租车三大协同业务,为用户提供新车和二手车交易服务、汽车金融、售后保障、汽车维修保养等全产业链服务,一站式满足用户汽车全生命周期的所有需求。

2015年9月27日,瓜子二手车上线;2017年10月,瓜子二手车将公司升级为车好多集团,同时宣布推出基于融资租赁模式的汽车新零售平台——毛豆新车,至此,车好多集团拥有瓜子二手车、毛豆新车两个独立品牌,并实行双品牌运作;2018年6月,瓜子养车开始布局,专注汽车维保服务,完成业务生态闭环。基于大数据与人工智能技术,车好多集团构建了围绕汽车消费服务产业的AI生态,致力于通过技术推动产业升级,提升产业效率与用户体验。截至2019年底,车好多集团业务遍布全国200多个城市,累计获得发展资金38亿美元,是融资最大的汽车消费服务平台之一。主要投资方包括软银愿景基金、红杉资本中国基金、H CAPITAL、腾讯、经纬创投、DST Global、山行资本、今日资本、云锋基金、招银电信新趋势股权投资基金、方源资本、GIC、工银国际、IDG资本等。

车好多集团经过多年发展,建立了一整套完善的标准化服务流程,技术、业务、团队等基础设施的建设也逐步完善,具备了定价、检测、整备、金融、保险、物流、交付、售后保障等服务能力，带动了行业的变革和发展，增强了消费者信心，提高了二手车行业服务水准。同时，瓜子二手车积累了海量的端到端业务数据，这些数据为瓜子二手车对车辆的定价、流转效率预判等打下了真实可靠的基础，推动了"瓜子价"的建立以及瓜子二手车对于车源流转的高效智能决策，并在此基础上，实现更低的金融坏账率、更完善的售后服务，以及对用户需求更深入的洞察。在服务承载方面，瓜子二手车及兄弟品牌毛豆新车、瓜子养车等构成了覆盖全国的线下网络，加之在金融、保险、物流、养车等领域的能力，能够有效提升各业务线的协同效率并降低成本。

（二）二手车业务发展情况分析

车好多集团旗下二手车业务——瓜子二手车，成立于 2015 年 9 月，致力于用创新重塑二手车业务，为用户创造更大的价值。瓜子二手车为用户提供二手车检测定价、居间服务、汽车金融、售后保障、维修保养等一站式服务。截至目前，瓜子二手车业务覆盖全国 200 多个主流城市。

2017 年 3 月，除上门直卖服务外，瓜子二手车推出新零售业务——瓜子二手车严选直卖店，以解决 C2C 单一模式所带来的交易效率相对较低、成本较高等短板。2018 年 9 月 16 日，瓜子二手车第一家超大规模严选店落地沈阳，瓜子二手车进入线上线下一体化的新零售阶段，构建线上线下高度融合的一站式新消费场景，瓜子二手车严选直卖店陆续在将近 100 个城市落地。瓜子二手车严选直卖店为卖家提供实车寄售，为买家提供一次多看、一站购车的综合服务，提高交易便利性，在技术能力的助力下推动服务效率与用户体验的优化升级。

面对跨地交易需求日益增加，国内二手车供给不均衡，三、四、五线城市供给不足、不丰富等问题，瓜子二手车于 2019 年 3 月推出全国购业务，通过 AI 技术和大数据分析，让卖家能够以更高效率和更优质价格售出车辆，买家能够享受来自全国的丰富车源与跨区域比价购车带来的实惠。作为与瓜子二手车严选直卖店高度协同的跨区域二手车交易服务，瓜子全国购基于透明服务费与物流费，提供包括二手车交易、金融、跨区域流转及售后保障等一站式服务。瓜子全国购打破了传统二手车交易的区域价格壁垒，加速二手车在全国范围内的流通，促进二手车行业商业模式的创新。

2019年9月，瓜子二手车全国购上线开放平台，接入符合标准的第三方商户，扩大了服务范围。通过开放平台，将市场中一些优质车商的车引进来，构建了另一条车源供给通道，满足用户多样化购车需求，并向行业输出检测、定价、AI智能应用、金融、保险、物流、交付等技术和服务能力，引领二手车行业由分散经济向平台型经济转型发展。

2019年12月16日，瓜子二手车宣布推出"质量革命"行动，在不增加用户成本的前提下，全面严控车源，增加车辆检测技术、整备投入，加大售后保障力度，车均投入3000元用于车辆品质及服务保障升级，为消费者提供大幅领先行业水平的服务品质与用车保障，推动行业信任升级。

（三）毛豆新车业务

毛豆新车，成立于2017年9月，是以线上数据和技术驱动、线下毛豆新车店深度服务相融合的一站式汽车新零售服务平台，致力于满足中国消费者日益增长的汽车消费与使用需求，为消费者提供低门槛、灵活多样、省心省力的创新型用车服务。

毛豆新车店遍布全国200余个城市，深度下沉至四、五线城市。通过模式、渠道与产品技术创新，毛豆新车满足了全国消费者不同层级的汽车消费服务需求，提升了消费者工作与生活的品质。对于用户来说，毛豆新车可以轻松实现线上高效选车、线下便捷对接；对于主机厂商来说，可以有效节约成本，并实现渠道快速下沉。

截至目前，毛豆新车已与几十家主流的汽车品牌商建立合作，覆盖百余个主流车型，并在长春、石家庄、成都、东莞、南京等城市建立了线下中心仓。毛豆新车所代表的汽车新零售平台的崛起，正在助力汽车主机厂商开拓新用户和新市场，构建汽车消费增量市场，改善汽车供给模式，加速拉动中国汽车消费升级。

（四）养车与租车业务发展

随着车好多集团交易模式的不断探索，瓜子二手车、毛豆新车业务同步进行，车好多集团发现，只做交易无法为用户解决后顾之忧，于是在2018年车好多集团推出瓜子养车。

瓜子养车作为车好多集团旗下的专业养车服务平台，旨在为用户解决汽车保养、轮胎更换、洗车美容，以及更换机油机滤、刹车片、电瓶、雨刷等养车难题，服务门店现已覆盖全国64个城市。瓜子养车可以一站式解决用户买车后的保险、保养、维修等问题，降低用户成本，为用户打造完整链条，使购车的后续问题得到保障。

（五）核心能力

为有效解决二手车行业信息碎片化、匹配方式原始、关键信息不透明、非标品、定价难等问题，瓜子二手车以大数据和人工智能技术赋能，通过"互联网＋"的模式对传统二手车行业面临的痛点问题进行了积极有效的探索：实现了二手车非标品的标准化检测评估与标准化智能定价；通过在产品、服务和智能技术等方面的持续创新，大幅度降低了用户新车消费的门槛；通过对二手车、新车、养车的布局，形成了汽车消费的一站式服务闭环场景，实现了线上线下打通、数据驱动业务、业务相互协同拉动，构建了汽车消费产业的新零售生态。车好多集团经过多年发展，在技术层面、数据能力、基础设施等多方面积累了自己的优势，凭借着对行业的不满足与专业、强大的团队，在领域内形成了自己的核心能力与优势。

1. 智能定价

瓜子二手车建立大数据分析团队，通过AI技术，基于海量的交易数据，积累超过千万车辆信息与3亿车主和潜在买家的基因库，结合车辆的真实车况、海量真实成交数据、市场供需情况等2000多个维度推出智能化定价——瓜子价，基本实现客观、公允和可信赖。通过AI和大数据技术评估的二手车价格，在数据维度和精度方面远超评估师人工定价，同时也可避免人工定价基于个人主观因素的干扰，实现超越人工定价能力的精准定价。

2. 智能检测

传统二手车检测依靠人力根据主观经验决策车况，不可追溯。瓜子二手车将检测解构为采集、分析、决策三个环节，每个环节利用数据和智能算法设备进行深挖。在采集端，通过研发智能眼镜确保采集图片和视频的真实客观性，同时通过整合 OBD 数据、保养数据和出险数据等第三方数据库数据，综合判断车况；在分析领域，通过人员能力模型提升车况判断专家的经验，通过 AI 图像识别技术在自学习基础上实现损伤识别，并通过自动漆膜仪学习大规模车型数据，判定钣金喷漆情况及易损耗部件情况；在决策方面，设计专家会诊模式，同时通过风控和互助体系赋能决策效果，确保对重要部件和易错部件评估的决策质量。

3. 智能管理

根据镜像理论，瓜子二手车通过智能硬件与数字化业务体系，采集人员行为、车辆、场地、交易等数据，打造现实世界的数据镜像，并基于人工智能技术实现智能决策反馈于线下，提升效率及用户体验。比如通过智能钥匙柜和智能摄像头，可以准确反馈严选店的带看情况并精确描述客户需求；通过 RFID 车辆盘点和智能闸机可以做好库存车辆盘点，保证车辆安全；所有业务人员的工作分配、调度，都是系统自动完成。AI 技术对瓜子人货场进行了重构和服务数字化，应用大量的智能硬件、图像识别、语义识别、结构化收集和处理等方式，实现对整个服务体系的监控，确保服务质量。

（六）发展规划

瓜子二手车目前是二手车电商平台的头部企业之一。2019 年 1～6 月，瓜子严选营收同比增长 207%，2019 年第四季度实现集团整体盈利，成为国内首家实现盈利的汽车消费服务平台，在车市下行的背景下逆势大幅增长。瓜子二手车 AI 技术的日趋成熟和逐步推广，对于推动传统二手车行业升级、提高二手车市场用户覆盖面和接受度、规范化二手车市场具有很强的推动作用。

车好多集团通过制定三年规划，对集团整体交易额、交易量、利润等方面进行预算与规划，以实现业务的高质量增长与发展。2020年车好多集团将致力于从用户需求出发，破除用户痛点，提升行业效率；通过数据技术创新驱动，打通各生态业务，重构汽车消费全行业的基础设施与服务链，推进汽车服务消费高质量发展；发挥集团生态力量，协同发展，以集团化作战去提升整体效率，产生收益。

车好多集团认为在二手车业务上，严选店模式、全国购模式、开放平台模式均有很大的提升空间。瓜子二手车正在打造从车源端、检测端再到保障端全方位保障体系，将车源质量与服务保障提升至全新高度，引领行业发展由价格驱动向品质驱动转变，更好地为用户创造价值，引领车况透明化发展，更重要的是建立行业信任，带动行业价值升级，推动行业实现信任升级，使之成为中国汽车流通领域的主流模式。

未来，毛豆新车将继续全面服务汽车消费下沉市场，为用户提供低门槛、灵活多样、省心省力的创新型用车服务，在助力汽车主机厂商开拓新用户和新市场的同时，努力构建汽车消费新增量市场，改善汽车供给模式，加速拉动中国汽车消费升级。

同时，车好多集团希望与经销商加强合作，对部分经销商进行扶持，将自己的能力开放、赋能给经销商，一起将行业做大，实现双赢。

四　铛铛新能源汽车

（一）企业发展概况

杭州铛铛科技有限公司成立于2019年12月，由"和谐修车"和"北京智联新能源公司"合并成立。公司的主要业务包含新能源汽车销售和维修、豪华汽车售后维修以及出行市场车辆售后服务等。

公司独立售后业务创立于2013年，为奔驰、宝马、奥迪等豪华品牌汽车车主提供综合维修服务。此后，公司成为国内首批专注于新能源汽车售后服务的企业，在电动车维修方面拥有丰富的售后经验及成熟的设备设施，拥有特斯拉和蔚来汽车中国首批技术认证和一大批符合美国 ASE 技师认证标准的专家技师团队。

铛铛新能源汽车目前获得 7 个新能源汽车品牌授权，共有 45 家网点；15 家新能源汽车售后授权，共有 44 家网点。铛铛新能源汽车目前是新能源汽车经销服务领域最大的运营集团之一。铛铛新能源汽车在国内最早采用"中心店 + 社区店"的专修连锁经营模式，其营业网点覆盖全国 18 个省份的 33 座城市。

在中国汽车售后服务领域，铛铛新能源汽车形成了新能源汽车销售及维修、豪华汽车维修和出行服务三位一体的产业布局。铛铛新能源汽车也在融合前沿互联网技术，借力一线电商平台，为线下实体维修网络大力引流，在提升销售及服务效率的同时，努力为用户带来全新的互联网汽车购车体验及维修服务。

（二）铛铛新能源汽车发展历程

铛铛新能源汽车前身是和谐集团上市后的独立售后项目——和谐修车，立项于 2013 年 8 月。2014 年，取得特斯拉独家授权钣喷业务，进入新能源汽车售后维修服务，随后布局了平行进口车以及开展电商布局。2015 年 12 月，启动"和谐快修"社区店项目，形成"中心店 + 社区店"的服务模式。2017 年 7 月，收购上海极点科技。2018 年 5 月，收购秒车间。2019 年 12 月，和谐修车和北京智联新能源公司合并为杭州铛铛科技有限公司。

（三）铛铛新能源汽车的业务布局与商业模式

铛铛新能源汽车已经形成包括新能源汽车销售及维修、豪华汽车维修和共享出行服务在内的全方位产业布局。通过 N×3 的创新商业模式实现三块业务的融合。

铛铛新能源汽车 N×3 商业模式主要思路是通过三块具备发展潜力的业务，以前店后厂的模式实现物理空间上的聚合，保障收入回报。"N"是指新能源汽车销售，特别是造车新势力的产品，包括 N 个品牌。目前以 1~2 个新能源汽车品牌为主。"3"是指新能源汽车售后维修、豪车汽车售后维修以及共享出行车辆售后服务（见图2）。公司希望能够让新出行业务的流水收入覆盖店面的固定费用，豪华车辆维修的良好客户基础承担变动费用，新能源汽车维修打通用户的联系并建立用户黏性。前店的 N 个新能源汽车品牌销售创造的价值将成为公司的纯利润。

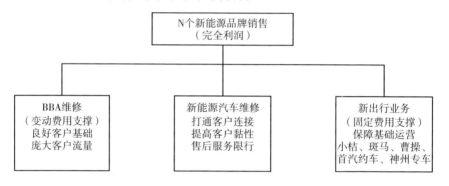

图 2　铠铠新能源汽车 N × 3 商业模式

资料来源：根据杭州铠铠科技有限公司资料绘制。

新能源汽车板块，公司定位为品牌方与用户之间的桥梁，以实现两端最佳契合。截至 2019 年底，公司获得新能源汽车品牌授权共计 7 个，涵盖造车新势力及传统汽车新能源车型；总授权销售网点达到 45 家；授权城市分布在全国 24 个城市，涵盖 14 个省份，包括 13 个一、二线城市与 11 个三、四线城市。

铠铠新能源汽车早在 2014 年就积极布局新能源汽车，是全国第一批专注于新能源汽车售后服务的企业，目前已经建立满足造车新势力新零售生态需求，提供覆盖新能源汽车全生命周期的售后服务。依据企业先发优势，铠铠新能源汽车构建了属于自己的"护城河"，拥有专业的技术团队，具有碳纤维修复能力认证、拥有电池维修认证等技术执照，每个店拥有两名以上获得电工执照的电工，形成行业领先优势。

在豪华汽车售后服务板块，采取"中心店＋社区店"的专修连锁经营模式，全国58家店面为车主提供智慧养车新服务。通过社区店既可以为中心店进行良好的导流，又可以对主营业务进行梳理。但由于对社区店位置要求较高，投资回报率与产值较低，社区店虽具备导流功能，但公司未将其作为发展重点，仅是盘活现有社区店。

铛铛新能源汽车与共享出行运营商合作，承接维修业务。铛铛新能源汽车是首汽约车、小桔车服、曹操出行和神州专车等多家网约车运营平台旗下车辆的定点维修、保养的合作供应商。铛铛新能源汽车为网约车车主解决了回4S店维修所面临的众多痛点，对B端业务，集中关注，并设置专门店面用以维修网约车，满足网约车车主对速度、时效的要求，网约车业务占比为20%~30%。

铛铛新能源汽车提出"一新三多"战略（新能源、多品牌、多模式、多触点）。新能源方面将聚焦经营新能源汽车销售、服务及延伸业务，尽早在汽车市场里的最高增长板块扎根，迎接市场红利；多品牌方面将继续保持经营最全最多的新能源汽车品牌，快速占领主要的新势力品牌授权业务，构建在新能源汽车零售行业里的先发优势与领导者地位；多模式方面将革新传统汽车营销渠道体系，采取多样的营销模式，建立灵活的营销渠道，快速在全国范围内核心高增长市场建立业务网点，建立4S店、高级商场展厅、独立品牌中心、汽车商圈展厅、展厅+售后搭配、综合品牌展厅，以及流动销售模式，加快渠道下沉；多触点方面则计划通过提供多样化的服务以囊括客户购车与出行的不同需求，积极拓展新能源充电、新出行及其他延伸业务，拓宽售后服务的业务范围，以达至全方位服务链，提供全生命周期的客户服务。

（四）铛铛新能源汽车的优势与能力

铛铛新能源汽车取得成功，主要源于四个方面。

1. 充分利用集团资源优势

铛铛新能源汽车最大股东——和谐集团在豪华品牌领域深耕多年，拥有奔驰、宝马、奥迪等十五个品牌，全国约百十家店，因此铛铛新能源汽车具有极大的灵活度、低成本（零部件较4S店低30%左右）、专业技术等集团

优势。

和谐集团拥有众多豪华品牌授权，铠铠新能源汽车使用零部件全部为正品，而非同质件、拆车件，同时拥有众多德国奔驰、宝马、奥迪认证技师，这也是铠铠新能源汽车与同行品牌连锁企业最大的区别。大多数同行品牌没有 4S 店的资源背景，缺少官方认证体系，而铠铠新能源汽车自成立时就打造品牌认证体系与技师认证标准，公司参考美国 ASE 技师认证标准，塑造符合和谐集团发展标准的技师认证体系，并组建飞行技师与专家技师团队。

同时，铠铠新能源汽车在新能源售后维修领域拥有专业的技术团队与售后技术。和谐集团具有特斯拉中国地区首批技术认证人员、NIO 蔚来汽车中国地区首批技术认证人员、丰富的（4S 店）PDI 新车检测经验，具有碳纤维修复能力认证执照，也是中国第一批宁德时代认证的电池维修企业，拥有众多获得电工执照的电工，这使铠铠新能源汽车在新能源售后领域具有显而易见的优势。

2. 持续追求用户满意

铠铠新能源汽车将服务好用户作为一切工作的中心，特别关注客户满意度与客户流失数据。为此公司推出零部件两年质保政策，在铠铠新能源汽车更换零部件（不包含外观件）两年内出现问题享受免费更换。同时公司强调一次性修复率考核，依据供应体系优势，对本该修好却一次性未修好情况予以免单。这个政策是汽车售后服务领域的标杆，也是铠铠新能源汽车品牌打造的核心。

3. 战略创新与模式创新能力

铠铠新能源汽车紧跟汽车行业发展大势，持续创新，能够抓住汽车行业转型大潮中的发展机会。公司首创"中心店＋社区店"的专修连锁经营模式，这一模式将效率与服务体验非常完美地结合在一起，交叉弥补了 4S 店服务用户中的空白点。

公司先于其他企业进入新能源领域与共享出行领域，面向新的产品和用户需求建立创新的售后服务体系，这也为铠铠新能源汽车未来可持续发展奠定了非常好的基础。

公司大胆尝试新零售业务，坚持线上线下一体化运营。铛铛新能源汽车以"线上销售＋到店服务＋线下体验店"为运营模式，该模式弥补了传统4S店建店周期长、成本高、覆盖半径有限的弊端，并且顺应创新新能源车企对于客户服务体验的高标准要求。

4. 现代化的管理能力

管理水平是科学战略与优质服务理念落地的保证，铛铛新能源汽车非常重视科学管理与现代化管理，运用先进理念和技术提升公司管理能力。

在组织管理上，铛铛新能源汽车原先采用扁平化管理，总裁下设销售、售后、市场、CRM等众多职能部门。在这样的模式下，集团对接各个店面，店面诉求流程过长、过慢，并且没有人承担责任，效率低下。2020年，铛铛新能源汽车调整实行战区制，依据区域划分为华北、华东、华南、华中四个战区。在责权利落实到位的情况下，将权力下放给各个战区以实现精细化管理，并进一步促进区域协调，改善管理半径与时效，提升客户服务质量。

铛铛新能源汽车还非常重视标杆管理、KPI和平衡积分卡等管理方法的创新应用。公司建立了全业务流程的涵盖100多个指标的管理对标体系，如一次性修复率、两小时交货率、零部件及时供应率、客户满意度等，通过这些指标不断提升公司的管理效率。

铛铛新能源汽车还参考DMS经销商管理系统开发了独立售后管理系统。为了做好相关业务，公司于2017年收购上海极点科技，要求其开发服务铛铛新能源汽车业务的SAAS系统，对各门店数据、进销存、客户管理起到支撑作用，实现前后端贯通的信息化体系与精准营销、精益管控、高效协同。对每个门店的数据、进销存、客户管理等起到支撑作用（见图3）。

（五）铛铛新能源汽车发展规划

在铛铛新能源汽车1.0模式下，公司主要根据连锁体系拓展战略，将自身核心优势转化为核心产品，打造原厂配件样板售后店，输出标准，布局全国网点，招商加盟。规划目标为2021年建店120家，2022年建店30家，共计150家。铛铛新能源汽车规划继续加强与汽车相关行业的跨界合作，并力

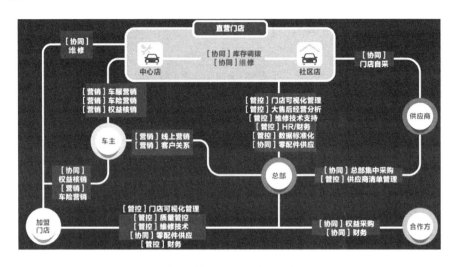

图 3　公司 SAAS 系统示意

资料来源：根据杭州铛铛科技有限公司资料绘制。

争于 2022 年启动 IPO。

未来三年左右，铛铛新能源汽车 2.0 模式的主要目标是建立线上"铛铛车世界"，实现线上线下业务一体化发展。铛铛新能源汽车计划借助和谐集团优势以及自身整合资源的能力，通过线上 App 将自主权还给客户，以扩大流量，进一步涉及保险、新车、充电、加油，甚至是租赁业务，并融入社交元素以提高活跃度。

未来五年左右，铛铛新能源汽车将进入 3.0 模式，主要是导入人工智能，加紧对智能网联汽车领域布局，并导入区块链技术，实现点对点直接交互、高效率、大规模和无中心化作业。规划目标是 150 家社区店、350~500家加盟店。

五　苏宁汽车

（一）企业概况

苏宁汽车隶属于苏宁集团、总部设在南京，是苏宁易购旗下满足消费者一站式出行服务的销售平台，打造的是智慧零售模式下的汽车生态圈。苏宁汽车开放共享苏宁集团的数据云、物流云、金融云并赋能合作伙伴，利用线上线下双渠道优势和强大的互联网技术，打造以品牌推广、产品销售、用户体验、数据整合、会员运营于一体的全方位线上线下的创新营销模式。

2017 年以来，苏宁汽车业务涵盖乘用车、商用车、二手车、特种车、电摩、车品、飞机、游艇租赁等及二手车检测、延保、金融、保险、后市场服务等。线上拥有 1 个汽车综合频道和新车、二手车、后市场 3 个子频道，有超过 45000 家服务店入驻苏宁汽车，线下门店有苏宁汽车广场、电摩超市、苏宁车管家门店。

（二）苏宁汽车发展历程

苏宁集团以消费者为中心，致力于为消费者提供衣食住行全方位一站式服务。随着消费者观念的不断变化，苏宁集团也在不断地转变，尝试新型消费，打造母婴、电影院、百货和体育等的新型商业广场。基于发展整体战略，2017 年 7 月，苏宁集团开始尝试成立全国第一家苏宁易购汽车超市。11 月，正式宣布成立苏宁易购汽车公司，以公司化形式独立运作汽车业务。

此后，苏宁汽车不断修正和完善自身的商业模式，构建了与主机厂等合作伙伴更密切的商业合作模式。2017 年 10 月，苏宁汽车联手拜腾汽车，2018 年 11 月，苏宁易购与一汽轿车达成战略合作，2019 年 2 月，苏宁汽车与华晨汽车集团正式签约。利用苏宁集团的优势，苏宁汽车为多家汽车品牌提供技术和数据支持，并在品牌推广、渠道建设、产品销售、金融业务、汽车智慧零售等领域展开深入合作。2020 年 1 月，苏宁汽车与上海上汽大众销售有限公司就斯柯达品牌合作签订了战略合作协议，开启了斯柯达品牌自营销售模式。

（三）苏宁汽车商业模式

苏宁汽车目标是满足苏宁用户出行需求，打造适合苏宁的、迎合汽车市场的、深具价值的汽车产业全服务综合平台。其商业模式是以方便消费者出行为中心，依托于苏宁集团丰富资源，建立苏宁易购线上频道、线下汽车广场，为汽车品牌提供智慧零售解决方案。苏宁汽车以全新的"1＋1＋X＋Y"模式，辅助合作伙伴，实现 O2O 全渠道、全方位的业态覆盖。其中"1＋1＋X＋Y"的模式含义如下。

第一个"1"是指品牌及现有渠道，覆盖品牌方 4S 店、旗舰店、城市展厅等。

第二个"1"即以旗舰店为主的线上社交平台。依托自有社交平台比如苏小团、推客等以及合作社交平台比如多麦、返利、花生日记等进行线上推广，日均流量超过 100 万，大促期间日均流量超过 300 万。

"X"代表漏斗形渠道模式。

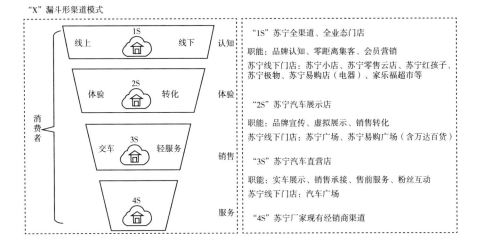

图 4　苏宁汽车"X"漏斗形渠道模式

资料来源：根据杭州铛铛科技有限公司资料绘制。

"X"漏斗形渠道模式，包括从 1S 到 4S 的全渠道，四类渠道承担不同使命：

1S：依托苏宁全渠道全业态门店，以广播、物流、标贴、厂家海报地贴等物料进店宣传，使顾客驻足浏览，以获得顾客资料，进一步跟进；

2S：有展车，进行品牌宣传，但是不能交车，进一步跟进有效客户；

3S：实车展示，实现销售承接、粉丝互动等；

4S：为现有整车经销商渠道模式。

"Y"指全业态赋能。利用苏宁全业态的资源，线下不同门店的场景，以及推客、拼购、苏小团等创新社交营销模式对汽车进行赋能，协助厂家做低成本获客，帮助厂家来销售车辆，最终实现品牌推广、活动曝光、产品销售。

图5　"Y"全业态赋能

资料来源：根据杭州铛铛科技有限公司资料绘制。

（四）苏宁汽车相关业务

苏宁汽车的具体经营板块涵盖了整车、二手车、摩托车和电动自行车、车品、汽车后市场服务等，其中整车包括乘用车、商用车、特种车、平行进口车、汽车融资租赁、飞机等业务。

后市场产品是最早的苏宁汽车产品，类似于苏宁销售模式，线上直接采买。与服务网点合作，解决售后服务问题，更好更便捷地服务于消费者。

苏宁二手车业务，以加盟合作为主，与多企业合作，重度合作，深度合作。苏宁汽车有战略合作鉴定机构，将鉴定机构当地化，为二手车的质量提供保障。

在汽车融资租赁方面，目前苏宁汽车已经合作的服务商为平安车管家、毛豆新车、妙优车、51车等。苏宁入局汽车市场，在汽车金融领域有着天然的优势，苏宁金融作为苏宁三大板块中的重要板块，将与苏宁汽车业务全面打通，在整车分期及付款流程等方面配套提供相关服务，同时加上灵活的资本运作，发展空间巨大。

（五）苏宁汽车的优势

苏宁汽车最大优势在于背后依托的苏宁集团。苏宁集团拥有众多关联产业，苏宁汽车可以依托苏宁集团多资源的优势进行线上线下推广，如苏宁集团中的体育产业，比如 PP 体育、江苏苏宁和国际米兰足球队等资源，体育与汽车业务的强关联可以让苏宁汽车业务拥有更多资源整合机会。再如苏宁易购目前已在全国各级市场开设 13000 家门店，从一、二线城市的苏宁生活广场、苏宁云店，到三、四线城市的苏宁零售云，可帮助苏宁汽车业务尽快下沉到各个渠道，接触到更多用户。

相较于传统 4S 店，消费者可以在苏宁汽车广场所在的城市核心地带实现一站式选购汽车。苏宁汽车在经营的两年时间，已经形成了较好的线上流量导流，同时线下汽车业务包括整车销售、二手车、养护用品、保养售后和融资租赁等服务，为用户提供家门口的一站式出行服务。

（六）未来规划

2020 年苏宁汽车将围绕整车、二手车、后市场三大板块开展。整车将坚持"1＋1＋X＋Y"智慧零售模式，突破传统 4S 店的经营方式，整合苏宁集团的资源，实现低成本高效率，推动整车交易再上一个新台阶。二手车将大力推广加盟易好车品牌模式，通过品牌背书打造品质二手车的概念，通过用户赋能给加盟商带来更多流量，通过检测、延保等带来更多的附加值，并优化用户交互和加盟商的管理系统，实现最终成交。后市场方面，将从产品销售转变为产品服务，打造苏宁车管家这个服务品牌。搭建并完善客户系统，制定行业服务标准，以透明化的服务满足用户需求。最终，苏宁汽车将打造出苏宁特色的一站式出行服务平台。

借 鉴 篇

Reference Reports

B.12
美国汽车经销服务业发展概况及
政策分析

杨一翁　许广健　陈海峰*

摘　要： 2018 年，美国汽车经销商售出 1722 万辆轻型汽车，新车销售额超过 1 万亿美元。美国乘用车销量近年来趋于下降，2018年降至 5304347 辆。新能源汽车销量增长迅速。平均每家汽车经销商的净利润趋于下降。整体来看，美国汽车经销商行业十分健康。分业务来看：新车销量有所下降，且盈利越来越困难；二手车销量逐年缓慢提升，且处于略微盈利状态；

---

* 杨一翁，北方工业大学汽车产业创新研究中心副教授，研究方向为汽车产业发展、品牌管理；许广健，中国汽车技术研究中心有限公司中国汽车战略与政策研究中心汽车流通与后市场政策研究室中级工程师，研究方向为汽车流通与产业；陈海峰，中国汽车技术研究中心有限公司中国汽车战略与政策研究中心汽车流通与后市场政策研究室副主任，高级工程师，研究方向为汽车流通和后市场。

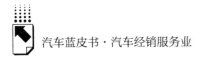

服务、零部件和维修保养的销售额迅速提高，且盈利能力强。汽车金融渗透率基本保持稳定。2018 年美国汽车经销商的新车、二手车、服务与零部件三项业务的销售额占比分别为：57.3%、30.8%、11.9%，毛利额占比分别为：27.8%、24.9%、47.3%。

关键词： 汽车销量 二手车 汽车金融 利润

一 美国汽车经销商发展概况

美国汽车经销商经历了"大、中、小经销商并存—大型经销商兼并中小型经销商—集团化发展"三个阶段，经营理念经历了"追求规模扩大—追求利润最大化—注重自身品牌形象的打造—可持续发展"四个阶段。

（一）发展概述

根据美国国家汽车经销商协会（NADA）发布的 2018 年《美国特许汽车经销商年度财务状况》报告，2018 年，美国共有 16753 家特许轻型汽车经销商，共售出 1722 万辆轻型汽车，[①] 其中乘用车 530 万辆；新车销售额超过 1 万亿美元，平均每家汽车经销商的销售额为 6123 万美元；经销商共发出超过 3.1 亿份维修订单，服务与零部件销售额超过 1160 亿美元。美国轻型汽车保有量为 2.64 亿辆，每千人汽车拥有量为 837 辆，排名世界第一，平均车龄为 11.8 年。[②]

根据美国 InsideEVs 网站统计，2018 年美国创纪录地销售了 36 万辆纯电动车和插电混动车，同比 2017 年的 20 万辆增长 80%，再创历史新高，

---

① 轻型汽车包括乘用车与轻卡。
② 数据来源于 IHSMarkit、世界银行。

新能源汽车渗透率达 2.1%。

根据美国劳工统计局、美国国家汽车经销商协会（NADA）的数据，2018 年美国汽车经销商的雇员人数为 1136600 人，平均每家经销商雇员人数为 68 人。汽车经销商为当地社区的就业做出了巨大贡献。美国所有汽车经销商的工资支出为 665.4 亿美元，单店工资支出为 396 万美元。汽车经销商从业者的平均周薪为 1134 美元，明显高于其他零售行业，是所有行业中薪酬最高的职业之一。

2018 年，美国汽车经销商的平均销售额略有增长，而新车销售利润率自"大萧条"以来一直在下降。与其形成对比的是，自 2009 年以来，汽车经销商的服务与零部件销售额以平均每年 5.5% 的速度增长。

2016~2018 年美国平均每家经销商轻型汽车销售情况如表 1 所示。

表 1　2016~2018 年平均每家汽车经销商轻型汽车销售情况

单位：美元，%

项目	2016 年	2017 年	2018 年
销售额	59590891	59672779	61230794
毛利额	6771320	6795692	6881072
毛利率	11.4	11.4	11.2
税前净利额	1466799	1394756	1358240
净利率	2.5	2.3	2.2

注：毛利额包括销售成本，但不包括销售费用与广告费用；税前净利额 = 毛利额 - 费用额 + 营业外收入 - 营业外支出。

资料来源：美国国家汽车经销商协会（NADA）。

由表 1 可见，2016~2018 年，美国汽车经销商销售额略有上升，主要是因为汽车平均零售价的提高；毛利额与毛利率维持稳定；税前净利额与净利率略有下降。整体而言，美国汽车经销商的销售情况比较稳定。

（二）销量、销售额和库存

1. 销量

2007~2018 年美国乘用车销量如表 2 所示。

表2 2007～2018年美国乘用车销量

单位：辆

年份	乘用车销量
2007	7618400
2008	6813550
2009	5456300
2010	5635400
2011	6089300
2012	7242800
2013	7582500
2014	7688900
2015	7525023
2016	6873158
2017	6079584
2018	5304347

资料来源：美国权威汽车杂志 WardsAuto。

根据表2，绘制2007～2018年美国乘用车销量趋势，如图1所示。

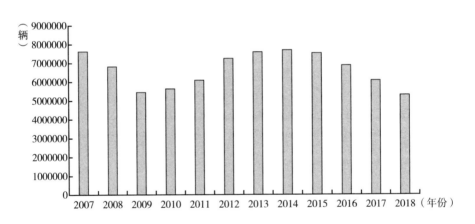

图1 2007～2018年美国乘用车销量趋势

资料来源：美国权威汽车杂志 WardsAuto。

由图1与表2可见，美国乘用车销量在2014年达到顶峰7688900辆之后，近几年逐年下降，尤其是2016～2018年下降幅度较大，2018年降至5304347辆。

2. 销售额

2011～2018 年美国汽车经销商的总销售额如图 2 所示。

图2　2011～2018 年美国汽车经销商总销售额变化

资料来源：美国国家汽车经销商协会（NADA）。

由图 2 可见，2011～2018 年美国汽车经销商的总销售额是增长的。2016 年之前，总销量与汽车平均零售价双双提升，因此总销售额逐年增长迅速；然而，2016 年之后，因为总销量下降，所以销售额的增长势头有所放缓。

3. 库存

2018 年，美国汽车经销商的新车库存为 3921000 辆，其中国产车①库存为 2085100 辆；进口车库存为 1835900 辆；国产车库存周转天数为 76 天；进口车为 54 天，近几年保持稳定。

（三）利润

1. 净利润

2011～2018 年平均每家美国汽车经销商的净利润率如图 3 所示。

由图 3 可见，自 2015 年起，平均每家美国汽车经销商的净利润率在逐

① 指美国产汽车。

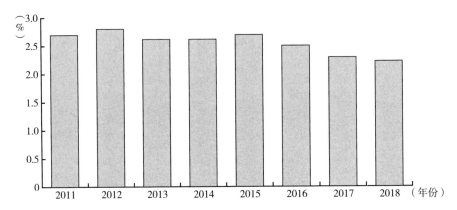

图3　2011～2018年平均每家美国汽车经销商的净利润率变化

资料来源：美国国家汽车经销商协会（NADA）。

年下降。

2. 毛利润

2011～2018年美国汽车经销商的毛利润占新车零售价格的比重如图4所示。

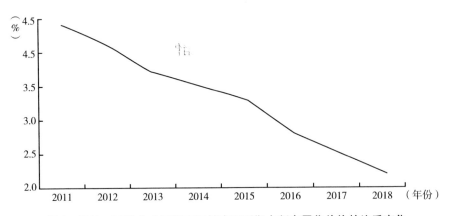

图4　2011～2018年美国汽车经销商毛利润占新车零售价格的比重变化

注：毛利润不包括金融保险。

资料来源：美国国家汽车经销商协会（NADA）。

由图4可见，自2011年以来，美国汽车经销商的毛利润占新车零售价格的比重一直在下降，近八年下降了一半。

（四）主要品牌的市场份额

2018 年，美国汽车市场主要品牌的新车销量与市场份额如表 3 所示。

表3　2018 年美国汽车市场主要汽车品牌的新车销量与市场份额

单位：辆，%

品牌	通用汽车	丰田	福特	菲亚特克莱斯勒	本田	日产	大众	其他	总计
销量	2951677	2426674	2420340	2219270	1604828	1493877	354064	3744433	17215163
市场份额	17.1	14.1	14.1	12.9	9.3	8.7	2.1	21.8	—

注：其他品牌包括现代、斯巴鲁、宝马、戴姆勒、捷豹路虎、三菱、马自达、特斯拉、沃尔沃。
资料来源：美国权威汽车杂志 WardsAuto。

由表 3 可见，2018 年美国汽车市场主要被美系车与日系车所占据。菲亚特克莱斯勒、斯巴鲁和大众的市场份额有所提升；宝马的市场份额持平；日产、福特、通用汽车、本田、丰田和现代的市场份额有所下降。

（五）后市场收入

2011～2018 年美国汽车后市场收入占比如图 5 所示。

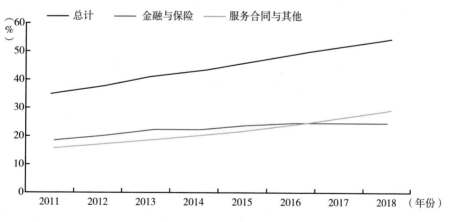

图5　2011～2018 年汽车后市场收入占比变化

注：占比为后市场收入占新车与二手车毛利的比重。
资料来源：美国国家汽车经销商协会（NADA）。

由图 5 可见，2011 年至 2018 年，美国汽车后市场收入占新车与二手车毛利的比重一直在稳步提升。

（六）广告费用

2018 年，美国平均每家汽车经销商的广告费用为 562575 美元，平均每售出一辆新车的广告费用为 624 美元。平均每家美国汽车经销商的广告费用分布如表 4 所示。

表 4　2018 年美国平均每家汽车经销商的广告费用情况

单位：美元，%

使用的媒体	广告费用	占比
报纸	33755	6.0
广播	56820	10.1
电视	99013	17.6
直邮	38818	6.9
网络	316730	56.3
其他	17440	3.1
总额	562575	
广告费用占总销售额的比重	0.9	

资料来源：美国国家汽车经销商协会（NADA）。

由表 4 可见，在美国汽车经销商行业，网络广告越来越成为主流，占据一半以上的广告费用；而电视、广播和报纸等传统媒体逐渐式微。

（七）雇员

1. 雇员人数

2011～2018 年美国汽车经销商雇员人数如图 6 所示。

由图 6 可见，2011 年至 2018 年，美国汽车经销商总雇员人数一直在增长，在 2018 年达 1136600 人；但近三年增长势头有所放缓，平均每家经销商的雇员人数甚至开始下降，在 2018 年为 68 人/家。

图6 2011～2018年美国汽车经销商雇员人数变化

资料来源：美国劳工统计局、美国国家汽车经销商协会（NADA）。

2. 雇员职位分布

从雇员的职位来看，新车与二手车销售人员占20.5%，技术人员占24.0%，其他服务与零部件人员占22.8%，管理者与其他人员占32.7%。

3. 雇员工资

2011～2018年，美国汽车经销商年度工资支出如图7所示。

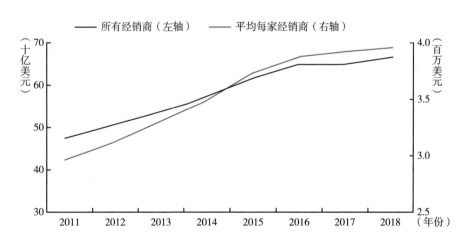

图7 2011～2018年美国汽车经销商年度工资支出变化

资料来源：美国劳工统计局、美国国家汽车经销商协会（NADA）。

由图 7 可见，虽然近几年美国汽车销量在下滑，但是经销商的工资支出一直在上涨，2018 年全美汽车经销商工资支出为 665.4 亿美元，单店为 396 万美元。汽车经销商从业者的平均周薪为 1134 美元，明显高于其他零售行业，是所有行业中薪酬最高的职业之一。

整体来看，美国汽车经销商行业十分健康。

二　四大业务分析

（一）新车

2016～2018 年平均每家美国汽车经销商的新车销售概况如表 5 所示。

表 5　2016～2018 年平均每家美国汽车经销商的新车销售概况

单位：美元，%

项目	2016 年	2017 年	2018 年
新车销售额	34546139	34393462	35286471
新车销售额占总销售额的比例	58.0	57.6	57.6
新车销售毛利额占总毛利额的比例	27.8	26.6	25.6
新车零售价格	34449	34670	35608
新车毛利占其销售价格的比重	6.0	5.7	5.5
平均每辆新车的销售毛利额	2066	1959	1944
平均每辆新车的销售净利额	-217	-421	-570

注：新车销售价格不包括金融保险销售额。

资料来源：美国国家汽车经销商协会（NADA）。

由表 5 可见，平均每家美国汽车经销商近几年的新车销售毛利额有所下降，且新车销售盈利越来越难；从净利润来看，新车销售业务处于亏损状态，且亏损额在逐年增大。

1. 新车全年销售数量与售价

2011～2018 年每家汽车经销商平均售出的新车数量与售价如表 6 所示。

表6　2011～2018年每家汽车经销商平均售出的新车数量与售价

单位：辆，美元

年份	新车销量	平均售价
2011	793	30982
2012	896	31194
2013	960	32035
2014	1003	32824
2015	1051	33456
2016	1045	34449
2017	1020	34670
2018	1028	35608

资料来源：美国权威汽车杂志 WardsAuto、美国国家汽车经销商协会（NADA）。

由表6可见，平均每家汽车经销商的新车销量在2015年达到顶峰1051辆后，近几年有所下降，在2018年为1028辆；新车平均售价却在逐年提高，2018年达35608美元，为历史最高水平。

2. 新车分月份销量

2018年美国汽车经销商新车分月份销量情况如表7所示。

表7　2018年美国汽车经销商新车分月份销量

单位：辆

月份	销量
1	1154885
2	1302128
3	1653529
4	1119833
5	1327071
6	1576564
7	1370405
8	1482268
9	1432069
10	1356760
11	1387077
12	1627481

资料来源：MarkLines 全球汽车信息平台。

根据表7，绘制2018年美国汽车经销商新车分月份销量趋势如图8所示。

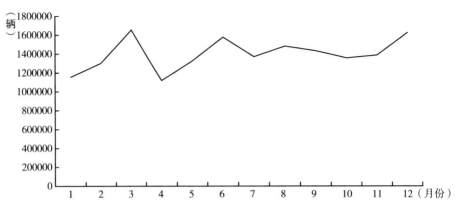

图8　2018年美国汽车经销商新车每月销量趋势

资料来源：MarkLines全球汽车信息平台。

由图8与表7可见，2018年3月与12月新车销量最多，分别为1653529辆与1627481辆；1月与4月新车销量最少，分别为1154885辆和1119833辆。

3. 新车销售毛利润

2011～2018年平均每家汽车经销商的新车销售毛利润的变化如图9所示。

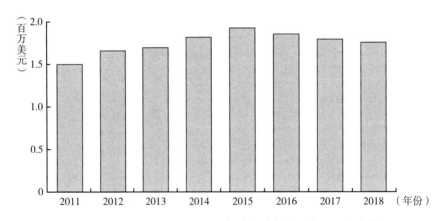

图9　2011～2018年平均每家经销商新车销售业务毛利润变化

注：数据包括金融与保险。
资料来源：美国国家汽车经销商协会（NADA）。

由图 9 可见，新车销售业务的毛利额在 2015 年达到顶峰后，近几年呈下降趋势。

（二）二手车

美国几乎所有的汽车经销商都在经营二手车。美国二手车销售渠道主要由经销商、二手车连锁店和私人交易渠道构成，各渠道销量占比分别为 60%、25% 和 15%。2016~2018 年平均每家汽车经销商二手车业务概况如表 8 所示。

表 8　2016~2018 年平均每家汽车经销商的二手车销售概况

项目	2016 年	2017 年	2018 年
平均二手车销量（辆）	703	706	720
二手车销售额（美元）	18109934	18106032	18956542
二手车销量/新车销量（零售）（%）	75.7	76.6	79.8
二手车销售额占总销售额的比例（%）	30.4	30.3	31.0
二手车销售毛利额占总毛利额的比例（%）	24.9	24.4	24.8
二手车零售价格（美元）	19886	20009	20586
二手车毛利占其销售价格的比重（%）	12.1	11.7	11.4
平均每辆二手车的销售毛利额（美元）	2415	2337	2354
平均每辆二手车的销售净利额（美元）	65	-2	6

资料来源：美国国家汽车经销商协会（NADA）。

由表 8 可见，2018 年二手车销量为新车销量的 79.8%；与新车一样，二手车的零售价格也在逐年提高，在 2018 年达 20586 美元；二手车的销售情况比新车稍好，平均每家汽车经销商的二手车销量有所提升，且处于略微盈利状态。对比表 5 与表 8，在 2018 年，二手车毛利率（11.4%）大约是新车毛利率（5.5%）的两倍多一点。

1. 二手车销量

2014~2018 年美国汽车经销商的二手车销量情况如图 10 所示。

由图 10 可见，2014~2018 年，美国汽车经销商的总二手车销量在缓慢提升，比新车销售情况要好。2018 年，美国汽车授权经销商的二手车销量

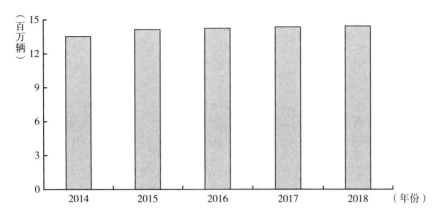

图10　2014～2018年汽车经销商的二手车销量变化

资料来源：美国国家汽车经销商协会（NADA）。

为1374万辆，总二手车销量超过4000万辆。

2. 二手车售价

2011～2018年，二手车平均零售价变化如图11所示。

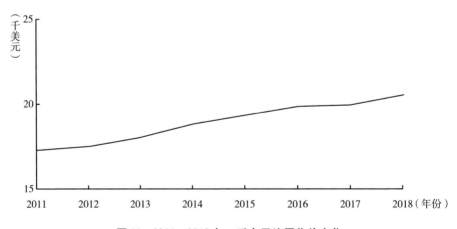

图11　2011～2018年二手车平均零售价变化

资料来源：美国国家汽车经销商协会（NADA）。

由图11可见，2011～2018年，与新车类似，二手车平均零售价也在逐年提升，到2018年达20586美元，约为新车平均零售价（35608美元）的六成。

3. 二手车利润

2011～2018 年平均每家汽车经销商的二手车销售业务毛利额如图 12 所示。

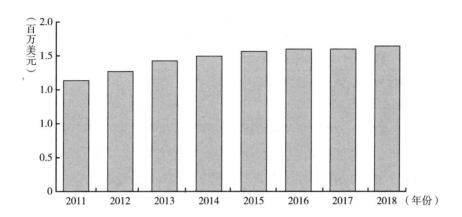

图 12　2011～2018 年平均每家汽车经销商二手车销售业务毛利额变化

注：数据包括金融与保险。

资料来源：美国国家汽车经销商协会（NADA）。

由图 12 可见，2011～2018 年，二手车销售业务毛利额逐年增加，近几年趋于稳定。

4. 二手车来源

从二手车的车辆来源来看，40.9% 的二手车来源于新车置换，26.1% 的二手车来源于拍卖购买，24.3% 的二手车来源于二手车置换，4.7% 的二手车来源于街头购买，其他来源占 4.0%。

整体而言，二手车业务关联着金融、保险、维修和配件等众多业务，对美国汽车经销商的平均利润贡献度达 50% 以上。

（三）服务、零部件和维修保养

2016～2018 年平均每家汽车经销商的服务、零部件和维修保养业务概况如表 9 所示。

表9 2016～2018年平均每家经销商服务、零部件和维修保养业务概况

单位：美元，%

项目	2016 年	2017 年	2018 年
服务、零部件和维保销售额	6972698	7194457	7325823
服务、零部件和维保销售额占总销售额的比例	11. 7	12. 1	12. 0
服务、零部件和维保销售毛利额占总毛利额比例	47. 3	49. 0	49. 6

资料来源：美国国家汽车经销商协会（NADA）。

由表9可见，平均每家经销商服务、零部件和维修保养的销售额逐年提高；2018年，在销售额仅占总销售12.0%的情况下，其毛利额却占总毛利额的49.6%，相比于新车与二手车业务，服务、零部件和维修保养业务的盈利能力明显更强。

美国汽车经销商的服务与零部件运营情况如表10所示。

表10 服务与零部件运营概况

项目	平均每家经销商	所有经销商
服务与零部件销售额（美元）	6953403	116490354151
服务与零部件毛利润占其销售额的比例（%）	46. 3	—
服务与零部件净利润占其销售额的比例（%）	16. 2	—
维修订单数（个）	18544	310662359
每位顾客维修订单的服务与零部件销售额（美元）	298	—
技术员数量（包括维修保养店）（人）	16	264665
零部件库存（美元）	405392	6791536010

资料来源：美国国家汽车经销商协会（NADA）。

1. 服务与零部件销售额

2011～2018年美国汽车经销商的服务与零部件销售额如图13所示。

由图13可见，从2012年开始，美国汽车经销商的服务与零部件销售额

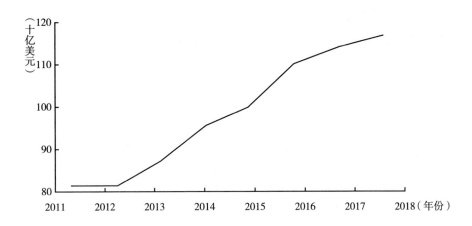

图 13　2011～2018 年汽车经销商服务与零部件销售额变化

资料来源：美国国家汽车经销商协会（NADA）。

在迅速提升，2018 年达 1164.9 亿美元。

2. 服务与零部件利润

2011～2018 年平均每家汽车经销商的服务与零部件的毛利额如图 14 所示。

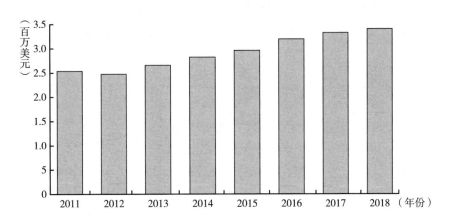

图 14　2011～2018 年平均每家经销商服务与零部件毛利额变化

资料来源：美国国家汽车经销商协会（NADA）。

由图 14 可见，平均每家汽车经销商的服务与零部件毛利额呈逐年增长趋势，在 2018 年达 3219426 美元。

3. 维修保养销售额

2011～2018 年汽车经销商的维修保养销售额如图 15 所示。

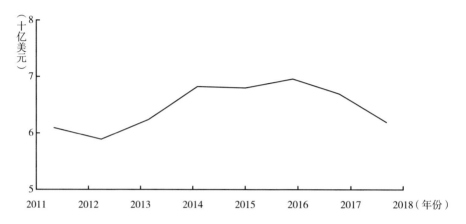

图 15　2011～2018 年汽车经销商的维修保养销售额变化

资料来源：美国国家汽车经销商协会（NADA）。

由图 15 可见，汽车经销商维修保养销售额在 2012～2016 年曾经连续增长，但之后开始迅速下降，2018 年几乎又回到了 2011 年的水平。

2011～2018 年汽车经销商每个订单的维修保养销售额如图 16 所示。

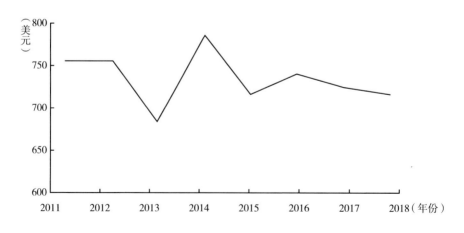

图 16　2011～2018 年每个订单的维修保养销售额变化

资料来源：美国国家汽车经销商协会（NADA）。

由图 16 可见，自 2014 年达到顶峰之后，美国汽车经销商的每个订单的维修保养销售额有所下降。

4. 三大业务对比

2018 年，美国汽车经销商三大业务的销售额占总销售额的比例分布如图 17 所示。

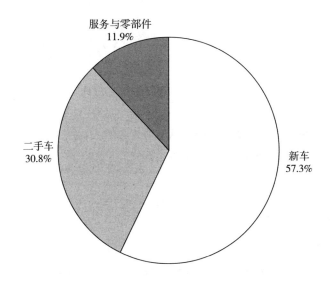

服务与零部件
11.9%

二手车
30.8%

新车
57.3%

图 17　2018 年美国汽车经销商的三大业务的销售额占总销售额的比例分布

资料来源：美国国家汽车经销商协会（NADA）。

由图 17 可见，从销售额来看，2018 年美国汽车经销商在新车、二手车、服务与零部件三项业务的占比分别为 57.3%、30.8%、11.9%，新车业务销售额占比最高。

2018 年，美国汽车经销商三大业务的毛利额占总毛利额的比例分布如图 18 所示。

由图 18 可见，从毛利额来看，2018 美国汽车经销商在新车、二手车、服务与零部件三项业务的占比分别为：27.8%、24.9%、47.3%，服务与零部件业务毛利额占比最。

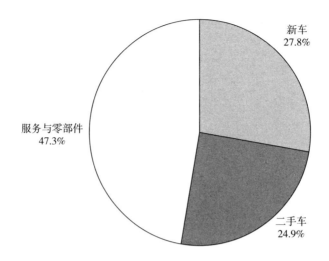

图 18　2018 年美国汽车经销商的三大业务的毛利额占总毛利额的比例分布

资料来源：美国国家汽车经销商协会（NADA）。

　　根据前文数据，将 2018 年美国平均每家汽车经销商的三项业务对比分析如表 11 所示。

表 11　2018 年美国平均每家汽车经销商三项业务对比

项目	新车	二手车	服务与零部件
销量（辆）	1028	720	18544
销售额（美元）	35286471	18956542	6953403
销售额占比（%）	57.3	30.8	11.9
毛利额（美元）	3963497	1713387	3254747
毛利额占比（%）	27.8	24.9	47.3

注：服务与零部件的销量指维修订单数。

资料来源：根据前文数据整理。

　　由表 11 可见，在三项业务中，盈利能力最强的是服务与零部件业务；二手车业务的盈利能力强于新车业务。虽然毛利额主要来源于服务与零部件业务，但是这部分利润主要依赖于车辆的整体销售。如前所述，二手车的单车毛利润（2354 美元）高于新车（1944 美元）。因此，以二手车的销售带动整体利润的提高成为一条可行之路。

（四）汽车金融

1. 汽车金融渗透率

2011 年第四季度至 2018 年第四季度美国汽车经销商的新车与二手车金融渗透率情况如图 19 所示。

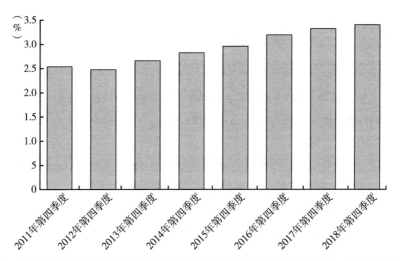

图 19　2011 第四季度至 2018 年第四季度美国汽车经销商新车与二手车金融渗透率变化

资料来源：美国三大个人征信机构之一的 Experian。

由图 19 可见，美国汽车经销商的新车与二手车金融渗透率基本保持稳定。新车的金融渗透率稳定在 85% 左右，二手车的金融渗透率稳定在 53% 多一点，新车的金融渗透率明显更高。

2. 汽车贷款月供

美国消费者习惯于贷款买车，贷款月供因人而异，与消费者的财务信用挂钩。消费者的信用评分有 5 个等级，由高到低为：超优质（信用评分 781~850）、优质（661~780）、普通（601~660）、次级（501~600）、深度次级（300~500）。信用好的消费者有可能拿到免息贷款，而信用低的消费者的贷款利息非常高。

2017 年第四季度与 2018 年第四季度汽车贷款平均月供情况如图 20 所示。

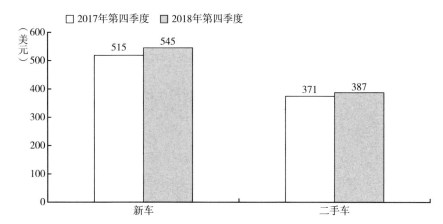

图 20　2017 年第四季度与 2018 年第四季度平均月供对比

资料来源：美国三大个人征信机构之一的 Experian。

由图 20 可见，无论是新车还是二手车，平均月供有上升趋势，这与新车与二手车的平均售价提高，以及平均车贷利率的提高有关。

3. 汽车贷款期限

2017 年第四季度与 2018 年第四季度汽车贷款平均贷款期限情况如图 21 所示。

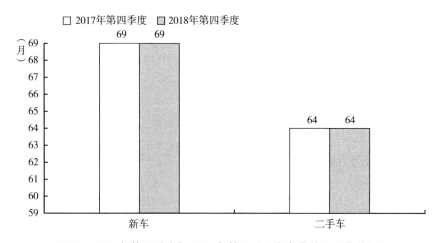

图 21　2017 年第四季度与 2018 年第四季度汽车贷款平均贷款期限

资料来源：美国三大个人征信机构之一的 Experian。

由图 21 可见，新车与二手车平均贷款期限保持稳定，新车平均贷款期限为 69 个月；二手车平均贷款期限为 64 个月。

4. 汽车金融利率

2015～2018 年汽车金融平均利率情况如图 22 所示。

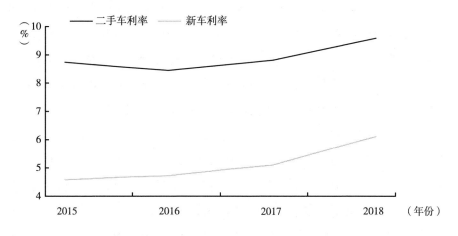

图 22　2015～2018 年汽车金融平均利率变化

资料来源：美国三大个人征信机构之一的 Experian。

由图 22 可见，2015～2018 年新车与二手车的汽车金融平均利率在逐年提升，2018 年同比 2017 年均提高了 1 个百分点左右，这加剧了美国市场乘用车销量的下滑。

三　美国汽车经销商转型升级

（一）投资汽车电商，新设数字化相关职位

第一，投资汽车电商。美国最大的汽车经销商集团 AutoNation 对战略伙伴关系进行投资，进入更多的汽车、零部件和服务销售的渠道，投资重点是新兴的数字技术。AutoNation 投资美国汽车零售电商 Vroom，与经验丰富、经过验证的电子商务执行团队建立战略伙伴关系。AutoNation 宣称，将继续

进行大量投资，以便实现线下门店与数字渠道无缝连接，为此 AutoNation 还实施了"AutoNation Express"计划，使 AutoNation 的客户能够通过线上渠道完成一部分购车环节与相关交易服务，并在门店附加更数字化的服务，增加门店获客量。

第二，新设数字化相关职位。吉姆·法卡斯是密歇根州安阿伯市的一家本田经销商日内曼本田的总经理。他每天在办公室里花好几个小时，看在线广告，做业务分析，了解供应商的执行情况。他表示，虽然在数字化上花了太多的时间，却非常有必要，因为数字时代需要信息一致，也需要高效执行的供应商。法卡斯新增了一个电商协调员的职位。带来的结果是：营销改善了，低效的供应商被淘汰了，而法卡斯自己则拥有了更多的时间与员工和客户打交道。舒尔茨是法卡斯招聘的电商协调员，开始的工作是撰写本田二手车的线上文案，后来使用了线上视频，近几年的所有创意都是他执行的。另一家汽车经销商集团德尔格兰德新增了一位客户体验总监，专注于客户满意度与线上口碑，并确保公司的流程和客户的需求保持一致。

（二）直销模式及其发展变化

第一，特斯拉直销模式简介。特斯拉汽车公司成立于 2003 年，是最早涉足电动汽车领域的品牌之一。特斯拉将苹果公司的"线上销售＋线下体验与服务"的直销模式推广到了汽车销售行业。特斯拉直销模式的主要流程为：车型了解、意向购买—门店体验、预约试驾—官网预订、支付定金—工厂接单、定制生产—支付尾款、车辆交付。可见，特斯拉的电动汽车销售不通过以 4S 店为主的特许经销商，而是直接销售给消费者。线下体验店并不卖车，主要是教育消费者；消费者在体验满意、有意购买之后，需要自己在网上下单。

第二，特斯拉电动汽车直销模式的优劣势。优势在于：降低消费者的购买成本、价格透明、实现零库存，体验店开在繁华地段十分便利、消费者体验好，消费者能够个性化定制，企业能更有效地收集信息、更了解消费者。劣势为：车辆交付周期长、线下体验店建店与运营成本高、体验店数量少、销售费用率高、电动汽车后市场利润低。

第三，外部政法环境的变化。2018 年，美国新泽西州推行了一项法律，要求汽车制造商只能通过经销商向消费者销售汽车。但特斯拉在该州其中一家"汽车展示厅"内的车辆配置及其他服务，最终目的是形成汽车销售行为，其实际功效无疑与直营店相仿。于是，该州的汽车零售商联盟认为特斯拉破坏商业规则，违反了美国特许经营法，将其告上法庭。特斯拉关闭了部分线下门店。

第四，特斯拉自身销量增长的需求。特斯拉被誉为"汽车界的苹果"，其"线上销售 + 线下体验与服务"的电动汽车直销模式也是借鉴于苹果，但两者的销售模式有很大不同。苹果自营的线下体验店不多，苹果的主要销售更多依靠分销商、大客户经销商和加盟经销商。特斯拉销售的主力车型是 Model S 与 Model X，均是高端电动车，属于小众车型，采用"线上销售 + 线下体验与服务"的销售模式是合适的。但未来特斯拉将要主推的车型是 Model 3，将力争使 Model 3 成为热销的大众车型，如果特斯拉希望销量大幅提升，渠道的数量是根本保证，此时经销商必不可少。

综上所述，"线上直销 + 线下体验店 + 特许经销商"的新电动汽车直销模式将是特斯拉的更好选择。

（三）汽车订阅模式

汽车订阅模式，指以类似租赁的方式让消费者拥有一辆汽车，并可在一定期限和里程范围内更换不同车辆。消费者支付一次性租车费，就可以囊括除汽油以外的绝大部分开支。这是一种介于"买"与"租"之间的新型汽车销售模式。

汽车订阅服务诞生于 2014 年，最初由 Clutch 与 Flexdrive 等互联网平台率先推出。全球第一家推出汽车订阅服务的车企是凯迪拉克。2017 年 1 月，凯迪拉克在美国推出了名为"BOOK"的汽车订阅服务，消费者支付 500 美元的预付费与 1800 美元的月费，就可以使用 XT5、CT6、凯雷德 ESCALADE 等车型，费用里包括保险与养车等服务，并且每年可以更换多达 18 次车型。

自 2017 年之后，保时捷、沃尔沃、奔驰、宝马、奥迪、捷豹路虎、雷克萨斯等多家车企先后在美国与德国等地大力推广汽车订阅服务，各大车企向消费者提供的合约时长从几天到几年不等，对行驶里程与替换车型的要求也不尽相同。

2017～2018 年，仅北美和欧洲的汽车订阅市场就挤进了 46 个汽车订阅服务商。其中 8 个来自平台/软件供应商，12 个来自技术创业公司，7 个由汽车经销商主导，7 个由移动服务提供商主导，还有 12 个来自汽车制造商。目前，Fair、PrimeFlip、Less、Clutch、Revolve 和 Prazo 等都是规模较大的汽车订阅服务平台。就连美国汽车租赁巨头 Hertz 公司也开通了名为 Hertz My Car 的汽车订阅服务。美国最大的汽车经销商集团 AutoNation 与 Fair 合作，推出了二手车订阅服务。

汽车订阅模式的影响在于以下三个方面。

第一，对汽车经销商的新车销售业务形成冲击，促使经销商进一步挖掘其他业务潜力。在以汽车 4S 店为主的汽车销售模式下，新车销售已经几无利润可寻，经销商的大部分利润来源于售后与衍生业务。通过汽车订阅服务，厂商可以为经销商带来更多维保客户，帮助挖掘二手车、金融和租赁等服务的增长潜力。

第二，推动电动汽车的销售。消费者对电动汽车的主要顾虑在于价格高、保值率低。在汽车订阅模式下，消费者可以不断更换最新产品，不用担心产品被淘汰、保值率低的问题，因此汽车订阅服务有利于推动电动汽车的销售。

第三，推动车企由汽车制造商与经销商向移动出行服务商转型。在汽车订阅模式下，汽车经销商仍然可以销售汽车，但不是直接卖给消费者，而是卖给 Fair 等平台。汽车经销商最重要的角色是服务顾问，将负责维护一系列的订阅服务。销售人员会更像一个出行顾问，需要成为一个很好的倾听者、一个能够理解不同出行方式的咨询顾问，这对未来汽车销售岗位提出了更高的要求。

综上所述，通过汽车订阅模式，汽车经销商与制造商联合做大蛋糕，同时吸引更多合作方参与打造服务生态系统是未来的发展趋势。

四 美国汽车经销服务业管理政策

美国是车轮上的国家，汽车工业起步早。美国不但是汽车产品和技术的输出国，同时也建立了完善的法律法规体系，引导行业规范化发展。因此，美国的汽车经销服务业管理经验也为多国所借鉴。

（一）新车销售

特许经营是美国汽车销售的主要方式，因此，美国汽车特许经营法规对规范和管理美国汽车流通产业起着十分重要的作用。美国是联邦制国家，在不违宪的前提下，美国联邦和各州都有权颁布汽车流通管理法律。目前，在联邦层面只有《联邦汽车经销商特许经营法》，而各州会在《联邦汽车经销商特许经营法》的基础上颁布本州的汽车特许经营法律法规。

1. 联邦汽车经销商特许经营法

20 世纪 50 年代以前，美国汽车制造商规模大、实力强，在汽车销售流通渠道控制方面具有明显优势，美国汽车经销商很难与汽车制造商平等抗衡，处于市场弱势地位并受汽车制造商的压制。为解决汽车制造商利用实力不对等的优势对经销商进行压制和不正当竞争等行为，1956 年，美国国会通过了《联邦汽车经销商特许经营法》，禁止汽车制造商对经销商的强制行为。

《联邦汽车经销商特许经营法》主要包括如下内容。

（1）规定汽车制造商、经销商、特许经营权、机动车辆以及机动车辆特许经营权合同等概念。

（2）明确"诚实信用"的原则。要求特许经营双方遵守特许经营权的义务，所有高级职员、雇员或代理人之间的行为方式公平、公正，以保证一方免受强迫、恐吓或来自另一方的强迫、恐吓等威胁。但是，推荐、支持、阐述、说服、敦促或争辩不应视为失信行为。

（3）为保护汽车经销商，不论争议的数额多少，汽车经销商可以对从事商业活动的任何汽车制造商在其任何居住地、成立或拥有代理机构的地区的美国联邦地方法院提起诉讼。

（4）汽车制造商未能按照诚实信用的原则履行特许经营权条款，或终止、取消与上述汽车经销商续签特许经营权，汽车经销商应获得遭受损失的赔偿金和诉讼费。

（5）给予汽车制造商在诉讼中为自身进行辩护的权利。

（6）规定了特许经营仲裁争议条件。在争议发生后，只有各方书面同意使用仲裁来解决争议，才可使用仲裁解决争议。

（7）当选择根据机动车辆特许经营权合同解决争议时，仲裁人应根据机动车辆特许经营权合同解决双方争议，并且仲裁人要提供裁定结果的书面解释，书面解释要符合实际情况和法律规定。

2. 各州汽车特许经营法

美国各州的汽车特许经营法规大体类似，都是对《联邦汽车经销商特许经营法》的延伸和补充。美国共有 50 个州，各州"汽车特许经营法"法规名称各有不同，如纽约州为《机动车特许经营法》（*Franchised Motor Vehicle Dealer Act*）、伊利诺伊州为《机动车特许经营法》（*Motor Vehicle Franchise Act*）、华盛顿州为《汽车经销商和制造商法》（*Dealers and Manufacturers*）等。尽管各州立法内容不尽相同，但主要立法目的都是调节汽车制造商与经销商之间特许经营关系的诸多细节，保护作为弱势一方的经销商的权益，最大限度地维护市场公平竞争。

各州的汽车特许经营法规定各不相同，但大多数包含了以下主要内容。

（1）对经销商授权的终止、修改或不续签都有严格限制，并且整车制造商需要给出"合理的理由"。例如经销商有违规、欺诈、未能提供标准服务或存在破产风险，整车制造商需提前一段时间告知经销商并允许其申诉、整改，当整车制造商因为需要调整销售网络而关闭经销商时，需要给予一定赔偿。

（2）整车制造商不得设定经销商的销量目标或规定经销商销售的车型，也禁止整车制造商限制零售价格，如设置最低、最高折扣等。

（3）严格禁止价格歧视，禁止整车制造商对不同经销商提供不同提车价格，借此以保护小经销商的利益。

（4）整车制造商需支付经销商在保修期内为消费者提供服务的合理保修费用。

（5）严格限制整车制造商干预经销商的收购合并、管理层更换。

（6）当经销商的授权被终止后，整车制造商有义务回购经销商尚未售出的库存，包括车辆、零部件和经销商的专用设备等，一些州还规定整车制造商需赔付经销商一段时间内的土地租金。

（7）十英里原则，如纽约州、伊利诺伊州等很多州汽车特许经营法都有类似的规定：在原有汽车特许专卖店 10 英里半径范围内设立新特许专营店时，须征得原有授权经销商的同意等。

（二）二手车交易

美国二手车市场也经历了"由乱到治"的发展历程。早期，美国二手车市场普遍存在调整里程表、隐匿事故车等欺瞒消费者的行为。为了规范行业发展，保护消费者合法权益，美国联邦层面发布实施了《二手车交易监管法》《里程表法》等专门法规。各州层面则采取单独立法的方式进行管理，一般要求二手车经销、拍卖等企业必须满足营业场所、人员从业资格等方面的条件。

1. 马格奴森—莫斯保修法案

1975 年，美国联邦政府出台《马格奴森—莫斯保修法案》（*The Magnuson-Moss Warranty Act*）。该法案适用于价值 15 美元以上的产品，核心是对企业的质量保证书提出要求。在此基础上，美国联邦贸易委员会（FTC）对与二手车交易有关的保修书出台相应规定。如果销售的二手车不附带任何质保条款，FTC 要求经销商应明示此信息并规定明示的形式和内容。

美国还有一些州自行出台了二手车柠檬法。以马萨诸塞州为例，该州对由马萨诸塞州的经销商或个人销售价格在 700 美元以上，销售时里程表显示里程少于 12.5 万英里的车辆做出规范，并要求个人在卖车时应明确告知车辆存在的影响使用或安全的缺陷。买方购买后发现车辆存在这些缺陷，如能证明车主存在主观欺诈，可以在一个月内取消交易，原卖车人应退还车款。

2. 二手车交易监管法

美国联邦贸易委员会 1984 年颁布了《二手车交易监管法》（*Used Car Rule*）。为更好地贯彻实施该规定，美国联邦贸易委员会与美国汽车经销商协会共同编写了《二手车经销商指南》，指导企业合规经营。相关文件对二手车交易相关术语做出了明确定义。

二手车：指在交付消费者之前不仅因移动车辆或道路体验时发生过有限的使用，而且还上路行驶过的车辆，但不包括达到报废标准的车辆或只能拆解后按零件出售的车辆（车辆所有权文件已被吊销并签发报废证书）。

经销商：12 个月内销售或转让 5 辆车及以上的任何企业或个人即被定义为经销商，必须申请二手车交易执照。部分州法律对此要求更严。

质保：由经销商做出的与二手车销售密切相关的各种书面承诺，包括针对此二手车进行退款、维修、更换、保养或采取其他相应措施，且免费提供上述服务。

二手车交易欺诈：①对二手车车况的不实描述；②对所售二手车提供的质保条款的不实描述；③对不提供质保的车辆，欺骗性地承诺提供质保。

二手车不公平交易：①销售前未声明车辆不含质保；②销售前未提供与二手车销售相关的任何书面质保条款。

《二手车交易监管法》《二手车经销商指南》等法规要求经销商销售二手车前，应按照统一格式编制并据实填写"购车指南"，即车窗表格，并在车辆的醒目位置予以展示。车窗表格涉及车辆的基本信息、质量状况、维修历史、厂家或经销商的质保承诺等重要信息。同时，要求经销商将车窗表格作为合同的一部分。

3. 里程表法

美国专门制定了《里程表法》（*Odometer Disclosure Requirements*），要求出售方向购买方或承租方做出有关里程表里程数及其准确性的书面说明。书面披露里程表的文件必须含有以下内容：

（1）转让时的里程表读数；

（2）转让日期；

（3）转让人姓名和当前地址；

（4）受让人姓名和当前地址；

（5）车辆的标识，包括其制造商、型号、年份和车型，及车辆识别号码；

（6）如果知道里程表读数与实际里程间的误差超出里程表标定误差，则应当予以说明和提醒。

4. 二手车登记制度

美国建立了较为完善的二手车登记制度。如卖方是经销商，全部文件由经销商填写完整，买方当场获得经销商临时牌照，购买保险后可直接上路行驶，并等待后续文件的邮寄。如卖方是个人，买方将双方按规定填写完整的文件邮寄至买方所在州的机动车管理局即可获得牌照。具体流程如下。

（1）买卖双方在当地机动车管理局官方网站下载产权转移相关电子化表格文件，填写完整并签字；

（2）买方在卖方产权证产权转移栏填写名称与地址，卖方在此栏签字；

（3）买方将填写并签字的文件带回至所在州机动车管理局，交税后即可获得牌照。

5. 车辆信息查询平台

美国司法部（DOJ）依托非营利组织——机动车监管者协会（AAMVA）建立了美国国家机动车登记信息系统（NMVTIS）。该系统信息来源于车辆管理局（DMV）、执法部门、保险公司、火灾救援公司、经销商等。系统向用户提供有偿服务，用户可以利用 VIN 查询车辆详细配置信息、注册历史信息、抵押信息、水淹/火灾信息、出险信息等。

（三）金融保险

美国保险法规定车主最低投保责任为投保责任险。责任险只因交通事故对第三方车辆、第三方人员损害的赔偿。加州的保险法规定，每辆车最低投保额度为：人身损害赔偿一人赔付 1.5 万美元、多人总额不超过 3 万美元；财产损失赔偿总额不超过 5000 美元。

美国《保险法》还规定任何保险公司不得指定消费者到特定维修企业进行维修，这有助于规避保险公司与维修企业的利益交换。

对于汽车租赁公司等机构开展保险中介业务的，法律要求一律依法取得相应从业资质。

（四）维修保养

在维修保养领域，美国各州的法律体系不尽相同，以加州为例，主要法律是《商业和专业法典》（9880 章至 9889.68 章）和《健康和安全法典》（9880 章至 9889.68 章）。

维修行业准入。所有维修企业应在 BAR 局进行备案，并于经营场所张贴统一格式的"消费者权利公示"。

规范维修服务。维修企业实施维修作业前，应向消费者提供书面诊断书，说明预计的维修项目、所需配件等，做出价格估算。维修完成后，维修企业应向消费者提供维修价格总额及明细、质量保证（如果企业提供）。这些规定不仅有效保障消费者合法权益，也有助于规避双方因维修项目理解不一致而导致的纠纷。

在用车检测维护（I/M）制度。加州的烟雾检查站、维修站须获得 BAR 的许可方可营业，相关检验员、维修技术也须通过相关考试、获得 BAR 的认可，持证上岗。BAR 制定实施的 I/M 制度，确保了排放超标车辆尾气的治理，对于提升加州空气质量起到了积极促进作用。

五　中美汽车经销服务业对比以及启示

（一）中美汽车经销服务业对比

中美汽车经销商服务业对比如表 12 所示。

表 12　中美汽车经销服务业对比

项目	中国	美国
新车销量(万辆)	2808	1722
二手车销量(万辆)	1382	4000(1374)
新车/二手车销量比	2.03	0.43
豪华车渗透率(%)	10.4	14.2
汽车保有量(亿辆)	2.40	2.78
平均车龄(年)	4.5	11.8
毛利率(%)	8.5	11.2
净利率(%)	1.6	2.2
新车平均成交价	16 万元	35608 美元
新车单台销售毛利额	5400 元	1944 美元
二手车平均成交价	6.6 万元	20586 美元
二手车单台销售毛利额	1772 元	2354 美元
整体费用率(%)	6.4	11.3
汽车金融渗透率(%)	43.0	85.1
经销商数量(家)	29664	16753
维修厂数量(万家)	46	57
平均单店员工数量(人/店)	79	68
工资水平	9783 元/月	4914 美元/月
售后产值	8500 亿元	3507 亿美元
售后单车产值(元)	4381	8820
售后单店产值(万元)	78	289

　　注：1374 万辆为授权经销商的二手车销量，由于美国的二手车销量/新车销量比为 79.8%，1722 万辆×79.8%＝1374 万辆。

　　由表 12 可以得出以下五点结论。

　　第一，在新车销售业务上，中国未来的利润增长点在豪华车市场。中国的新车销量为 2808 万辆，比美国的 1722 万辆多出 1000 多万辆。但中国市场的豪华车渗透率仅为 10.4%，比美国的 14.2% 少了将近 4 个百分点。在新车平均成交价方面，中国仅为 16 万元；而美国换算成人民币①约为 25 万

----

　　①　按 1 美元 = 7 元人民币的汇率计算。

元，比中国高出 9 万元。在新车单台销售毛利额方面，中国仅为 5400 元；而美国换算成人民币为 13608 元，是中国的 2.5 倍。可见，虽然中国的新车销量比美国多，但是新车业务的盈利能力不如美国。

第二，在二手车业务上，中国无论是在销量还是在利润上均有较大潜力可挖。美国的二手车销量约为 4000 万辆，是中国 1382 万辆的 2.9 倍。美国的新车/二手车销量比为 0.43，而中国高达 2.03，可见，中国的二手车销量还有很大潜力可挖。在二手车平均成交价方面，中国为 6.6 万元，仅为新车平均成交价的 41.3%；美国换算成人民币为 14.4 万元，为新车平均成交价的 57.6%，美国二手车平均成交价是中国的 2.2 倍。在二手车单台销售毛利额方面，中国仅为 1772 元，美国换算成人民币为 16478 元，是中国的 9.3 倍。可见，中国的二手车成交价有较大提升空间，利润有很大提升空间。

第三，在售后业务上，中国还有增长空间。中国汽车售后市场规模为 8500 亿元，美国换算成人民币为 24549 亿元，是中国的 2.89 倍；由于中美汽车平均车龄存在差异，美国售后单车产值为 8820 元，中国仅为 4381 元，美国约为中国的两倍；从售后单店产值来看，美国为 289 万元，中国仅为 78 万元，美国是中国的 3.7 倍。此外，两国售后服务市场的结构不同，中国的售后服务市场中授权体系占据主导地位，为 60%；美国的售后服务市场中授权体系仅占 31.2%。整体而言，虽然中国汽车经销商越来越依赖售后来盈利，但与美国仍然差距较大，中国汽车售后业务未来还有增长空间，尤其是非授权体系有很大潜力。

第四，在汽车金融业务上，中国增长速度较快，增长空间较大。据彭博社报道，中国汽车金融渗透率从 2011 年的 12% 上升到 2018 年的 43%，增长速度较快，但与美国 2018 年的 85.1% 相比仍然差距较大。当前，互联网借贷平台正在迅速涌入中国汽车金融行业，包括在线汽车零售平台（如大搜车）、在线汽车交易平台（如优信、人人车、瓜子）和 P2P 在线平台（如微贷）等；而银行也和灿谷管理等金融公司合作，与汽车经销商、汽车制造商和在线平台构建网络体系，从而扩大客源并为客户提供增值服务。特别是随着融资租赁业务发展，未来中国汽车经销商的金融业务有望进一步快速增长。

第五，进一步提高中国汽车经销商员工的收入。中美两国汽车经销商的平均单店员工数量差距不大；但美国汽车经销商的员工的月薪达34398元，而中国仅为9783元，美国是中国的3.5倍。如前所述，新增的数字化相关职位、线下体验店对消费者体验的极度重视，以及新兴的汽车订阅模式，这些都对汽车经销商的员工提出了更高要求，很多销售人员将转型为出行顾问，他们对收入的要求也会随之提高。

（二）中美最大的汽车经销商集团对比

第一，AutoNation的收入与利润结构。根据营业收入，当前美国最大的汽车经销商集团为AutoNation。2018年AutoNation总营收214.13亿美元，毛利润33.97亿美元，整体毛利率为15.9%。2018年AutoNation各项业务的收入占比与毛利额占比如图23与图24所示。

由图23与图24可见，2018年，AutoNation的新车业务收入占比为54.9%，但毛利贡献率仅为15.2%，盈利能力较差；二手车业务收入占比23.9%，贡献毛利率为10.1%；服务与零部件业务收入占比为16.1%，贡献了45.8%的毛利，盈利能力很强；金融与保险销售业务收入占比仅为4.6%，却贡献了28.9%的毛利，盈利能力最强。整体而言，AutoNation的金融与保险业务盈利能力最强，其次为服务与零部件业务；盈利能力最弱的是新车业务。

第二，广汇的收入与利润结构。根据营业收入，当前中国最大的汽车经销商集团为广汇汽车服务集团股份公司。2018年，广汇的营业收入1661.73亿元，在规模上已经超过AutoNation，是全球最大的汽车经销商集团；实现毛利润为人民币171.33亿元，整体毛利率为10.3%，在盈利上仍不如AutoNation；净利润为人民币39.74亿元，净利率为2.4%。2018广汇各项业务的收入占比与毛利额占比如图25与图26所示。

由图25与图26可见，广汇的营收过于依赖新车销售，新车销售占比高

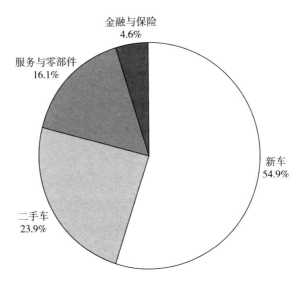

图23 2018年AutoNation各项业务在总营收中的占比

注：其他业务收入占0.5%，未计入图中。

资料来源：AC汽车分析报告，http://dy.163.com/v2/article/detail/ECATDOIU0527CG4K.html。

达85.9%，远高于AutoNation的54.9%；广汇的新车销售业务盈利能力尚可，新车销售毛利额占总毛利额的32%，在国内汽车经销商新车销售普遍亏损①的情况下实属难能可贵。广汇的二手车业务收入占比太少，仅为1.4%，远远低于AutoNation的23.9%；但二手车业务贡献了12%的毛利润，盈利能力最强。售后维保业务收入占比为9.2%，低于AutoNation的16.1%；售后维保业务的盈利能力较强，贡献了32%的毛利润。金融衍生业务收入占比仅为3.5%，远远低于AutoNation的4.6%；但金融衍生业务的盈利能力很强，贡献了24%的毛利润。整体而言，广汇的各项业务的盈利能力由强到弱为：二手车>金融衍生>售后维保>新车；广汇的各项业务的收入由高到低却为：新车>售后维保>金融衍生>二手车。两者的结构完全相反，可见广汇的业务结构还有较大的调整空间。

---

① 中华全国工商业联合会汽车经销商商会：《2018汽车经销商对厂家满意度调查报告》。

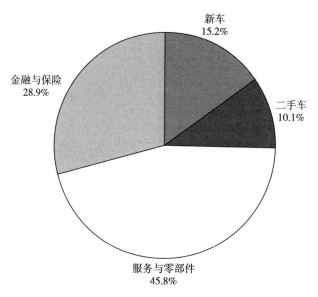

图 24　2018 年 AutoNation 各项业务在总毛利额中的占比

资料来源：公司公告、平安证券研究所。

（三）对中国汽车经销商的启示

第一，降低在营收上对新车销售的依赖。除了前述的广汇以外，根据各公司年报以及国元国际的分析，港股前四大汽车经销商公司：中升控股、永达汽车、正通汽车和广汇宝信，四大公司的新车销售收入占比均为85%以上，远远高于美国同行。可见中国汽车经销商的营收过于依赖新车销售；而在行业整体不景气的情况下，大部分汽车经销商的新车销售业务是亏损的。因此，建议中国汽车经销商降低在营收上对新车销售的依赖。豪华车利润更高，而中国豪华车渗透率仅为10.4%，低于美国；另外，中国新车的平均零售价与单台毛利润均低于美国。

第二，大幅提高二手车业务的营收占比，进一步提高二手车业务的利润，进一步带动服务、零部件和维保业务的发展。中国的二手车销量也远低于美国；二手车业务的盈利能力却相对很强。因此，建议中国经销商大幅提高二手车业务在整体营收中的占比，并进一步带动服务、零部件和维保业务

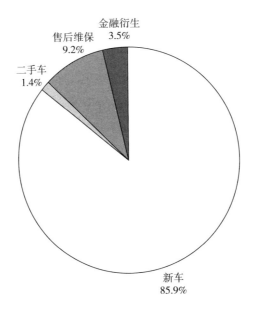

图25 2018年广汇各项业务在总营收中的占比

资料来源：根据公司公告、平安证券研究所的数据计算。

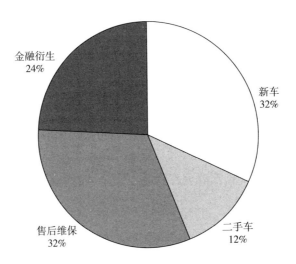

图26 2018年广汇各项业务在总毛利额中的占比

资料来源：根据公司公告、平安证券研究所的数据计算。

的发展。中国二手车的平均成交价与单台毛利润均远低于美国。因此，建议中国经销商提高二手车的成交价，进一步提高二手车业务的利润。

第三，优化售后服务、零部件和维保的结构，进一步提高该项业务的产值。当前，中国汽车经销商越来越依赖售后服务、零部件和维保业务。然而，在该项业务上，中国与美国差距仍然较大，在整体售后产值、售后单车产值和售后单店产值上，中国汽车经销商均远不如美国同行。原因在于中国的售后过于依赖授权体系，缺乏汽车售后连锁巨头。因此，建议中国优化售后服务、零部件和维保的结构，大力发展非授权体系，形成类似美国AutoZone、AdvanceAuto Parts（AAP）、O'Reilly Automotive（ORLY）和Genuine Parts（GPC）这样的汽车售后连锁巨头，从而进一步提高售后产值。

第四，继续保持汽车金融保险业务的快速增长。在汽车金融保险业务上，中国汽车经销商在汽车金融渗透率与金融保险营收占比上均远不如美国同行，而该项业务的盈利能力很强。因此，建议中国汽车经销商在保证金融风险可控的情况下，积极同银行、金融公司和互联网借贷平台合作，继续保持汽车金融保险业务的快速增长。此外，美国汽车融资租赁成熟，而中国刚处于起步阶段。美国融资租赁车辆数量约为430万台，过去几年增长了91%，占新车销售的31%[1]，未来还有不断上升的趋势，已成为除经销商金融服务以外，另一种消费者购买汽车的方式。此外，前文所述的汽车订阅模式也有较大的增长潜力。参考美国汽车融资租赁行业的发展，未来随着新车销售利润不断下降，汽车行业盈利向汽车后市场转移，随着消费者观念的进一步改变，汽车融资租赁以及由汽车订阅服务带动的汽车金融保险有望成为下一个强劲的增长点，建议中国汽车经销商尽早布局。

第五，进一步加大汽车经销商对社会的贡献。如前所述，美国汽车经销商为当地社区做出了巨大的贡献。2018年，美国汽车经销商解决了美国超过110万人的就业问题，为员工支付了超过660亿美元的工资；同时当地社区数十万的其他工作岗位也依赖于汽车经销商；美国汽车经销商花费数十亿

---

[1] 汽车金融帮，https://chejiahao.autohome.com.cn/info/3133175。

美元为当地社区提供各项服务。汽车经销商从业者的平均周薪为 1134 美元，明显高于其他零售行业，是所有行业中薪酬最高的职业之一。这使美国汽车经销行业发展十分健康，也保证了员工队伍的稳定。相反，中国汽车经销商平均单店员工数量虽然超过美国，但工资偏低；尤其是汽车销售人员压力大、工作不稳定、流动大；中国汽车经销商为当地社区做出的贡献也有限。因此，建议中国汽车经销商进一步提高员工的待遇，加强员工培训，为销售人员将来转型为出行顾问积极做准备；同时进一步加大对当地社区的贡献，赢得社会公众的支持，与消费者结成更紧密的关系。

第六，进一步加强互联网营销传播。据 Zenith 的数据，美国汽车市场 2017 年的广告支出为 180 亿美元，位居世界第一；中国为 63 亿美元，位居世界第二，但与美国差距较大。此外，如前所述，网络广告占美国汽车经销商广告费用的 56.3%，越来越成为主流；而中国汽车广告支出超过一半（54.4%）用于电视广告，这一数字也远远高于全球所有类别广告支出。因此，建议中国汽车经销商加强在线营销、社交媒体营销和移动营销等数字营销传播。

第七，提高中国汽车经销商协会的地位与影响力。美国国家汽车经销商协会（NADA）有强大的政策影响力与在厂家中的影响力，这为平等厂商关系的构建提供了组织保证。因此，建议进一步提高中华全国工商业联合会汽车经销商商会等中国汽车经销商协会的地位与影响力；进一步完善其组织职能，在协会下设专门与政府对接部门、法律部门和公共关系部门等，更好地发挥其居间协调作用。

B.13
德国汽车经销服务业发展概况及分析

杨一翁　张宪国　陈海峰*

摘　要： 2018 年德国销售 3435778 辆新车，同比下降 0.2%；销售额约为 4250 亿欧元，同比增长 0.4%；新能源汽车销售占比虽不高，但增长迅速。分业务来看，新车销售近年来首次出现负增长，且几乎不盈利。二手车销量为新车销量的两倍多。服务、零部件和维修保养业务在缓慢增长。汽车金融渗透率高达 75%，贷款购车条件宽松，汽车融资租赁渗透率达 21%。德国汽车经销商的新车、二手车、配件与精品、金融与保险四大业务的收入占比分别为 49%、32%、8%、11%；利润占比分别为 1%、5%、58%、36%。

关键词： 经销商　新车销售　二手车　新能源汽车　共享汽车

一　德国汽车经销商发展概况

（一）2018 年概述

德国杜伊斯堡—埃森大学研究所的一项调查报告显示，2019 年德国

---

* 杨一翁，北方工业大学汽车产业创新研究中心副教授，研究方向为汽车产业发展、品牌管理；张宪国，中国汽车技术研究中心有限公司中国汽车战略与政策研究中心汽车流通与后市场政策研究室部长，高级工程师，研究方向为后市场与出行；陈海峰，中国汽车技术研究中心有限公司中国汽车战略与政策研究中心汽车流通与后市场政策研究室副主任，高级工程师，研究方向为汽车流通和后市场。

汽车生产数量为 467 万辆，这是自 1997 年以来德国汽车年产量的最低值。

根据德国联邦机动车管理局（KBA）的数据，2018 年德国共销售 3435778 辆新车，同比 2017 年的 3441262 辆减少 0.2%。分燃料销量方面，汽油车占比 62.4%（增加 156212 辆，同比增幅为 7.9%），柴油车占比 32.3%（减少 225646 辆，同比增幅为 - 16.9%），混合动力车（HV）占比 3.8%（增加 45583 辆，同比增幅为 53.8%），纯电动车（EV）占比 1.0%（增加 11006 辆，同比增幅为 43.9%）。新能源汽车销量仍然很少，占比不到 5%。

根据安永咨询公司的研究，2018 年德国汽车行业销售额约为 4250 亿欧元，同比仅增长 0.4%。德国汽车制造商与供应商的发展呈相反势态，汽车制造商销售额同比下降 0.2%，而汽配供应商销售额同比增长 2.1%。各类汽车制造商与供应商雇员达到创纪录的 83.4 万人，同比增长 1.7%。

由以上数据可见，与全球其他汽车市场一样，德国汽车销售也不景气。

据统计，德国共有约 8000 家授权汽车经销商与 17500 家经销网点，以及约 2 万家维修企业。据德国汽车经销与维修协会（ZDK）执行总裁 Antje Woltermann 的观点，20 世纪 90 年代中期，德国的汽车市场出现饱和状态，经销商数量开始减少，这一趋势目前仍在继续。

如前所述，德国新车销量为 344 万辆；据统计，德国二手车销量为 740 万辆，二手车销量是新车的两倍多。根据德国施普林格汽车媒体销售总经理 Michael Harms 提供的数据，新车的平均售价约为 2.9 万欧元，折合人民币约为 22.6 万元①；据 DAT 汽车的数据，二手车的平均售价约为 1.1 万欧元，相当于人民币 8.6 万元。

据统计，德国汽车金融渗透率稳定在 75% 左右。据佐思产研发布的《2018 年中国汽车金融行业研究报告》，德国汽车融资租赁渗透率达到

---

① 按 1 欧元 = 7.8 元人民币的汇率计算。

21%。

据欧洲汽车制造商协会（ACEA）发布的数据，2018 年德国汽车保有量为 47095784 辆，相比于 2017 年增长 1.3%，平均车龄为 9.5 年。2009 年至 2018 年德国每年乘用车登记量如表 1 所示。

表 1   2009~2018 年德国每年乘用车登记量

单位：辆

首次登记的年份	2018	2017	2016	2015	2014
数量	3151097	3221432	3176396	2847417	2636852
首次登记的年份	2013	2012	2011	2010	2009
数量	2542920	2619572	2626586	2320597	3012629

资料来源：欧洲汽车制造商协会（ACEA）。

2014~2019 年德国平均每千人乘用车拥有量如表 2 所示。

表 2   2014~2019 年德国平均每千人乘用车拥有量

单位：辆

年份	2019	2018	2017	2016	2015	2014
每千人乘用车拥有量	589	569	563	557	555	550

资料来源：欧洲汽车制造商协会（ACEA）、世界银行。

（二）乘用车销量

2013~2018 年德国乘用车销量如表 3 所示。

表 3   2013~2018 年德国乘用车销量

单位：辆

年份	乘用车销量
2013	2952431
2014	3036773
2015	3206042

续表

年份	乘用车销量
2016	3351607
2017	3441262
2018	3435778

资料来源：MarkLines 全球汽车信息平台。

由表 3 可见，2013～2017 年，德国乘用车销量一直在增加；但 2018 年德国乘用车销量为 3435778 辆，同比 2017 年下降 0.2%，为近几年首次下降。

（三）主要品牌销量

2018 年，德国汽车市场的主要品牌乘用车销量及增速如表 4 所示。

表 4　2018 年德国主要汽车品牌的乘用车销量及增速

单位：辆，%

品牌	大众	梅赛德斯	宝马	奥迪	福特	欧宝	斯柯达	雷诺	西雅特	现代
销量	643518	319163	265051	255323	252323	227967	196968	130825	121724	114878
同比增长率	1.5	-2.2	1.2	-9.9	2.3	-6.5	1.4	-3.4	12.5	5.9

资料来源：网通社（Internet Info Agency）、德国联邦机动车管理局（KBA）。

由表 4 可见，2018 年德系车在德国本土市场占据绝对统治地位，大众以全年 643518 辆的销量位居榜首，同比增长 1.5%；梅赛德斯与宝马分列第二、第三位；奥迪由于 V6 与 V8 柴油发动机违反德国相关排放法规，销量同比大降 9.9%，但仍居前五。非欧系车只有福特与现代进入销量前十。

（四）单车型销量

2018 年，德国汽车市场单车型销量前十如表 5 所示。

表5　2018年德国汽车市场单车型销量前十

单位：辆，%

车型	大众高尔夫	大众途观	大众Polo	大众帕萨特	梅赛德斯－奔驰C级	斯柯达Octavia	奥迪A4	梅赛德斯－奔驰E级	福特福克斯	欧宝Corsa
销量	211412	74749	70488	70007	62784	58444	53340	51175	49278	47848
同比增长率	-7.0	4.6	14.8	-3.3	-8.5	-1.2	-10.3	-4.2	8.6	—

注：欧宝Corsa为2018年推出的新车型，故同比增长率数据不计。

资料来源：网通社（Internet Info Agency）、德国联邦机动车管理局（KBA）。

由表5可见，就单车型销量而言，大众集团是当之无愧的王者，包揽前四名；其中，大众高尔夫连续38年获得德国市场销量年度冠军。

（五）后市场收入

据报道，德国汽车后市场的规模约为542亿美元，整体增速约为2.2%，单车年售后产值约为5000元人民币。

二　德国汽车经销商四大业务

（一）新车

根据德国施普林格汽车媒体销售总经理Michael Harms提供的数据，德国新车的平均售价约为2.9万欧元，折合人民币约为22.6万元。

据德国汽车经销与维修协会（ZDK）执行总裁Antje Woltermann的观点，汽车厂商直接销售的新车数量在增长，已经占新车整体销量的30%。由于授权经销商数量偏多，再加上厂商直销的竞争，汽车新车销售市场的竞争异常激烈，德国新车销售的平均利润率仅有1%。

据德国汽车经销与维修协会（ZDK）执行总裁Antje Woltermann的数据，德国每家经销商每年平均销售新车250辆。根据德国纽廷根—格瑟林大学

Walfram Sopha 教授的报告，德国新车销售利润仅占总利润的 1%，几乎不盈利。

1. 新车全年销售数量与售价

如前所述，德国汽车经销商新车全年销售数量为 3435778 辆，新车的平均售价约为 2.9 万欧元，折合人民币约为 22.6 万元。

2. 新车分月份销量

2018 年德国汽车经销商新车（乘用车）分月份销量情况如表 6 所示。

表6　2018 年德国汽车经销商新车分月份销量

单位：辆

月份	销量
1	269429
2	261749
3	347433
4	314055
5	305057
6	341308
7	317848
8	316405
9	200134
10	252628
11	272674
12	237058

资料来源：MarkLines 全球汽车信息平台。

由表 6 可见，2018 年的德国汽车经销商新车销售的高峰为 3 月与 6 月，低谷为 9 月。

（二）二手车

据统计，德国二手车销量约为 740 万辆，是新车销量的两倍多。

根据德国施普林格汽车媒体销售总经理 Michael Harms 提供的数据，二手车的平均车龄是 6.2 年，里程是 74120 公里，平均库存周转 70 天。其中 1/3 是柴油车，2/3 是汽油车。德国二手车消费占消费者年收入的比例十分稳定，一直稳定在 30% 左右。也就是说，一位计划购车的消费者，如果他的年收入是 10 万元，那么他愿意花 3 万元去买一辆二手车。

据统计，德国二手车平均售价为 11250 欧元。据 Michael Harms 提供的数据，二手车的平均价格根据不同的交易主体而不同，最高的是授权经销商的价格（14820 欧元，相当于人民币 115596 元），第二是独立二手车商的价格（8700 欧元，相当于人民币 67860 元），第三是私人市场的价格（相当于人民币 5 万元左右）。

据德国纽廷根—格瑟林大学 Walfram Sopha 教授的报告，二手车业务的利润占授权经销商总利润的 5% 左右。

目前，随着互联网的快速发展，90% 以上的消费者会选择在 "mobile. de" 与 "Scout24" 以及类似的二手车信息拍卖平台上交易。同时，几乎所有的二手车经销商均与这两大平台合作，在平台上显示车辆信息来源。

1. 二手车保有量析出比

中国、美国、日本和德国的二手车保有量析出率对比如图 1 所示。

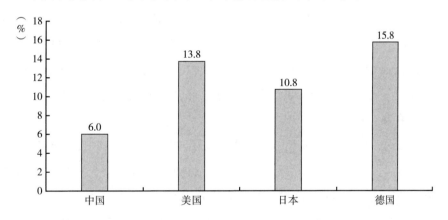

图 1　中国、美国、日本和德国的二手车保有量析出率对比

资料来源：国家统计局、公共数据。

图 1 中的数据叫保有量析出率，即二手车的交易量除以当年年末的汽车保有量。在 2018 年中国的二手车保有量析出率是 6.0%，日本为 10.8%，美国为 13.8%，德国为 15.8%。由此可见，中国的二手车还非常不活跃，整个汽车循环经济需要打通。

2. 二手车售价

根据德国施普林格汽车媒体销售总经理 Michael Harms 提供的数据，德国汽车经销商新车的平均售价约为 2.9 万欧元，折合人民币约为 22.6 万元；据 DAT 汽车的数据，二手车的平均售价约为 1.1 万欧元，相当于人民币 8.6 万元。[①] 新车售价约为二手车的 2.63 倍。

3. 二手车来源

据 DAT 汽车的数据，授权经销商占二手车市场份额的 51%，独立二手车商占 17%，私人市场占 32%。二手车平均售价为 11250 欧元。据统计，在德国汽车经销商的二手车主要来源占比中，厂家为 34%、拍卖为 16%、置换为 15%。对于汽车经销商来说，置换是主动收购，租赁返还则是被动收购。租赁与金融贷款是推动德国二手车市场发展的最主要动力。

（三）服务、零部件和维修保养

据德国汽车经销与维修协会（ZDK）执行总裁 Antje Woltermann 提供的数据，除了传统的新车经销商以外，德国共有 2.2 万家独立汽车维修企业。

据 DAT 德国汽车售后市场报告，德国汽车授权维修企业的维修订单量为 1640 万，保养订单为 2890 万；独立维修企业的维修订单量为 1400 万，保养订单为 1470 万。

据报道，德国汽车后市场的规模大约为 542 亿美元；其中，零部件约占 2/3。整体后市场的增速约为 2.2%，零部件业务的收入增长率相比于服务业务要高，约为 2.8%，而服务增长率约为 0.8%。

德国汽车后市场单车年产值约为 5000 元人民币；其中，占比前三的开支项为易损易耗件（约 25%）、钣喷（约 22%）、机电维修（约 17%）。从销售渠道看，整车厂体系的市场份额与独立第三方基本持平；从渠道门店数量看，也比较接近，其中整车厂体系的售后门店约为 1.8 万家，独立第三方体系的售后门店约为 2 万家。

---

① 按 1 欧元 = 7.8 元人民币的汇率计算。

德国汽车零部件销售额排名前十的企业为：博士集团、大陆集团、采埃孚集团、马勒集团、巴斯夫集团、舍弗勒集团、蒂森克虏伯集团、海拉集团、本特勒集团和博泽集团。

（四）汽车金融

1. 汽车金融渗透率

据德国联邦融资租赁企业协会（BDL）所公布的数据，个人与企业上牌车辆仅有25%是以现金方式购车，其余的75%通过汽车金融信贷或融资租赁方式售出。每年汽车信贷金额达477亿欧元，75%的金融信贷服务中，通过厂商金融机构比例为46%，其他市场参与者占据29%的市场份额。

全球主要地区新车汽车金融渗透率如图2所示。

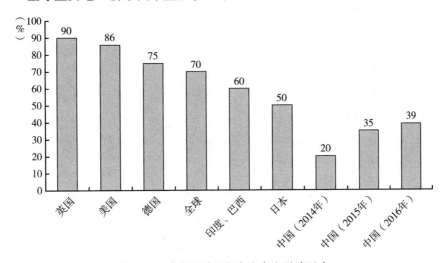

图2　全球主要地区新车汽车金融渗透率

资料来源：State of the Automotive Finance Market、罗兰贝格、建元资本，《2017年中国汽车金融报告》。

由图2可见，中国汽车金融渗透率与国外成熟市场差距很大。英国、美国、德国汽车金融渗透率高达90%、86%和75%；全球平均为70%；如前文所述，虽然中国汽车金融渗透率近几年增长较快，2018年达43%，但是仍与美国、英国和德国差距较大，但已经接近于日本的 50%。

德国汽车金融业务份额如图 3 所示。

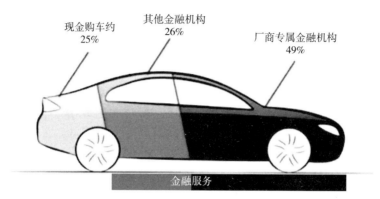

现金购车约
25%

其他金融机构
26%

厂商专属金融机构
49%

金融服务

图 3　德国汽车金融业务份额

资料来源：AKA2016。

由图 3 可见，德国汽车金融和融资租赁公司（厂商专属）占市场主导地位，整体份额中，厂商专属金融机构的占比达到了 49%，现金购车占比为 25%，其他金融机构占比为 26%。

2. 汽车贷款①

德国贷款购车的条件十分宽松，消费者只要年满 18 岁，有相应的驾驶执照和固定收入来源证明，就有资格贷款买车。一般来说，首付为 20% 左右，多者可达 50%，少者甚至可以享受零首付。还款期限的弹性也比较大，可以 1～2 年，也可以长达 7～8 年。汽车贷款利率较高，一般在 7%～8%。消费者可以选择在汽车银行、独立汽车融资机构或商业银行办理贷款购车。

在德国，常见的购车信贷服务主要有 3 种。一是传统的汽车信贷模式。在此模式下，消费者与经销商确定首付额度、月还款额度和还款时限后就可以将汽车开回家。二是汽车租赁信贷。在此模式下，消费者相当于以贷款的形式租车，并不是车辆的所有者，而只是使用者。到期之后，消费者应将车辆归还经销商。选择这种模式的企业客户居多。三是"三方融资"模式。

---

① 《经济日报》2014 年 10 月 23 日。

这种模式是传统信贷、租赁信贷以及"气球信贷"的结合。在此模式下，消费者以传统信贷的模式支付车辆费用的一部分，在还款到期后，消费者可以选择像租赁信贷模式那样将车辆归还，也可以选择还清尾款将该车留下。如果选择将车留下，消费者亦可以选一次性付清或以新的分期贷款合同将其还清。这种情况下，消费者相当于选择了一种前期还款金额较小，但贷款到期日后还款金额较大的"气球信贷"。

3. 融资租赁①

据佐思产研发布的《2018 年中国汽车金融行业研究报告》，德国汽车融资租赁渗透率达到 21%。

在德国，融资租赁客户也称为车队客户，一般是企业客户。德国企业员工大部分开车，相关企业也给中层和高层管理人员提供福利车，作为企业福利之一无偿地提供给企业高层员工使用。车辆主要通过融资租赁方式购买。

据 DATAFORCE 的数据统计，德国企业用车市场规模为 786723 辆。车队业务总计占乘用车市场份额的 28.3%。约 80% 的企业车辆通过金融或融资租赁的方式获得。几乎 1/3 的公司车辆是福利车，但福利用车客户对经销商的忠诚度远远低于个人客户，因为他们会更多地考虑公司预算。很多德国企业规定，车队用车只能选择德国品牌。

在德国，融资租赁的车三年后返还，自然形成了二手车的车源，而且大多数车辆的维修保养是在监控范围内的，是优质的二手车车源。所以，只要知道签了多少融资租赁的合同，就知道三年后能收回多少二手车，这是很好的循环。这就很好地解决了二手车车源的问题。

同样，回收的二手车还可以以融资租赁的方式继续出售，这样经销商的业务就可以不断往复循环。因此，在德国，维护现有客户是销售人员的主要工作，开发新客户就显得没那么重要。

---

① 中国汽车报网。

（五）德国汽车经销商四大业务收入与利润

德国汽车经销商四大业务的收入与利润结构如图4所示。

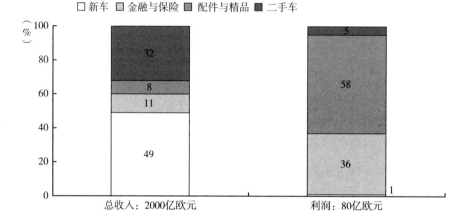

图4　德国汽车经销商四大业务的收入与利润对比

资料来源：德国纽廷根—格瑟林大学 Walfram Sopha 教授的报告。

由图4可见，新车销售收入占比很高（49%），但是利润占比很低（仅有1%）；相反配件与精品和金融与保险两项业务收入占比不是很高，分别为8%与11%，在利润方面占比却高，利润占比分别为58%和36%。由此可见，四项业务中盈利能力最强的是金融与保险业务，其次为配件与精品业务；盈利能力最弱的是新车销售业务，几乎不盈利。

三　德国汽车经销商转型升级：运营共享汽车①

（一）福特汽车经销商 Pittner 与共享汽车平台 Flinkster 合作

福特汽车经销商是德国第一家在其服务公司 FHD 及其厂商的帮助下提

---

① 搜狐公众平台、SGAuto 汽车经营与服务平台。

供共享汽车服务的公司，在德国共享汽车市场上保持领先。

位于德国法兰克福的汽车经销商 Pittner 是 2013 年首批引入共享汽车业务的福特汽车经销商之一。Pittner 已经在法兰克福周边 12 座城市运营 23 辆共享汽车，每年的共享汽车营业额已达到 13 万 ~ 14 万欧元。该公司共享汽车平均使用率为 30% ~ 32%，高峰期甚至超过 50%。

共享汽车也是产生优质二手车的重要来源。2019 年上半年 Pittner 的共享车队已经更换了 13 辆车，即以共享汽车形式产生了 13 辆二手车并成功售出。从 2013 年至今，该公司通过共享汽车形式共产生并售出了 97 辆二手车。

在共享汽车订单中，有 60% 是从现有客户中产生，另外 40% 是通过与福特合作的 Flinkster 共享汽车平台获得。

Flinkster 是德国铁路股份公司为共享汽车业务成立的全资子公司。Flinkster 目前已覆盖德国 400 个城市、2500 个固定共享汽车站，拥有 4000 辆共享车辆。特别是在火车站和机场附近都有非常好的覆盖网络。在欧洲其他几个德国的邻国，如奥地利、瑞士、荷兰和意大利，Flinkster 也有 2500 辆共享车辆。

Flinkster 的关键成功因素之一是直接连接公共交通网络，方便长、短途出行衔接和增加多种交通方式转换选择。

Flikster 目前与德国其他近 30 家共享汽车供应商如福特汽车经销商合作，所有 Flinkster 会员花 10 欧元就能成为其合作商会员。

Pittner 公司共享汽车会员卡不仅在自己集团的经销商店中销售，而且还在 12 座城市的火车站、旅游中心、市政厅和社区服务中心内销售。Pittner 目前不会继续向其他城市扩张共享服务网络，而只会专注于现有的 12 座城市运营，并会继续投放更多的共享车辆。

如何降低共享汽车停车费用是 Pittner 当前考虑的主要问题。Pittner 认为，与当地的建筑管理公司合作不仅可以减少自己公司内部人员工作内容和时间，而且可以更高效地利用当地停车设施，从而进一步降低 Pittner 公司共享汽车业务运营费用。

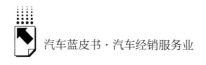
（二）福特汽车经销商 Eder 与公共交通服务部门合作

位于德国巴伐利亚州的福特汽车经销商 Eder 集团，也是最早加入福特汽车经销商共享汽车计划的企业之一。目前 Eder 集团在德国巴伐利亚州与奥地利边境城市罗森海姆火车站运营 4 辆共享汽车，月平均利用率为 37%。共享客户订单主要来自共享汽车平台 Flinkster。

目前，该公司在车站运营的共享车辆毛利润每辆车约为 750 欧元/月，扣除所有成本后，每辆车的月净利润约为 100 欧元。

该公司的共享汽车的车辆损坏很小，每两周对车辆进行一次常规清洁，这通常由经销商实习生做。而且，由共享汽车方式产生的二手车是一项收益不错的衍生业务。

还有一些经销商与当地公共交通服务部门合作开展共享汽车业务，在德国杜伊斯堡地区的公共交通服务部门 NIAG 的 5 个客运中心专门与福特汽车经销商合作。该地区的客户可以在任意一个客户中心注册获得共享汽车客户卡。目前与该交通服务部门合作的 5 家福特汽车经销商已经从合作中获得了相应的业务经验。

在经销商看来，与交通服务部门合作的优势是节省了广告费用，因为公共汽车站以及公交车上都会有共享汽车服务的广告。目前在 NIAG 的 5 个客户中心覆盖的地区共运营 14 辆共享车辆。

（三）旅游小镇的雷诺汽车经销商、共享汽车平台 Flinkster 和桑坦德银行的合作

位于巴伐利亚州南部阿尔卑斯山脚下的小镇巴特特尔茨是欧洲冬季滑雪度假胜地。该镇雷诺品牌经销商与达契亚品牌服务商 Frimberger 公司，在 2018 年 7 月成为桑坦德银行推出的 Movio 共享汽车项目第一家合作经销商，开始为当地居民与旅游者提供共享汽车服务。

作为一家汽车经销店运营共享汽车业务，其最大的优势就在于，无须对共享技术平台投入资金，只需成为 Flinkster 合作伙伴，就可享受 Driving-

CarSharing 完整的电子应用技术和预订平台。在合作中，Driving-CarSharing 还接管了车载电脑的安装和计费。该经销店成为平台合作伙伴的优势是可以接触到所有 Flinster 客户，向这些客户提供出行用车服务。

桑坦德银行提供的共享汽车项目非常适合中小型汽车经销商。因为汽车经销商有充足的车辆、训练有素的车间工作人员和密集的经销商网络，因此是共享汽车项目最佳的合作伙伴。

共享汽车平台如 Flinkster 提供的是虚拟的线上服务部分，如集客、下单、预订、付款等，而汽车经销商提供的是实体的线下服务部分。在这种合作模式中，经销商自己管理当地市场，并负责区域营销和与地方当局政府协调共享汽车服务所需支持。桑坦德银行提供共享业务所需的融资支持和广告宣传材料如：共享车辆标识贴、停车标牌和客户新建模板等。从事共享汽车业务，让 Frimberger 汽车经销店的闲置车辆发挥更多功效，而且维修车间完全能够兼顾共享车队的服务和维修。该公司的共享车队就涵盖了小型车、紧凑型车、面包车和电动车几个细分市场，从而能够适应不同类型客户的需求。

汽车经销商在共享汽车项目中，最好只是集中精力做好车辆供应和维护工作，而把共享汽车的市场宣传和推广以及订单处理等工作留给共享平台。这样线下与线上公司才能够更好地发挥各方所长。

（四）Choice 公司与酒店合作，通过试驾推广共享汽车

汽车经销商的运营实践证明，若要共享汽车业务成为企业收入的一个来源，可能需要较长的时间。但是，也可以将共享汽车作为试驾车，让更多的潜在客户使用车辆以达到推动新车销售的目的。例如，捷豹路虎目前在西班牙与德国纽伦堡出行服务创新公司 Choice 合作推出一项服务：有兴趣的消费者可以在马德里五星级酒店马贝拉酒店免费试驾路虎 Evoque，免费试驾时间为 3 个小时。

（五）德国汽车经销商运营共享汽车经验总结

第一，线下汽车经销商与线上共享汽车平台合作，发挥双方优势：汽车

经销商集中精力做好车辆供应和维护工作；共享汽车平台负责共享汽车的市场宣传和推广以及订单处理等工作。

第二，站点运营模式更具优势。在飞机场、火车站、旅游胜地与景区等人流量大、出行模式较固定的区域进行运营更具优势。

第三，寻找合适的合作伙伴、谋求共赢。单靠汽车经销商或单靠共享汽车平台，共享汽车很难运营。汽车经销商除了与共享汽车平台合作，还可以与停车管理公司，火车站、飞机场等公共交通服务部门，景点、酒店等旅游业机构，以及银行等金融机构合作，实现各方利益相关者共赢。

四 欧盟汽车经销服务业相关政策

欧盟是全球重要的汽车市场，可为我国汽车经销服务业管理提供借鉴。本部分梳理了欧盟及相关国家新车销售、二手车交易、金融保险、维修保养领域的管理政策。

（一）新车销售

自 1985 年开始，欧盟汽车行业适用于特定的豁免法规，在 30 多年的发展过程中经历了多次制修订，分别是：①1985 年 7 月 1 日发布的《关于对某些汽车销售和售后服务协议适用于欧共体条约第 85 条第（3）款的委员会第 123/85 号条例》（简称《第 123/85 号条例》）；②1995 年 6 月 28 日发布的《关于对某些汽车销售和售后服务协议适用于欧共体条约第 85 条第（3）款的委员会第 1475/95 号条例》（简称《第 1475/95 号条例》）；③2002 年 7 月 31 日发布的《关于对汽车行业各类纵向协议和协同行为适用欧共体条约第 81 条第（3）款的委员会第 1400/2002 号条例》（简称《2002 年汽车行业豁免条例》），有效期至 2010 年 5 月 31 日，其中新车销售方面的豁免条款延迟至 2013 年 5 月 31 日；④2010 年 4 月 20 日发布的《关于各类纵向协议和协同行为适用欧盟运行条约第 101 条第（3）款的委员会第 330/2010 号条例》（简称《2010 年纵向协议豁免条例》），有效期至 2022 年 5 月 31 日；

⑤2010年5月27日发布的《关于汽车行业各类纵向协议和协同行为适用欧盟运行条约第101条第（3）款的委员会第461/2010号条例》（简称《2010年汽车行业豁免条例》），有效期至2023年5月31日。

根据目前欧盟汽车销售法规体系现状，本部分重点分析了《2002年汽车行业豁免条例》以及《2010年纵向协议豁免条例》中《2010年汽车行业豁免条例》在新车销售方面进行修订和补充的内容。

1. 销售模式

欧盟汽车销售法规没有对汽车经销商的经营模式做出硬性规定，经销商可以加入独家分销体系或选择性分销体系，但是二者只能选其一，并且允许新车销售和售后服务分离。同时，汽车制造商在欧盟成员国内无论采用哪种方式，必须全部统一，不能在不同国家采用不同的方式。

在独家分销模式下，特许经销商应在指定营业区域内经营，不得在营业区域外从事主动销售业务，但被动销售是被允许的；可向汽车超市、网络销售商、其他独立经销商等转售产品。

选择性分销模式分为质量选择性分销和数量选择性分销。质量选择性分销模式在经销商和维修商的选择上主要基于产品或服务性质所要求的客观标准，例如销售人员的专业技能和销售布局等，并非直接限制允许进入供应商网络的经销商或维修商的数量。而数量选择性分销增设了其他选择标准，例如要求最低销售数量等要求，从而更直接地限制了经销商或维修商的潜在数量。

在选择性分销模式下，特许经销商不需要供应商授权就可以在整个欧盟范围内设立二级销售网点，向所有最终用户进行主动销售，但不允许向选择性分销体系外的经销商或维修商从事转售业务；允许从事多品牌销售业务，但必须设立单独品牌的展厅。

2. 市场份额的确定

《2002年汽车行业豁免条例》中规定，"供应商在其销售新车、配件或提供维修和保养服务的相关市场上的市场份额最高限值为30%"，但是，"对于建立以新车销售为目的、数量选择性分销系统，则市场份额不得超过

40%","如果协议用于建立质量选择性分销系统,则关于市场份额限值的规定不应适用(即不受市场份额限制)"。另外,对于纵向协议包含独家供货义务条款的情况,应使用买方的市场份额来判定。

欧盟认为如果涉及新车销售及售后服务的纵向协议中供应商的市场份额不超过30%,并且不包含对竞争具有"核心限制"的条款,这种纵向协议通常不会产生反竞争的效果,或者即使产生了反竞争的效果,但对竞争的正面影响通常会超过对竞争的负面影响。

《2010年纵向协议豁免条例》中规定,"含有质量或数量标准的选择性分销系统市场份额限值均为30%",《2002年汽车行业豁免条例》中限定的门槛不再适用,因为较高的市场份额限值(40%)使汽车制造商能随意减少经销商数量,或制定更烦琐的经销商标准,导致经销成本更高,损害消费者利益。同时在售后市场领域,由于售后服务是与品牌挂钩,其市场份额不大可能达到30%的限值(因为供应商市场份额上限是30%)。当制造商授权维修网点的市场份额超过30%,其豁免不适用。

3. 销售价格

《2002年汽车行业豁免条例》和《2010年纵向协议豁免条例》都作出了相同的规定,"纵向协议不得限制经销商或修理商决定其销售及经营价格;供应商可以确定最高销售价格或推荐销售价格,但不能固定销售价格或限定最低销售价格"。

欧盟认为,纵向协议中如果包含固定销售价格或限定最低价格的条款,就会构成严重的反竞争效果,这些条款即使在较低市场份额的情况下仍会对竞争造成相当程度的限制,因此这种情况下,不论相关企业的市场份额如何,对此类纵向协议都不予豁免。

4. 销售对象和区域

《2002年汽车行业豁免条例》第4条"核心限制"条款有如下规定。

(1)纵向协议不得限制经销商或维修商销售合同商品或服务的区域或对象,但以下情况是允许的:①限制经销商向供应商保留的向其他经销商或维修商分配的排他性区域或者排他性团体消费者进行主动销售;②限制在批发贸易层次上向最终用户进行销售；③限制选择性经销体系成员将新车和配件销售给未授权的经销商。

（2）纵向协议不得限制选择性经销体系中的经销商或维修商之间交叉供应，包括在不同贸易环节上经营的经销商和维修商之间。

（3）纵向协议不得限制选择性经销体系成员在采用选择性分销系统的市场内，在零售贸易层次上向最终用户进行的主动或被动销售。但是可以禁止选择性经销体系中成员在成立地以外未授权的地区进行经营。

对销售对象及区域的要求是《2002 年汽车行业豁免条例》的核心内容之一。法规要求无论选择哪种销售方式必须允许经销商向所有最终用户销售。

独家销售模式下，经销商只能在一个地区销售，但是可以转售给其他第三方销售。也就是说，拿到分销权后，经销商有自己独占的销售区域，但是他还有权把车再次分销给任何其他经销商。

选择性销售模式下，经销商可以在不同地区进行主动或被动销售，但不能转售。也就是说，供应商根据自己的标准到市场上选择经销商。在这种情况下，经销商就没有销售区域概念，可以销售到欧洲任何地区，但是只有这些被选择的经销商可以将新车销售给最终用户。同时为了促进选择性分销体系内成员的竞争，不能限制体系内成员之间的销售，这样做的目的是确保通过竞争降低体系内汽车销售的价格。

5. 授权协议期限及解除要求

《2002 年汽车行业豁免条例》对经销商授权的终止、修改或不续签有严格限制，没有合理理由汽车制造商不得解除授权协议。供应商与经销商或授权维修商之间签订的纵向授权协议共有两种不同的年限要求。

（1）对于固定期限合同，授权经营期限一般不得低于 2 年，但首次授权经营期限不得低于 5 年，同时汽车制造商与经销商应在授权期满 6 个月前通知对方是否续签合同。

（2）对于不固定期限合同，各方终止协议的通知期限应至少 2 年。但是，如果发生以下情况，此提前期可缩短为 1 年：①供应商依据法律或专门

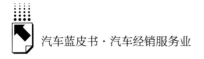

协议的规定对于终止协议进行合理补偿；②供应商为重组整个或大部分的经销网络而终止协议。

此外，在签署的协议中不应包括"限制或导致经销商或维修商在合同终止后不从事汽车生产、购买、销售、转售或提供维修和保养服务的直接或间接强制性条款"。

《2010年纵向协议豁免条例》中取消了对经销商合同的保护条款，原则上无固定期限合同供应商不必提前两年通知，可根据各成员国法规拟定解约条款。

6. 多品牌销售

（1）《2002年汽车行业豁免条例》中规定选择性分销体系成员可进行多品牌销售。

《2002年汽车行业豁免条例》第5条第2款中规定"禁止协议包含任何导致选择性经销体系中的成员不销售某些特定存在竞争关系的供应商品牌的直接或间接强制性条款"。这给经销商提供了更多的自由，选择性分销体系中的成员可以同时销售多个品牌，无论是摆在一个销售店里，还是摆在不同销售店里。经销商可以自由组合手里的品牌，只要制造商愿意提供代理权。但是，制造商有权利要求经销商在其产品陈列室划分专门的品牌区域展示车辆，以避免品牌间的混淆。

需要指出的是，汽车制造商可能面临他们的车辆和竞争者的车辆一同销售的危险，为了解决可能存在的"搭便车"和品牌形象稀释风险，制造商提高了对整个销售网络的规定标准，使经销商付出了巨大的投资成本，并最终转嫁给消费者。据有关研究表明，《2002年汽车行业豁免条例》法规的生效在鼓励同展厅多品牌销售方面的作用十分有限。

（2）《2010年纵向协议豁免条例》以及《2010年汽车行业豁免条例》对多品牌销售进行了修订，在一定程度上限制了经销商进行多品牌销售。

《2010年纵向协议豁免条例》第5条第1款中规定"允许不超过5年的直接或间接的非竞争义务"。因此，在满足市场份额限值即供方和买方的市场占有率均不超过30%的前提下，并且买方从供方采购价值额超过80%

（含80%），则法规允许其最多不超过5年的非竞争义务。

对于供应商和其授权维修商或配件经销商之间所达成的协议，该原则也同样适用。5年期满需要续约的，必须双方当事人明确同意，如果5年期满经销商打算有效终止此非竞争义务的，供应商不得设置任何阻碍。对于因双方当事人的市场份额超过30%，或者协议期限超过5年而不符合集体豁免适用条件的，则需要做进一步的评估，以审查所带来的积极效应和可能出现的反竞争效应的相对大小。

《2010年纵向协议豁免条例》第5条第2款规定"当合同商品或服务由买方在供方所有或供方从与买方无关联的第三方租用的场所中进行销售时，不适用5年期限，但该非竞争义务的期限不得超过买方占用该场所或土地的期限"。因此，若经销商使用供应商自己所有的或租赁的经营场所来销售汽车，法规允许在整个使用期内的非竞争义务。

《2010年纵向协议豁免条例》第5条第3款规定"豁免适用于导致买方在协议期满后不生产、购买、销售或转售商品或服务的直接或间接条款，但需该条款同时满足下述条件：①该条款涉及的是与合同商品或服务存在竞争的商品或服务；②该条款仅针对买方在合同期间进行经营的场所或土地；③该条款对于保护供方向买方转让的专有技术是不可或缺的；④该条款的期限仅限于协议期满后1年内"。

因此，如果是出于对供应商专有技术保护的考虑且现有经营场所不发生变动，法规允许合同约定期限届满后1年内的非竞争义务。实际上之所以设置非竞争义务是因为其也会产生积极的作用，有助于杜绝"搭便车"现象，并提升品牌形象和经销网络的声誉。

7. 搭售

搭售可导致对被搭售品市场、搭售品市场或者同时产生反竞争封锁效应，这种封锁效应取决于总销售量在被搭售品市场上所占的比例。《2010年纵向协议豁免条例》中指出："如果在被搭售品市场及搭售品市场上，供应商以及购买方的市场占有率均未超出30%，则法规允许搭售行为。"

搭售品市场上供货商的市场地位对于评估可能的反竞争效应来说是至关重要的。通常该类型协议是由供货商推行的，供货商在搭售品市场上的重要性是买方难以拒绝搭售行为的主要原因。在评估供货商的市场支配力时，认清搭售品市场上供货商竞争对手的市场地位是很重要的。只要其竞争对手的数量足够多、足够强，那么可以预期不存在反竞争效应，因为买方可以有很多购买搭售品而不购买被搭售品的替代选项，除非其他供货商也采用了同样的搭售行为。

（二）二手车交易

德国建立了完善的二手车流通体系，如出台了便利的临时牌照制度，拥有市场化程度高且消费者认可的检测与认证体系，还建立了质保、整备、金融等一系列配套支持体系，为德国二手车行业发展创造了良好的制度环境。

1. 临时牌照制度

德国拥有完善的临时牌照申领制度，经销商在完成车辆使用终止手续后，通过申领临时牌照的方式完成周转与交易，极大地便利了二手车交易。对于私人用户，可以申请为期5天的临时注册牌照，用于未注册车辆或试验用车定点运输。临时牌照以04开头，一车一证，费用为70欧元。经销商还可以申请有效期为1年、可多次使用的临时注册牌照，经销商牌照以06开头，为红色，仅发放给汽车经销商及汽车经销商服务商，用于在公共道路试车使用（见图5）。经销商每一次驾驶都要进行备案，该牌照费用为175欧元，经销商还需要为此缴纳约400欧元/年的保险，并不得转让给第三方使用。

图5　德国个人和经销商临时牌照示例

2. 二手车检测与认证制度

德国各级管理部门对于二手车检测认证并无强制性规定（见表7），德国 TÜV、DEKRA 等机构对二手车进行检测认证。TÜV、DEKRA 等鉴定评估机构会对车辆进行全面检查，包括生产厂家、车种、行驶里程、出厂年数、车辆外伤、内部装配及使用状况等，甚至旧车来源的合法性等情况也要进行检查。然后综合分析车辆相关信息，评估车辆价格。税务部门参考相关评估价格，征收增值部分的税金。

表7　德国车辆定期年检（PTI）与二手车检测主要区别

车辆年检（PTI）	二手车检测
联邦立法规定	无法律规定
强制性	非强制性
由官方指定检测机构执行	无指定机构
价格固定	非固定价格
官方记录文件与盖章/认证	独立的记录文件与认证
年检站必须达到官方指定标准	无法律强制要求检测站标准

资料来源：中汽中心、政研中心。

3. 二手车售后服务保证

德国政府出台有关规定，鼓励消费者购买经过认证的二手车，并规定经过认证的二手车可享受一定时间的售后服务。在德国，各经销商对于销售的认证二手车普遍实行1～2年的质量保证，并承担售后服务，如宝马公司就规定：车龄7年以上的宝马二手车有1～2年的全欧质量保证，与新车完全相同，解除了二手车消费者的后顾之忧。

（三）金融保险

2009年9月，欧洲议会和理事会发布的机动车保险指令，基本类似于我国的《机动车交通事故责任强制保险条例》。指令规定所有上路车辆强制投保，且该保险在整个欧盟境内都是有效的。责任范围包括人身伤害、财产损失。指令对于责任限额给出可供选择的方案。

（四）维修保养

欧盟汽车行业豁免法规及相关指南、说明，对规范配件流通和维修行业发展发挥了重要作用。一是根据配件的产品质量和技术标准，将配件分为原厂配件和质量相当配件；二是汽车供应商不能限制其零部件供应商向独立售后市场销售配件；三是不能限制授权维修商从独立售后市场获得原厂配件或质量相当配件用于汽车维修保养服务；四是不能限制授权经销商和维修商向独立维修商销售配件用于汽车的维修保养服务；五是不能限制其零部件供应商在提供的配件上使用自己的商标和标识；六是汽车制造商必须公平地向授权维修商和独立维修商公开汽车维修信息。

五　中德汽车经销服务业对比以及启示

（一）中德汽车经销服务业对比

中德汽车经销商服务行业对比如表8所示。

表8　中德汽车经销服务业对比

项目	中国	德国
新车销量(万辆)	2808	344
二手车销量(万辆)	1382	740
新车/二手车销量比	2.03	0.46
汽车保有量(亿辆)	2.40	0.47
每千人汽车拥有量(辆)	173	589
平均车龄(年)	4.5	9.5
后市场产值(亿元)	8500	3794
售后单车产值(元)	4381	5000
新车平均成交价(万元)	16	22.6
二手车平均成交价(万元)	6.6	8.6
汽车金融渗透率(%)	43	75
授权经销商数量(家)	29664	7000

注：根据前文已使用过的数据进行整理而成。

由表 8 可以得出以下五点结论。

第一，从汽车市场的整体规模来看，中国已经超过德国，中国在新车销量、汽车保有量、后市场产值和授权经销商数量上均遥遥领先德国。且中国目前每千人汽车拥有量才 173 辆，仅为德国的 30% 左右，未来还有很大增长空间。

第二，从新车与二手车销量来看，中国均比德国多；其中新车销量为2808 万辆，远超德国的 344 万辆。从新车/二手车销量比来看，中国是德国的 4.4 倍，可见中国二手车销量还有很大的潜力可挖。

第三，从汽车保有量来看，中国为 2.40 亿辆，远远超过德国的 4710 万辆；但从每千人汽车拥有量来看，中国远远不如德国，未来还有增长空间。德国的平均车龄为 9.5 年，高于中国的 4.5 年，德国的售后单车产值更高。

第四，从新车与二手车的成交价来看，德国均高于中国；其中两国在新车成交价上差距更大。

第五，从金融业务渗透率来看，德国为 75%，远远高于中国的 43%；但近几年中国汽车金融渗透率增长速度较快，增长空间较大。

整体而言，中国汽车市场的规模已经超过德国，但是德国汽车市场是成熟市场，结构更合理。

（二）中德汽车经销商四大业务结构对比

中国汽车经销商的新车、二手车、服务与零部件、金融与保险四大业务的收入结构与毛利结构如图 6 与图 7 所示。

德国汽车经销商的新车、二手车、服务与零部件、金融与保险四大业务的收入与毛利结构如图 8 与图 9 所示。

由图 6 ~ 图 9 可见，中国汽车经销商的收入过于依赖新车业务，新车业务收入占比高达 80%；而德国汽车经销商的收入结构更为合理。

从利润结构来看，德国汽车经销商的新车与二手车销售几乎不赚钱，主要依靠服务与零部件业务（利润占比为 58%），以及金融与保险业务（利润占比为 36%）盈利，两项业务占到总利润的 94%；相比较而言，中国汽车经销商除了二手车利润微薄（利润占比仅为 4%）外，其他三项业务的利润

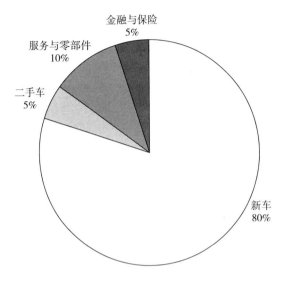

图6　中国汽车经销商四大业务收入占比

资料来源：欧赛斯，《汽车行业市场深度洞察》。

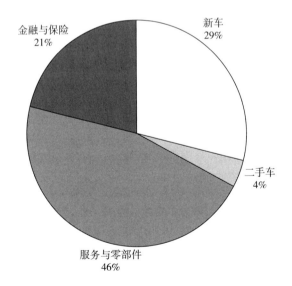

图7　中国汽车经销商四大业务毛利占比

资料来源：欧赛斯，《汽车行业市场深度洞察》。

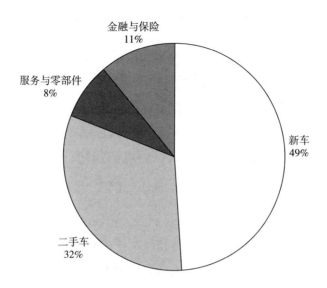

图 8　德国汽车经销商四大业务收入占比

资料来源：德国纽廷根—格瑟林大学 Walfram Sopha 教授的报告。

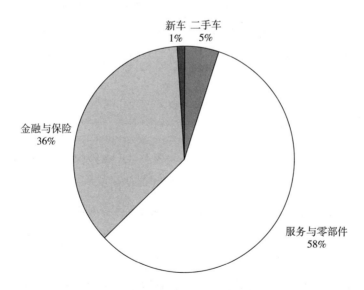

图 9　德国汽车经销商四大业务毛利占比

资料来源：德国纽廷根—格瑟林大学 Walfram Sopha 教授的报告。

较为均衡；但近两年新车销售也几乎不赚钱甚至亏损，主要也是依靠服务与零部件以及金融与保险业务来盈利。

六 德国汽车经销商与中国不同的运营模式[①]

（一）建店节省，90%售后维修为提前预约

整车厂并不会在门店建设方面对授权经销商提出高要求。一家位于德国的丰田汽车经销商认为，"就丰田品牌而言，建店的最高境界是经济，节约时间，而不是只求大或者美观。所以我们从接车区、维修区到配件区等的行走距离都比较短，这样可以节省工人的时间成本、提高效率"。这家丰田店的售后维修保养进厂台次是 40~60 台/天，90% 的客户都需要提前预约，车间只会预留 10% 的工时满足客户的应急需求。

总部位于柏林的 Motor Company 集团，是全欧洲最大的混合动力授权经销商，旗下共有 12 家授权经销商门店，但总共只有 3 个钣金、喷漆车间。即平均每四个门店共用一个钣金喷漆车间，并可以为任何品牌的车辆提供钣金、喷漆服务。

（二）开放车辆维修数据

德国的汽车授权经销商，在销售方面需要经过厂家授权。但是在维修方面，并不受厂家限制，因此任何品牌的门店可以服务任何一个汽车品牌。不过一般只有过了厂家质保期的车辆，才会可能选择前往非本品牌授权经销商的门店维修。这就涉及一个核心问题：门店如何获取非本品牌的车辆维修记录和数据？

在德国，有法律明文规定，整车厂家都必须开放每一辆车的维修数据和记录。此外，授权经销商除了能从厂家拿到数据，也可以和一些专业的数据公司进行合作。

---

① 搜狐汽车。

每年 Motor Company 集团会向数据公司缴纳一定的费用，其实就是通过一个车载诊断系统来实现。所以基本上，到店的任何品牌车辆，都能进行维修。对于非本品牌的到店维修车辆，即便无法查询到数据，也可以从附近的该车型所属品牌经销商处调取数据。

（三）开放零配件销售渠道

德国规定，原厂件、同质件等都被要求渠道开放，所以车主和门店都可以通过网上平台、线下商城和市场等购买。一些大型的零配件供应商、连锁超市等，也会定期为门店配货送货。门店会向车主征询意见，是买原厂件、同质件还是其他标准的配件，门店会明码标价。

（四）经销商销量不达标影响不大

在德国，厂商也会向经销商下达销售任务，但经销商达不到目标影响也不大，只是从厂家拿到的返利少一点。

七 对中国汽车经销商的启示

第一，二手车销量有较大增长空间。德国的二手车销量为新车销量的两倍多；而中国正好相反，新车销量是二手车销量的两倍多。在当前新车销售普遍难以盈利甚至亏损的情况下，二手车的盈利能力超过新车，因此提升二手车销量成为一条可行之路。

第二，金融保险业务有较大增长潜力。中国汽车经销商的汽车金融渗透率仅为43%；而德国汽车经销商的汽车金融渗透率为75%，远高于中国。从盈利能力来看，金融与保险业务的盈利能力很强，仅次于服务与零部件业务。目前中国汽车经销商的盈利依赖于服务与零部件业务（46%），未来可进一步发展金融与保险业务，使利润结构更为均衡。此外，可以借鉴德国经验，面向政府、企事业单位顾客，发展汽车融资租赁业务，该业务还能带动二手车销售。

第三，使四大业务的收入结构更为合理。目前，中国汽车经销商的收入过于依赖新车销售，新车销售收入占总收入的比重为80%；而新车销售又普遍难以盈利甚至亏损，因此这种失衡的收入结构亟待改变。建议未来重点发展汽车金融业务、二手车业务，并进一步发展服务与零部件业务。

第四，经销商可以寻求合作运营共享汽车。共享汽车能够扩展汽车经销商的业务范围，并带动二手车与汽车金融等业务的发展。中国的实践表明，由共享汽车平台单独运营共享汽车很难成功。在这种情况下，借鉴德国经验，汽车经销商、共享汽车平台、公共交通服务部门、停车管理公司、金融机构，以及景区、酒店和高校等人流量大的站点应该寻求合作，发挥各自优势，实现共赢。

第五，建议政府立法使经销商具有服务、零部件和维修业务的更大自主权。建议政府立法开放车辆维修数据、零部件销售渠道，使汽车经销商有权不受厂商限制，服务于任何一个品牌；同时有权自主采购零部件，并向车主明码标价。

第六，淡化新车销售目标。在目前新车销售普遍难以盈利甚至亏损的情况下，建议厂商与经销商平等对话，减少以销量目标来强行压库，给予经销商更大的发展空间，实现双方长期的健康持续发展。

B.14
日本汽车经销服务业发展概况及分析

杨一翁　王海洋　陈海峰*

摘　要： 2018 年，日本新车销售总计 5272067 辆，同比增长 0.7%。其中乘用车销售 4391160 辆，同比增长 0.1%。新能源汽车注册量占比逐年提高，在 2018 年达 37.8%。分业务来看，新车销量自 2012 年以来维持在 400 万~450 万辆，处于低速发展期，但销售利润呈上升趋势。二手车销量在慢慢增长，且一直领先于新车销量。日本汽车经销商售后单店产值换算为人民币约为 500 万元。汽车金融渗透率在 50% 以上。

关键词： 新车销售　新能源汽车　二手车　汽车金融

一　日本汽车经销商发展概况

（一）四个发展阶段

从 1970 年至今，日本汽车经销服务业经历了四个阶段。

黄金期（20 世纪 70 年代至 90 年代），日本汽车销量连年稳步攀升，在

---

* 杨一翁，北方工业大学汽车产业创新研究中心副教授，研究方向为汽车产业发展、品牌管理；王海洋，中国汽车技术研究中心有限公司中国汽车战略与政策研究中心汽车流通与后市场政策研究室部长，中级工程师，研究方向为汽车流通与产业；陈海峰，中国汽车技术研究中心有限公司中国汽车战略与政策研究中心汽车流通与后市场政策研究室副主任，高级工程师，研究方向为汽车流通和后市场。

1990 年达到历史巅峰 778 万辆。然而，1997 年的亚洲金融风暴重创了日本汽车销售。

稳定期（1998～2006 年），在亚洲金融风暴之后，日本汽车年销量稳定在 600 万辆左右。

灾难期（2007～2011 年），接连受到 2007 年世界金融危机与 2011 年日本大地震的冲击，日本汽车销量开始衰退，2009 年跌破 500 万辆，2011 年仅有 421 万辆。

低速发展期（2012 年至今），从 2012 年开始，日本汽车销量稳定在 500 万～550 万辆。

（二）汽车销售与维修店铺数量

据日本汽车经销商协会（JADA）数据，日本国内汽车销售公司约有 1600 家，销售门店约有 1.8 万家，这些公司都与日本国内汽车制造商或国外汽车国内代理签订了销售合同。此外销售协作店有 8.4 万家，这是日本全国 9 万多家汽车修理店中同时进行销售的店铺。也就是说，在日本，汽车销售公司与汽车修理店都在进行汽车修理和车辆定期检查。同时，一部分加油站也拥有修理和整备的设施，可以进行维修工作。此外，销售轮胎、导航仪的售后专门店也能进行维修。这些都加起来，在日本进行汽车修理整备工作的店铺约有 32 万家。

（三）雇员人数与年薪

据日本汽车工业协会（JAMA）数据，日本汽车销售与服务业雇员人数为 1031000 人；与汽车相关的行业总雇员人数为 546 万人；据统计，日本车企雇员的平均年薪折合人民币约 400000 元[①]，汽车业是日本高薪行业。

---

① 按 1 人民币 = 15.6 日元的汇率计算。

（四）新车销量、二手车销量、汽车保有量

据日本汽车工业协会（JAMA）数据，2018 年日本新车销量总计 5272067 辆，同比增长 0.7%。其中乘用车销量 4391160 辆，同比增长 0.1%。2018 年日本二手车销量总计 6951398 辆，同比增长 0.2%。其中乘用车二手车销量 5807783 辆，与 2017 年几乎相同。在日本，二手车销量超过新车，2018 年二手车/新车销量比为 1.58。截至 2018 年底，日本汽车保有量总计为 78289437 辆，同比增长 0.3%。其中乘用车保有量为 62025916 辆，同比增长 0.4%。

1970～2018 年日本乘用车保有量（每年底）如表 1 所示。

表 1　1970～2018 年日本乘用车保有量

单位：辆

年份	乘用车保有量
1970	8778972
1975	17236321
1980	23659520
1985	27844580
1990	34924172
1995	44680037
2000	52437375
2005	57090789
2009	58019853
2010	58347387
2011	58670314
2012	59421009
2013	60035297
2014	60667517
2015	60987342
2016	61403630
2017	61803118
2018	62025916

资料来源：日本国土、基础设施、交通和旅游部。

由表 1 可见，从 20 世纪 70 年代开始，日本乘用车保有量一直在增长，但自 2005 年以后，增长十分缓慢，在 2018 年底达 62025916 辆。

（五）车龄与汽车使用寿命

据 Automobile Inspection & Registration Information Association 的数据，截至 2018 年 3 月底，日本每 100 户家庭拥有私人乘用车 105.8 辆。

2009～2018 年日本乘用车的平均车龄与使用寿命如表 2 所示。

表2　2009～2018 年日本乘用车的平均车龄与使用寿命

单位：年

年份	平均车龄	平均使用寿命
2009	7.48	11.68
2010	7.56	12.70
2011	7.74	12.43
2012	7.95	12.16
2013	8.07	12.58
2014	8.13	12.64
2015	8.29	12.38
2016	8.44	12.76
2017	8.53	12.91
2018	8.60	13.24

资料来源：Automobile Inspection & Registration Information Association。

由表 2 可见，日本乘用车的平均车龄一直在增长，在 2018 年达 8.6 年；日本乘用车的使用寿命在 2018 年达到最高值 13.24 年。

（六）节能与新能源汽车注册量

早在 2009 年，日本政府就开始推广新能源汽车①，从此新能源汽车一直在稳步增长，到 2018 年，新能源汽车注册量已接近乘用车新车注册量的 38%。

2008～2018 年新能源乘用车新车注册量如表 3 所示。

---

①　此处包括混合动力汽车。

表3 2008～2018年日本新能源乘用车新车注册量

单位：辆

年份	混合动力汽车	插电式混合动力汽车	电动汽车	燃料电池汽车	清洁柴油汽车	合计
2008	108518	0	0	0	0	108518
2009	347999	0	1078	0	4364	353441
2010	481221	0	2442	0	8927	492590
2011	451308	15	12607	0	8797	472727
2012	887863	10968	13469	0	40201	952501
2013	921045	14122	14756	0	75430	1025353
2014	1058402	16178	16110	7	78822	1169519
2015	1074926	14188	10467	411	153768	1253760
2016	1275560	9390	15299	1054	143468	1444771
2017	1385343	36004	18092	849	154803	1595091
2018	1431980	23230	26533	612	176725	1659080

资料来源：日本汽车工业协会（JAMA）。

2008～2018年日本新能源汽车注册量/乘用车新车注册量比例如图1所示。

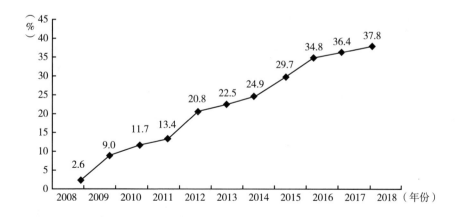

图1 2008～2018年日本新能源汽车注册量/乘用车新车注册量比例

资料来源：日本汽车工业协会（JAMA）。

如表 3 与图 1 所示，日本新能源汽车注册量/乘用车新车注册量比例逐年提高，在 2018 年已达 37.8%。其中，销量最高的新能源汽车是混合动力汽车（1431980 辆），销量占新能源汽车销量的 86.3%；清洁柴油汽车在 2018 年的销量也达 176725 辆，销量占新能源汽车销量的 10.7%；插电式混合动力汽车与电动汽车的销量还较少，分别只有 23230 辆与 26533 辆；燃料电池汽车销量非常少，仅有 612 辆。

（七）最畅销汽车品牌与最畅销车型

2018 年，日本汽车市场各品牌乘用车销量与市场份额如表 4 所示。

表 4　2018 年各汽车品牌的乘用车销量与市场份额

单位：辆，%

品牌	丰田	本田	日产	马自达	铃木	斯巴鲁	雷克萨斯	三菱	大发	其他
销量	1303335	377695	357759	164441	127727	119330	55096	45932	35212	308927
市场份额	45.0	13.0	12.4	5.7	4.4	4.1	1.9	1.6	1.2	10.7

资料来源：日本汽车经销商协会（JADA）、日本微型车协会（JMVA）、MarkLines 全球汽车信息平台。

由表 4 可见，日系车在日本市场占绝对统治地位，据统计，仅有奔驰一个国外品牌能进入销量前十，日本消费者对国产车情有独钟。丰田公司占压倒性优势，丰田（45.0%）与雷克萨斯（1.9%）两个品牌合计占据 46.9% 的市场份额。从销量与市场份额来看，丰田、本田和日产是日本汽车市场三巨头。

2018 年日本乘用车十大畅销车型如表 5 所示。

表 5　2018 年日本乘用车十大畅销车型

单位：辆

排名	品牌	车型	销量
1	日产	NOTE	136324
2	丰田	AQUA	126561

续表

排名	品牌	车型	销量
3	丰田	普锐斯	115462
4	日产	Serena	99865
5	丰田	Sienta	94048
6	丰田	VOXY	90759
7	本田	飞度	90720
8	丰田	卡罗拉	89910
9	丰田	威姿	87299
10	本田	Roomy	86265

资料来源：搜狐汽车。

由表5可见，日本乘用车十大畅销车型均为日系车，被日本三大汽车品牌丰田、本田和日产瓜分；其中日本汽车市场的霸主丰田有6款车型进入前十，日产与本田均有2款车型进入前十；日产NOTE以136324辆的销量占据榜首。

二 日本汽车经销商四大业务

（一）新车

1970～2018年日本乘用车新车销量如表6所示。

表6 1970～2018年日本乘用车新车销量

单位：辆

年份	乘用车新车销量
1970	2379137
1975	2737641
1980	2854176
1985	3104083
1990	5102659
1995	4443906

续表

年份	乘用车新车销量
2000	4259872
2005	4748409
2009	3923741
2010	4212267
2011	3524788
2012	4572332
2013	4562282
2014	4699591
2015	4215889
2016	4146458
2017	4386377
2018	4391160

资料来源：日本汽车经销商协会（JADA）、日本微型车协会（JMVA）。

1970 年至 2019 年 1 月日本乘用车新车销量如图 2 所示。

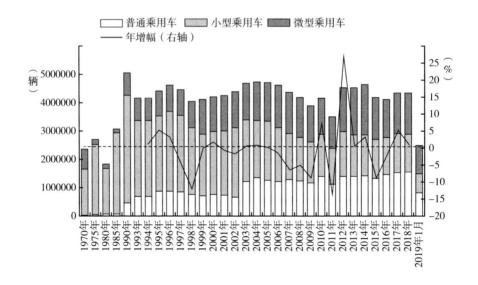

图 2　1970 年至 2019 年 1 月日本乘用车新车销量

资料来源：日本汽车工业协会、汽车之家。

由图2与表6可见，20世纪70年代到90年代，是日本国内汽车市场的黄金期，销量连年稳步上升，到1990年登上历史巅峰，达5102659辆。之后的亚洲金融风暴重创了日本汽车工业，从此日本国内汽车市场蓬勃向上的增长势头一去不复返。1998年至2006年，是日本汽车市场的一个稳定发展时期。然而，2007年世界金融危机爆发，受其影响，日本2009年乘用车销量跌破400万辆。2011年日本不幸遭遇大地震，日本2011年乘用车销量跌入谷底，为3524788辆。2012年至今一直维持在400万~450万辆。

据腾讯汽车的数据，2017年日本每家汽车经销商平均卖出大约3639辆汽车。

2018年日本新车每月销量情况如表7所示。

表7 2018年日本新车每月销量

单位：辆

月份	销量
1	399540
2	473878
3	667275
4	366155
5	371867
6	453765
7	441534
8	364216
9	485379
10	418992
11	441943
12	387525

资料来源：MarkLines全球汽车信息平台。

由表7可见，2018年3月日本新车销量最多，为667275辆；4月与8月日本新车销量最少，分别为366155辆和364216辆。

据日经中文网数据，2012~2017年美日德汽车巨头的销售净利率如图3所示。

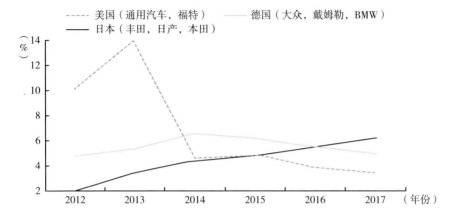

图 3 2012～2017 年美日德汽车巨头的销售净利率（5 年平均）对比

资料来源：QUICK FactSet、日经中文网。

由图 3 可见，2012～2017 年日本车企的销售利润率呈逐年上升趋势，在 2017 年已经超越德国与美国车企，五年平均值达到 6.2%。

（二）二手车

日本二手车认证标准规范透明、评估制度严格、相关法律法规健全、严格整治违规交易、价格合理。

日本二手车流通主要有 4 种交易形式：品牌经营、连锁经营、综合汽车生活店、二手车拍卖。[①]

1. 品牌经营

在日本，几乎所有的汽车制造企业均通过向新车经销商授权的方式，利用新车 4S 店的网络优势，以及品牌保证和专业的价值评估技术，深度参与自有品牌的二手车置换业务和其他品牌二手车的收购业务，并将其作为发展重点。

丰田、本田、日产等汽车制造企业均设有直接向经销商授权的二手车销售公司。其业务范围，不仅在各大 4S 店开展二手车置换业务，还进入拍卖行

---

① http：//www.jltsb.com/shxw/2020/01/01/202001010226.html.

业从事二手车拍卖业务。为此，一方面可以帮助经销商从二手车业务中谋取利润，弥补新车利润流失带来的空缺；另一方面，通过参与市场来控制品牌车型的二手车价格，也可防止二手车价格失调冲击新车价格，影响品牌价值。

2. 连锁经营

为在激烈的竞争中盈利，日本大型二手车经销商均利用自有品牌建立广泛的连锁经营网点。其加盟店实行统一店面标识、统一服务规范、统一业务管理，并由此制定出规范化操作规程，提高劳动效率。通过大量收购和快速营销，发挥"供应链"的强大功能，实现各个分店的资源、信息共享，为客户提供个性化服务。

日本 Gulliver 集团是全球第二大、日本最大的二手车交易商，也是日本最大的 C2B 拍卖企业，在日本具有近 600 家二手车直营店和 8000 多个加盟二手车经销商，其创立了二手车收购店和互联网二手车经销系统，销售二手车 20 万辆/年，业务范围涉及美国、澳大利亚、泰国、新西兰等国家。

3. 综合汽车生活店

在日本许多经销商都建立有汽车生活馆，并通过汽车生活馆展现二手车的实际应用情况，以帮助消费者更好地了解汽车，提高消费者的购买欲望，促进交易的达成。

日产建设了兼备新车和二手车销售，以及零部件采购中心的综合汽车店 Carest。Carest 由 Car 与 Rest 组成，表示车及休息的意思，即顾客可以在充满创意的环境里享受汽车生活。Carest 位于东京城以东，室内外总面积 60000 余平方米，超过 50 台新车、1000 台二手车以及约 40000 件汽车精品供顾客挑选。

另外，一条长达 700 米的跑道供顾客试乘试驾各款新车及二手车；购物中心、儿童游戏区及舒适的咖啡茶座，可一家老少咸宜；维修车间拥有 38 个维修工位，同时提供最方便的自助洗车服务；专业的评估区域可以让你以满意的价格购入心仪的车辆等。

4. 二手车拍卖

日本二手车的流通是典型的 B2B + B2C 共存的模式。日本汽车主要有三大三小品牌，即本田、丰田、日产（三大），马自达、三菱、斯巴鲁（三小），它们占有日本90%的汽车市场份额，而且日本消费者对汽车品牌的忠诚度非常高，二手车直接在4S店的置换率非常高，超过90%，经销商集团的车源非常丰富，库存压力也较大。

为此，经销商集团需要以拍卖这种高效率的方式把车源批发给直接零售的二手车经销商，而几乎所有大中小型经销商的车源都来自不同的拍卖平台。

与其他发达国家二手车市场不同，二手车拍卖在日本二手车流通中占据非常重要的地位，堪称日本二手车流通的中枢。日本现有规模大小不一的二手车拍卖场近200个，二手车市场上约有80%的车辆通过拍卖会进入各个销售店进行销售。

拍卖形式从最开始面对面的传统拍卖，已发展到现场拍卖和远程拍卖两种形式。拍卖会采用会员制的形式，只接受二手车相关企业入场，交易价格为批发价。交易车辆在交易前需接受拍卖公司的专业检测。

二手车拍卖场在日本的分布非常广泛，买家可以随时买到心仪的二手车。为了更好地满足不同区域对于二手车的需求，日本根据不同区域的经济发展水平在全国的不同区域建立了20余个大型的二手车交易市场。大型拍卖活动均以二手车交易市场为主体，利用发达的互联网技术开展。

全国二手车交易市场已经实现高度信息透明化下的信息互联，来自不同区域的买家可以不受地域限制地互相交易，打破了各种区域之间明显的界限，通过网络中跨区域的交易，使二手车的销售量明显提高。

日本USS株式会社起源于本洲岛的爱知县，设立于1980年，目前是世界上最大的二手车交易市场和日本B2B上市拍卖公司，年成交量接近300万辆。在日本全国共设有17处线下拍卖会场，并拥有自有的联网卫星线上拍卖系统和近1万个电子交易平台。不同的交易市场中均设有2~4个大屏幕，同时通过卫星，将所有交易二手车信息反映在分散于各地交易市场的大屏幕上。

交易人员通过大屏幕，可以清晰明了地了解交易信息，只要按动手中的按钮，仅需几秒钟时间，就可以将信息传输到电脑，再由电脑将信息传递给卫星，信息经卫星处理后反馈到大屏幕上，完成整个交易。USS每周仅有一天开市交易，约每 20 秒钟拍出一辆汽车，日均交易量约为 2 万辆，年成交量达 200 多万辆，占有日本二手车市场 35% 的份额，是业界的"领头羊"。

据统计，日本二手车商的单车利润换算成人民币约为 6000 元。

2018 年日本二手车销量为 6951398 辆，其中乘用车二手车销量为 5807783 辆。1985 年至 2018 年日本乘用车二手车销量如表 8 所示。

表 8 1985~2018 年日本乘用车二手车销量

单位：辆

年份	乘用车二手车销量
1985	3811968
1990	4554061
1995	5566646
2000	6241419
2005	6353127
2009	5339315
2010	5282272
2011	5182656
2012	5648666
2013	5663017
2014	5650870
2015	5625225
2016	5616709
2017	5806577
2018	5807783

资料来源：日本汽车经销商协会（JADA）、日本微型车协会（JMVA）。

2009~2018 年日本二手车、新车销量如图 4 所示。

由表 8 与图 4 可见，日本乘用车二手车销量在 2005 年达到巅峰的 6353127 辆；自 2010 年之后，日本乘用车二手车在缓慢地增长。在日本，二手车销量一直领先新车，2018 年日本二手车/新车销量比为 1.58。

2014~2017 年中国与日本的新车、二手车销量对比如图 5 所示。

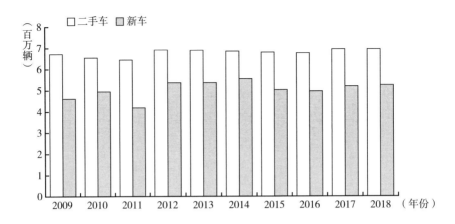

图4 2009～2018年日本二手车、新车销量

资料来源：日本汽车经销商协会（JADA）、日本微型车协会（JMVA）。

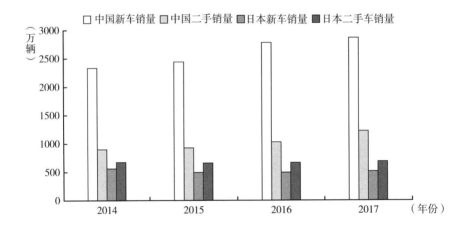

图5 2014～2017年中国与日本的新车、二手车销量对比

资料来源：汽车之家。

由图5可见，近几年，日本的二手车销量约为新车销量的1.5倍；而中国的情况恰恰相反，新车销量为二手车销量的2倍以上。

据统计，在日本二手车市场，新车购买置换率在30%以上；二手车的车龄不到4年，平均交易价格折算为人民币约为9万元，销售毛利率比新车高出约15%。

（三）服务、零部件和维修保养[①]

日本政府规定，不在4S店维修保养的汽车就不能通过年检，这使日本汽车售后服务系统较封闭，4S售后服务体系占据80%以上的市场份额。一方面，日本的市场规模小；另一方面，日本政府有严格的车检制度，要求车辆的大量车检项目必须到4S经销店进行。与严格的车检政策相关，日本的汽车售后服务体系呈现的特点是：连锁模式体系小、以整车厂的特约维修店为主导。售后服务体系中所用的汽车配件80%以上是OEM产品，市场密集，平均每个维修店为710辆车服务。但也有成功的连锁服务企业，比如AUTOBACS。日本汽车后市场配件销售及维修服务三大公司为：AUTOBACSSEVEN（571家连锁店，营收超过140亿元，毛利率达33.2%，净利率为4.2%）、YELLOW HAT（超过600家连锁店，营收超过70亿元，毛利率达30.7%，净利率为6.0%）、FUJICORP（超过400家连锁店，2013年营收接近15亿元，毛利率达31.3%，净利率为5.0%）。三大公司的零部件与维修业务的毛利率为30%左右，净利率在4%~6%。

据报道，日本汽车经销商售后单店产值换算为人民币约为500万元。

（四）汽车金融

如前所述，日本汽车金融渗透率在50%以上。

据矢野经济研究所的《日本汽车租赁＆汽车共享市场的现状和展望》，从日本汽车租赁市场规模来看，用户支付金额换算为人民币约为334亿元。

三　日本汽车经销服务业管理政策

日本在汽车经销服务领域很少有专门的管理政策，但基于其他法律法规，也建立了一套卓有成效的管理体系。特别是在平行进口领域，在行业组

[①]　AC汽车，http://www.acqiche.com/archives/5144.html。

织管理、流通政策、产品认证等方面形成了一套完善的管理体系，有效促进了行业发展。

（一）新车销售

日本没有一个专门的法律来规范汽车流通市场，而是通过一系列综合性的法律法规来规范，如反垄断法律体系、商业振兴法律体系、保护消费者法律体系等。一般来说，这些法律基本规定了大致的原则，且条文比较抽象，内容比较宽泛。其中以反垄断法律体系为基础的汽车流通监管是整个管理体系的核心，目的是消除垄断、促进市场公平竞争、保护消费者权益。

1. 汽车流通适用手册

日本政府为了更好地贯彻和执行《反垄断法》，制定了基于该法的《关于流通领域交易行为的相关反垄断法实施指南》（简称《指南》），对《反垄断法》相关内容进行解释和说明。《关于流通领域交易行为的相关反垄断法实施指南：汽车流通适用手册》（简称《手册》）由日本汽车公平交易协会于1991年9月发布，是对《指南》中与汽车流通密切相关的第2部"流通交易行为反垄断法实施指南"中的"违法"和"不违法"两种情况进行的解释，还包括公平交易委员会对汽车行业进行指导的内容或涉及反垄断法的一些案例和示例进行的补充说明。对于难以理解的部分，用"Q&D"的形式进行答疑，使加盟协会的制造商和销售商能够透彻理解。

《手册》从以下8个方面对厂家及经销商的行为提出了允许和禁止的规定。

（1）维持再销售价格的行为（厂家建议零售价）

厂家限制经销商销售价格的行为，削弱了经销商之间的价格竞争，从原则上构成了违法。包括厂家通过协议（含口头协议）、提出不按价格销售就无法盈利或进行此类暗示、拒绝交易或佣金不一等形式限制经销商的销售价格。

厂家设定建议零售价格的行为，如果具备供经销商参考的性质，则该行为本身是合法的。如果厂家的直接交易对象只属于代理，实际上由厂家直销时，厂家对该交易对象指示价格是合法的。母、子公司之间若属于100%控股或超过50%股份且"实质上被断定为属于同一企业的行为"，则作为母公司对其子公司（可能为其经销商）指示或限制销售价格的行为，原则上是合法的。

（2）限制营销竞争性商品的行为（关于专卖店）

具有市场竞争力厂家限制经销商代理（销售）其他竞争性商品，使新进入或市场中原来的竞争者无法找到可替代的良好流通渠道的行为构成违法。若不具有市场竞争力或新介入的经营者限制经销商经营竞争性商品，原则上不受反垄断法限制。

判断是否属于具有市场竞争力厂家的标准，是在相关市场（与受限对象商品的功能、效用相同，因地理条件、交易对象构成竞争关系的商品市场）的占有率达到10%以上，或排名在前三位。从相关市场界定来说，一般来讲，轿车中含普通车、小型车、微型车，载货车中含重型车、中型车、小型车、微型车，客车中含大型车、中型车、微型车。同时，还需考虑地理条件因素。因此，除了考虑在全国的市场占有率外，对其在都道府县的占有率也应该考虑。基于以上思路，从对象公司商品的功能、效用等方面，由公平交易委员会判断是否具备市场竞争力。

限制经销商代理竞争性商品的案例（含采用协议方式或经济等手段）包括：①厂家要求经销商只受理本厂家商品；②厂家限制经销商受理竞争对手的商品；③厂家禁止或限制经销商受理与自家商品具有竞争关系的进口商品等特殊商品；④厂家对经销商的经营能力进行测算，要求其达到接近能力限度的销售量，以此来限制其经营其他竞争性商品。

对于是否"使新进入或市场中原来的竞争者无法找到可替代的良好流通渠道"，可以通过下列事项进行综合判断：①对象商品的市场整体情况（市场集中度、商品特性、产品差异程度、流通渠道、新商品介入的难易程度等）；②进行限制的厂家在市场上的地位（市场占有率、排名、品牌影响力等）；③被限制经销商的数量及其在市场上的地位；④该限制对经销商经营活动的影响（限制程度、状态等）。

（3）限制销售区域的行为

具有市场竞争力的厂家对经销商的经营区域进行严格限制，限制跨区经营，涉嫌维持该商品的价格，因此构成违法。当不具备竞争力的厂家或新介入的厂家限制销售区域或为新商品试销限制销售区域原则上是合法的。

具有市场竞争力的厂家要求经销商向销售到其他区域的经销商支付区域侵权费用，说明厂家限制经销商跨区销售车辆，违反反垄断法。

具有竞争力的厂家以回扣为手段，严格进行区域限制，或厂家限制经销商向区域外的消费者销售车辆，均属于违反反垄断法的行为。

厂家对经销商圈定经营区域，限制其受理来自区域外顾客的购买要求，即无论是否具有市场竞争力，对区域外客户的被动销售都是不能限制的。

厂家为了建立有效的销售网点和售后服务体系，针对经销商采取责任区域制和销售网点制，或不具备竞争力的厂家或新介入的厂家限制跨区销售，或为新商品试销对销售区域进行限制，则不属于违法行为。责任区域制是指厂家将一定区域划定为经销商的责任区域，赋予其在该责任区域内积极开展营销活动的义务。销售网点制是指厂家对经销商在圈定区域内设置店铺等销售网点的地点进行限制，或指定销售网点的设置地点。

（4）限制交易对象的行为（经销商和二级经销商之间的交易限制）

厂家限制经销商只能与固定的二级经销商进行交易，这种做法涉嫌维持该商品的价格，因此构成违法。

厂家限制低价销售的经销商或二级经销商销售自家商品，从而涉嫌维持该商品价格，因此构成违法。

厂家要求经销商以从事低价销售活动为理由限制二级经销商销售自家商品，则涉嫌维持该商品价格，因此构成违法。

厂家对原来进行合作的经销商或二级经销商，以他们从事低价销售活动为理由停止供货，属于维持该商品价格的行为，原则上构成违法。

厂家设置经销商选择二级经销商的标准，相当于制定维持厂家建议零售价格、不准低价销售等价格相关的参考标准，涉及反垄断法，构成违法。

如果厂家设定的参考标准，约束了经销商，则属于违反反垄断法的行为。

（5）限制销售方法的行为

作为厂家限制经销商销售方法的手段，对其销售价格，对销售竞争性品牌产品的要求、销售区域、交易对象等进行限制，可能涉嫌违法，需根据具体情况进行判定。

在广告等销售方法中，采取下列限制行为，涉嫌维持价格，原则上属于违法：①厂家限制经销商在店面或宣传单上标示价格，或限制其进行价格宣传的广告行为；②厂家对自己的交易伙伴——杂志、报纸等广告媒体提出要求，拒绝刊登低价销售的广告。

厂家对零售商的销售方法（销售价格、销售区域以及销售对象除外）进行限制，如果属于为确保安全性、保证质量、维护商品信用度等，可以视其是合理销售该商品的行为，而且与其他交易对象的零售商采用同一尺度的条件，则该行为本身不涉嫌违反反垄断法。不构成违法的具体案例：①要求销售时对其商品进行说明；②要求对其商品进行配送；③要求商品的质量管理条件；④要求为自家商品设立专区，或搭建专用棚屋。

（6）提供佣金的行为（支付销售奖励）

厂家在没有明确标准的情况下支付佣金，容易违反反垄断法。

厂家对经销商没有按照厂家建议价格进行销售而削减佣金额等，即以佣金为手段，限制经销商的销售价格、销售竞争对手商品、销售区域、交易对象等，可能涉嫌违法，需根据具体情况进行判定。

厂家根据经销商的销售价格、是否经营竞争对手的商品等来区别性支付佣金，当涉嫌对经销商进行违法性限制或具有同样的性质时，将构成违法。

押金制（厂家从经销商处收取全部或部分保证金，并保管一段时间，然后再返还给流通业者）如果成为对流通业者的违法性限制手段或具有与违法限制相同性质时，将构成违法。

具有市场竞争力的厂家提供占有率佣金（一段时间内经销商销售额中自家商品所占比例，或根据店面展示的自家商品的比例支付佣金），由此限制其营销竞争对手的商品，其结果可能造成新进入者以及已有竞争对手难以确保其替代性的流通渠道，此时构成违法。

具有市场竞争力的厂家提供较大额度的累进式佣金，由此限制流通业者经营竞争对手的商品，结果导致新进入者和已有竞争对手难以确保替代性的流通渠道，此时构成违法。

（7）干预经销商经营的行为（对经销商销量限制、搭售等）

厂家与经销商签订经营协议，有时厂家对经销商的经营条件进行限制。例如在变更章程、业务内容、资本金、领导层、主要股东、经营商品、销售方法等时需得到厂家事先认可，或要求协商等，也有要求经销商拿出能够反映销售状况的账簿等相关材料。干预经销商经营的行为，是为了渗透厂家的销售政策，也为了指导经营、保护债权、收集市场信息等，这些行为本身不涉及反垄断法。厂家干预经销商经营的手段，可依据其最终是否对经销商销售价格、营销竞争对手产品、销售区域、交易对象等构成限制效果来判断其是否违法。

厂家干预经销商的经营活动，利用自己的市场优越地位对经销商兼业内容、销售数量进行过度限制或要求其执行义务，按照正常的商业习惯，不当地导致对方蒙受经济上的损失，则构成违法。

对于经销商的经营相关的重要事项，要求与厂家事先进行协商并体现在协议书上，实质上限制其营销其他厂家产品，或者具有维持销售价格的效果，此时涉嫌违反反垄断法。

以低价销售导致经营状况不善为理由，厂家要求更换经营责任人，此时构成违法。

如果经销商不同意畅销车与非畅销车搭配供货，将停止提供畅销车，此时构成违法。

（8）竞争者之间的总代理店协议

作为总代理店的经营者从事与协议对象同类商品的制造或销售活动时，在该市场上的占有率超过10%，而且排名在前三位时，综合考核下列内容，当具有妨碍竞争效果嫌疑时属于违法：①作为总代理店的经营者市场占有率、排名以及与竞争者之间的差异程度或变化程度；②供应商的综合经营能力（销售额、品牌影响力、在市场上的地位等）；③协议对象商品在国内市场上的占有率以及排名；④该市场的竞争环境（竞争对象数量、市场占有率变动情况、新介入者的难易程度等）；⑤作为协议对象商品的特质、作为总代理店的经营者制造或销售的商品同协议对象商品之间的竞争水平、有无密切的可替代品、协议对象商品的销售价格情况；⑥协议对象商品流通情况（新介入流通领域的难易程度等）。

作为总代理店的经营者在该市场上的占有率超过25%，而且排名第一时，构成违法。

在国内市场首次准备销售的协议对象商品，协议时间为短期（协议时间是否属于短期因商品而异，一般指3~5年），不构成违法。

协议对象商品在作为总代理店的经营者提供技术的情况下进行制造或受到该经营者委托制造，不构成违法。

作为总代理店的经营者制造或销售与协议对象商品同类商品，在市场上的占有率不足10%，且排名在四位以下，不构成违法。

2.《汽车行业公平竞争规约》及实施细则

《汽车行业公平竞争规约》（简称《规约》）由汽车公平交易协会依据《反不正当赠与及表示法》第十条第1项制定，明确了在日本国内进行新车和旧车交易及相关行为的准则，以及对违反《规约》行为由汽车公平交易协会进行调查和处罚。另外，为普通消费者选择汽车商品提供参考，防止出现不正当诱导消费者的情况，进而达到公平竞争的目的。为了便于流通业者理解和把握《规约》相关要求，汽车公平交易协会发布了相关实施细则。

《规约》及实施细则规范了经营者广告宣传等营销行为，以防止虚假宣传以及欺骗诱导消费者。宣传形式具体指下列情况：①商品广告及其附属物广告等形式的宣传；②利用样本、传单、宣传册、说明书及其他类似方式所做的广告或宣传（含邮送、传真等）以及口头广告等宣传（含电话等）；③海报、广告牌（含标牌以及在建筑物、火车、汽车等上张贴的广告）、霓虹灯、氢气球等类似方式的广告，以及展示或登台表演等形式的宣传；④报纸、杂志、其他出版物、播音（含有线通信设备或扩音器）、播映、舞台、灯光等广告形式的宣传；⑤通过信息处理设备等广告形式（含网络、计算机通信等）的宣传。

《规约》及实施细则重点对汽车销售宣传价格、技术参数及配置、分期付款、宣传用语、统计数据来源、数据精确位数、折扣等宣传行为进行了规范。同时针对不正当价格宣传、欺瞒消费者宣传等行为提出了禁止条款。

3.《汽车行业限制提供赠品公平竞争规约》及实施规则

《汽车行业限制提供赠品公平竞争规约》（简称《赠品规约》）及实施规则由汽车公平交易协会依据《反不正当赠与及表示法》中关于不正当赠与行为的相关法规制定，目的是通过在汽车行业对不正当提供赠品类的现象进行限制，防止不正当诱导顾客的行为发生，进而确保汽车行业拥有公平的竞争秩序。

《赠品规约》中所称"赠品"是指作为诱导消费者的手段，不论采取何种方式，经营者在提供自家汽车产品及服务时，一同提供给消费者的物品、现金等经济上的利益，如：①物品及土地、建筑物等其他物品；②现金、代金券、存折、奖券及公司债券、股票、购物券等有价证券；③招待（含电影、戏剧、运动、旅行等形式的促销式招待以及优惠）；④提供方便、劳务等其他服务。但是，不包括按照正常商业习惯打折或作为售后服务享受的经济上的利益以及作为随车附送的经济上的利益。

经营者以奖励方式向销售商及利用汽车对普通消费者提供服务的经营者提供赠品，或经营者以奖励方式向消费者提供赠品，应在"关于限制以奖励方式提供赠品类的规定"（1977年公平交易协会告示第3号）的范围。

经营者作为非奖励而向消费者提供的赠品，应在"关于向普通消费者提供赠品事项的限制"（1977年公平交易协会告示第5号）的范围。

经营者作为吸引顾客的手段所做的宣传广告上，不应通过抽奖等方式圈定人员，并向其提供过多的现金、物品以及其他经济上的利益（相当于赠品类的除外），"过多的现金、物品以及其他经济上的利益"是指超过1000万日元的金额。

（二）二手车交易

日本并没有出台专门针对二手车流通的法律法规，主要依据已有一般性法律法规，包括《古物（旧货）营业法》《古物营业法实施规则》《个人情报（信息）保护法》《特定商业交易法》《分期付款销售法》《产品责任法》《反不正当竞争法》《不正当促销奖品及不正当表述防止法》等对二手车行业进行管理。

1. 二手车注销登记制度

根据日本《道路运输车辆法》，日本机动车登记分为初始登记、变更登记、转移登记、注销登记、号牌变更五类。注销登记分为临时注销登记、永久注销登记、出口注销登记三种。日本二手车经销商收购车辆后一般会办理临时注销登记，相当于在一段时间内取消车辆路权。申请临时注销登记须提供申请书（车辆所有人直接申请时须有印章）、手续费缴纳书、印章证明书、汽车检查证、车辆号牌等材料，审查合格后管理部门发放临时注销登记证明书，并将其计入机动车登记档案（电子信息管理系统），记载登记识别信息。

经销商希望将申请临时注销登记的车辆上路使用时，须向所辖地区的运输支局或汽车检查登记事务所申请临时牌照。申请临时登记须提交申请书、临时注销登记证明书、自赔责保险证明书、印章、身份证明书等，其中申请书将记载申请者姓名及住所、车辆检查证信息、申请目的（如检查、登记、销售等）、运行线路、时间、保险公司及保单信息等。申请二手车初始登记须提交以下材料：申请书、汽车保管场所证明书、汽车检查证、临时登记证明书、自赔责保险证明书、汽车重量税缴纳书、转让证明书及转让人材料（车辆所有人发生变更时）等。

2. 信息明示

1971 年，在日本内阁府公平竞争委员会指导下，日本成立汽车公平交易协议会（AFTC），以《反垄断法》《反不正当赠与及表示法》为基础，制定汽车行业公平交易的行为准则，包括《汽车行业公平竞争规约》及实施细则、《汽车行业限制提供赠品公平竞争规约》及实施细则、《关于流通领域交易行为的相关反垄断法实施指南：汽车流通适用手册》等。其中，《汽车行业公平竞争规约》要求经销商在销售二手车时，应在外部显要位置明示下列事项：

（1）车型及主要规格；

（2）首次登记日期；

（3）销售价格；

（4）行驶里程数；

（5）车辆用途；

（6）车检证的有效期；

（7）有无上一任车主的车辆检查及维修保养记录；

（8）有无质保；

（9）定期检查及维修保养情况；

（10）修复经历（车身骨架部件进行修复及更换的经历）。

为防止里程表造假，日本二手车交易量协会连合会（JU 中贩连）于 1997 年开发了拍卖车辆行驶管理系统，要求协会下属会员的所有拍卖车辆都必须登记车辆 VIN 号码和行驶里程，并可进行系统查询。2002 年，在日本经济产业省的指导下，日本机动车拍卖协会将二手车交易量协会连合会的管理系统和机动车查定协会的管理系统进行统一，并向普通消费者有偿开放查询功能。此外，日本国土交通省规定，从 2004 年 1 月起机动车年检时在车检证上记载车辆里程表的计数，进一步加强对里程表造假行为的监管。

3. 二手车评估

日本不要求对二手车进行强制评估，但主要的二手车经营公司都有自己的评估机构或委托第三方公司开展评估。日本有多个二手车评估标准，各标准的检测项目主要包括出厂日期、使用年限、里程数、内饰、配置、事故等，并评估车辆价格。经过长期充分的市场竞争，多个评估标准都得到了行业和消费者的认同。1966 年，在日本国土交通省的指导下，成立了日本汽车评估协会（JAAI）。协会主要开展评估师技能培训和考试、评估师登记管理、评估业务实施店认定和管理、评估信息提供、评估标准研究、发布价格信息等业务。企业要想获得二手车的评估资格，需要向协会申请，经审查合格后发放评估业务确认书，并悬挂"评估业务实施店"的标牌。

（三）金融保险

根据日本《保障法》中有关交强险条款的规定，凡是投保了该险种的日本车辆，无论是在本国行驶还是在日本以外的地方行驶，都属于交强险的保障范围。而被保险人或者受害人的国籍并不影响保险保障范围。交强险条款规定赔偿分为第三方受害人死亡赔偿、永久伤残赔偿和其他身体伤害赔偿三种情况。

责任限额采用的是分项限额，分别为死亡赔偿限额、永久伤残赔偿限额以及其他身体伤害赔偿限额。其中，死亡赔偿限额为 3000 万日元，包含了丧葬费、未来收入损失费、对死者亲属的伤痛补偿和生存补偿等内容。永久伤残赔偿包括护理赔偿和除护理以外的伤害赔偿。护理赔偿的限额分为两个等级，分别为 4000 万日元和 3000 万日元。根据受伤的程度，赔偿限额又被分为十四个等级，其中一级残疾最为严重，其赔偿限额为 3000 万日元，第十四级残疾程度最轻，其限额为 75 万日元。其他身体伤害赔偿限额为 120 万日元。

日本机动车费率的制定遵循从车原则，即根据汽车的类型、用途以及交强险合同期限来确定费率。保费高低与机动车风险状况的大小成正相关，比如根据用途，商用车的风险要低于私用车，货车的风险要高于其他车型，不同的风险因素通过差异化的费率体现出来。

（四）维修保养

对于维修保养领域的相关法律法规，主要分布于《反垄断法》《道路运输车辆法》以及各种国土交通省令等。如《反垄断法》明确规定了禁止滥用优势地位和附带条件的贸易，因此，汽车制造商不能限制零部件供应商的供货方。《道路运输车辆法》规定使用者具有进行（日常）检查、保养（第47 条）和定期检查保养（第 48 条）的义务。第 57 条第 2 款规定，机动车生产商、进口商尽力为车主提供国土交通省令规定的、车主进行检测及维修时所需要的技术信息（不包括由车主进行的日常检查以及交通省规定的定期检测）。同时，汽车制造商必须尽力向使用者提供检查、维修保养必需的技术信息（第 57 条第 2 款）。

国土交通省对于强制搭载 J-OBDⅠ·Ⅱ的车辆，在"充分利用车载故障诊断装置进行检查、维修保养相关信息的对应方针"（2011 年 3 月 30 日国自整第 162 号、2013 年 11 月 29 日一部分修订）中规定，对于汽车制造商等提供的有关"黑烟、恶臭的气体、有毒气体等防止扩散装置"的信息等需要提供：①检查、维修保养信息等（J-OBDⅡ：2011 年 4 月、J-OBDⅠ：2014 年 1 月）、②外部故障诊断装置的开发信息（J-OBDⅡ：2012 年 4 月、J-OBDⅠ：2014 年 1 月）、③专用外部故障诊断装置（J-OBDⅡ：2013 年 4 月、J-OBDⅠ：适用范围外），维修商可以使用纯正部件之外的部件。

（五）平行进口

日本在 20 世纪 70 年代之前严格禁止平行进口，为打破垄断、促进市场竞争并为消费者提供多样化选择，日本开始允许平行进口。日本在平行进口汽车行业组织管理、流通政策、产品认证等方面形成了一套完善的管理体系，其成熟的经验值得我国借鉴。①

1. 平行进口汽车流通模式

日本进口汽车分为厂家授权渠道和平行进口渠道两种。1965 年，授权渠道进口商基于《日本进出口交易法》成立了协会组织——日本自动车输入组合（JAIA）。成员有三种：一是海外汽车制造商在日本的独资子公司，如奔驰、宝马；二是日本本土汽车厂商设立的公司，负责日本汽车制造商海外工厂对日出口业务；三是大型汽车进口贸易公司。日本汽车进口渠道如图 6 所示。

---

① 陈海峰、黄永和、吴松泉、董伟栋：《汽车平行进口的国际经验及建议》，中国汽车报网，2014 年 2 月 10 日。

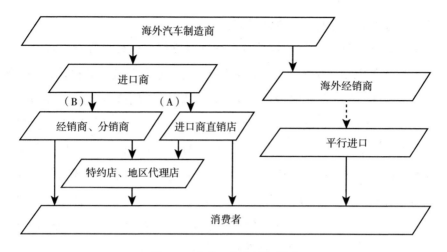

图6 日本进口汽车流通模式

资料来源：中汽中心、政研中心。

2. 平行进口汽车行业组织管理

1975 年，在日本原通商产业省和运输省（现为国土交通省和经济产业省）认可下，19 家公司联合成了海外车辆输入协同组合（FAIA）。目前，FAIA 在日本各地区拥有 200 余家平行进口汽车销售商会员和 320 余家维修企业会员。FAIA 将原本松散的平行进口商联合到一起，在平行进口汽车销售网络、配件供应、维修保养、整改检验、代理服务、金融保险、人员培训、技术支持等方面开展全方位服务，具备了多品牌进口汽车总经销商的功能。

销售网络。目前 FAIA 在日本有 200 余家平行进口汽车销售商会员，会员入会时缴纳一定出资经费。建立平行进口汽车保证金制度，进口商向FAIA 缴纳保证金用于车辆保修和召回等费用，消费者在维修网络维修后由FAIA 向维修商支付相关费用。

配件供应。实行配件的统一采购及物流配送。FAIA 拥有平行进口汽车配件仓库，统一从德国、美国等国家采购纯正配件和优良配件，价格比国内正常渠道进口的配件低一半以上，同时从日本国内采购部分配件。采用先进的物流配送模式，保障及时供货。对于急需的配件可确保 1 周内送达，小型

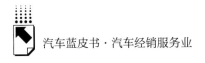

配件可以直接电话订购，并货到付款。

维修保养。FAIA 依据一定的认证标准对维修企业按照综合维修商、钣金喷漆维修商等维修范围以及不同品牌维修能力进行认证，获得认证的维修企业将明确能够从事哪类维修以及能够进行哪些品牌维修。建立遍布日本全国的授权维修网络，目前有约 320 家网点，消费者可以在所有 FAIA 会员的维修网点进行平行进口汽车的维修保养。FAIA 向维修网点会员提供包括维修技术及保安基准培训、维修检测、制作维修保养说明书等技术支持。在维修技术上有困难时 FAIA 技术部可以进行电话解答，并定期召开平行进口汽车维修交流会。与国土交通省汽车召回部门合作，及时向会员提供平行进口汽车召回、免费修理等有关技术通告，实施召回。

整改和预备检查：利用 FAIA 的直营工厂为会员提供车辆整改以及预备检查服务。

代理服务：包括代理平行进口汽车通关、金融、保险、物流运输等烦琐手续。开展信用证服务业务，直接电话预约外汇结算。免费使用协会指定的保税仓库 30 天。

销售支持：会员可以在 FAIA 网站进行车辆免费登记，在 FAIA 主办的进口汽车杂志上进行共同广告宣传，以提升 FAIA 的整体形象。组织会员经销商定期举行全国的促销活动，以提升销量。与银行或汽车金融公司合作开展平行进口汽车消费信贷。

3. 禁止妨碍平行进口汽车政策

由日本公平交易委员会认可的日本汽车公平交易协议会基于反垄断法制定了《关于流通领域交易行为的相关反垄断法实施指南：汽车流通适用手册》，该手册明确规定汽车制造商或者总经销商以下妨碍平行进口行为违法：

（1）妨碍从海外流通渠道得到纯正商品（整车及配件）；

（2）限制授权销售商销售平行进口商品；

（3）限制授权销售商向平行进口销售商销售商品；

（4）以销售假冒平行进口商品为由妨碍授权销售商销售；

（5）买断平行进口商品；

（6）拒绝修理平行进口商品；

（7）妨碍平行进口商的广告宣传活动。

4. 平行进口汽车认证制度

平行进口汽车主要在前大灯、尾灯、生产企业名牌、尾气排放对策等方面与日本法规不符，为了满足日本保安基准要求需在 FAIA 直营维修工厂进行整改。日本制定了《平行进口汽车审查要领》，通过书面审查和现场审查相结合的方式对每一辆平行进口汽车进行认证。实践过程中会根据法律法规省略一些步骤并放宽认证要求。根据规定 1 辆平行进口汽车的认证结果适用于 10 辆。审查基本流程如下。

（1）申请者向国土交通省陆运支局提交《进口汽车通关证明书》以及包括与指定基础车型不同的材料、车辆参数表、车辆 VIN 码信息、车辆外观图、发动机相关材料、排放以及油耗试验结果材料、满足日本相关技术标准的书面证明材料等的《平行进口汽车申请书》。

（2）日本国土交通省陆运支局根据《平行进口汽车审查要领》规定的判定条件和《平行进口汽车申请书》判定该车辆的类别，包括"和基础车型相同"、"和基础车型类似"以及"其他车型"。

（3）对《平行进口汽车申请书》进行书面审查，根据不同的判定类别对部分审查事项进行简化或省略，其中满足相关技术标准（30 余项）的书面证明材料可以是以下两种中的一种：一是技术法规符合性证明书，证明该平行进口汽车符合与日本技术法规等同的国外技术法规；二是由日本政府认可的认证机构出具的依据日本技术法规进行试验的结果证明书。

（4）进行必要的现场审查，重点是对车辆最大载重量、对车辆符合日本保安基准的符合性整改以及排放、油耗等的审查。

四　中日汽车经销服务业对比

中日汽车经销商服务业对比如表 9 所示。

表9　中日汽车经销服务业对比

项目	中国	日本
新车销量(万辆)	2808	527
新能源汽车销量/乘用车销量比例(%)	4.6	37.8
二手车销量(万辆)	1382	695
新车/二手车销量比	2.03	0.76
汽车保有量(亿辆)	2.40	0.78
每千人汽车拥有量(辆)	173	591
平均车龄(年)	4.5	8.6
净利率(%)	1.6	6.2
二手车平均成交价(万元)	6.6	9
二手车单台销售利润(元)	1772	6000
汽车金融渗透率(%)	43	50
汽车经销商雇员人数(人)	2343456	1031000
售后单店产值(万元)	78	500

注：所有数据均来自前文已经使用过的数据。

由表9可以得出以下五点结论。

第一，在汽车市场规模上，中国已经远超日本。2018年中国新车销量为2808万辆，远超日本的527万辆；中国二手车销量为1382万辆，远超日本的695万辆；中国的汽车保有量达2.4亿辆，远超日本的7892万辆，中国的汽车经销商雇员人数为2343456人，是日本的两倍多（1031000人）。

第二，中国汽车市场仍然有较大潜力。中国每千人汽车拥有量仅为173辆，远少于日本的591辆。日本汽车市场是成熟市场，平均车龄为8.6年；而中国仅为4.5年。

第三，从盈利能力来看，中国远不如日本。中国汽车经销商的净利率仅为1.6%，几乎不赚钱，远低于日本的6.2%。日本汽车经销商的平均二手车成交价换算为人民币为9万元，高于中国的6.6万元；日本汽车经销商的二手车单台销售利润达6000元，远高于中国的1772元。中国汽车经销行业亟须改变大而不强的局面。

第四，从汽车金融业务来看，中国还有较大潜力可挖。日本汽车金融渗透率为50%，高于中国的43%。

第五，从汽车售后业务来看，中国有较大潜力可挖。日本汽车经销商的单店售后产值换算为人民币达500万元，远高于中国的78万元。

B.15
中美德日汽车经销服务业
对比以及对中国的启示

杨一翁*

摘　要： 对中美德日汽车经销服务业关键指标和四大业务的收入与
利润结构进行对比分析，得出五点结论：一是中国的新车
销量远超美德日，但新车收入占比过高，新车销售利润低，
新车销售的未来增长点在豪华汽车与新能源汽车；二是中
国的二手车销量低、利润低，有较大增长潜力；三是中国汽
车经销商主要依靠售后业务来盈利，但售后业务尤其是非
授权售后业务还有增长空间；四是中国汽车金融渗透率低，
但增长较快，增长空间较大；五是建议中国汽车经销商进
行数字化升级，向移动出行服务商转型，更加重视企业社
会责任。

关键词： 新车销售　销售利润　豪华车　售后业务　汽车金融

一　中美德日汽车经销服务业关键指标对比

中美德日汽车经销服务业关键指标对比如表1所示。

---

* 杨一翁，北方工业大学汽车产业创新研究中心副教授，研究方向为汽车产业发展、品牌管理。

表1　中美德日汽车经销服务业对比

项目	中国	美国	德国	日本
新车销量(万辆)	2808	1722	344	527
新能源汽车/乘用车销量比(%)	4.6	2.1	4.8	37.8
二手车销量(万辆)	1382	4000	740	695
新车/二手车销量比	2.03	0.43	0.46	0.76
二手车保有量析出率(%)	6.0	13.8	15.8	10.8
豪华车渗透率(%)	10.4	14.2		
汽车保有量(亿辆)	2.40	2.78	0.47	0.78
千人汽车拥有量(辆)	173	837	589	591
平均车龄(年)	4.5	11.8	9.5	8.6
毛利率(%)	8.5	11.2		
净利率(%)	1.6	2.2		6.2
新车平均成交价(万元)	16	25	22.6	
新车单台销售毛利额(元)	5400	13608		
二手车平均成交价(万元)	6.6	14.4	8.6	9
二手车单台销售毛利额(元)	1772	16478		6000
整体费用率(%)	6.4	11.3		
汽车金融渗透率(%)	43	85	75	50
经销商数量(家)	29664	16753	7000	
维修厂数量(万家)	46	57		
平均单店员工数量(人)	79	68		
月工资水平(元)	9783	34398		
售后产值(亿元)	8500	24549	3794	
售后单车产值(元)	4381	8820	5000	
售后单店产值(万元)	78	289		500

注：空白表示数据缺失。

二　中美德汽车经销服务四大业务对比

中美德汽车经销服务新车、二手车、服务与零部件、金融保险四大业务收入与利润结构如表2所示。

表 2　中美德汽车经销服务四大业务收入与利润结构

单位：%

项目	中国	美国	德国
新车收入占比	80	55	49
新车利润占比	29	15	1
二手车收入占比	5	24	32
二手车利润占比	4	10	5
服务与零部件收入占比	10	16	8
服务与零部件利润占比	46	46	58
金融保险收入占比	5	5	11
金融保险利润占比	21	29	36

注：日本的数据缺失；美国的数据使用 AutoNation；部分数据经过四舍五入处理。

三　对中国的启示

第一，中国的新车销量远超美德日，新车收入占比过高；新车销售利润低；新车销售的未来增长点在豪华车与新能源汽车。

2018 年，中国的新车销量为 2808 万辆，远超美国（1722 万辆）、德国（344 万辆）和日本（527 万辆）。中国汽车经销服务的收入结构不合理，新车收入占比高达 80%，远超美国（55%）与德国（49%）。

已有数据显示，中国的新车利润占比仅为 29%；中华全国工商联汽车经销商协会经销商满意度调研显示，2019 年中国汽车经销商新车销售普遍不赚钱甚至亏损，可以预见，中国的新车利润占比将进一步降低。中国的新车平均成交价偏低，为 16 万元，低于美国的 25 万元与德国的 22.6 万元；中国的新车单台销售毛利额仅为 5400 元，仅为美国的 13608 元的 40% 左右。

中国的豪华车渗透率为 10.4%，低于美国的 14.2%，提高豪华车与高端车型的销售占比成为增强中国新车销售盈利能力的一条途径。

在新车收入占比过高，新车销售又普遍难以盈利甚至亏损的情况下，建议向德国学习，淡化新车销售目标，建议厂商减少对经销商的强行压库行为。

第二，中国的二手车销量低，利润低，有较大增长潜力。

2018 年，中国的二手车销量为 1382 万辆，高于德国（740 万辆）与日本（695 万辆），但远远落后于美国的 4000 万辆。

中国的新车/二手车销量比为 2.03，新车销量约为二手车的两倍；而美德日则恰好相反，美国的二手车销量是新车销量的 2.3 倍，德国为 2.2 倍，日本为 1.3 倍；中国的二手车保有量析出率仅为 6.0%，落后于德国（15.8%）、美国（13.8%）和日本（10.8%）。

中国的二手车平均成交价仅为 6.6 万元，仅为美国 14.4 万元的 46%，也低于德国的 8.6 万元与日本的 9 万元；中国的二手车销售毛利额仅为 1772 元，仅相当于美国 16478 元的 11%，相当于日本 6000 元的 30%，中国的二手车业务的盈利能力远远落后于美国与日本。

中美日德的二手车业务的盈利能力普遍强于新车，且二手车业务对服务、零部件和维修保养业务有更强的带动作用。因此，建议中国汽车经销商大幅提高二手车销量，并进一步提高二手车的盈利能力。

第三，中国汽车经销商主要依靠售后业务来盈利，但售后业务尤其是非授权售后业务还有增长空间。

中国汽车经销商的服务与零部件利润占比为 46%，等同于美国，低于德国（58%）。

中国汽车售后市场规模为 8500 亿元，超过德国（3794 亿元），但远远落后于美国（24549 亿元），仅相当于美国的 35%。

中国汽车售后单店产值为 78 万元，远远落后于美国的 289 万元，以及日本的 500 万元；中国的售后单车产值为 4381 元，落后于德国的 5000 元，不到美国 8820 元的一半。

中国的售后服务市场中授权体系占主导地位，为 60%，而美国仅为 31.2%。中国缺乏像美国的 AutoZone、AdvanceAuto Parts（AAP）、O'Reilly Automotive（ORLY）和 Genuine Parts（GPC）这样的售后连锁巨头。

建议中国优化售后业务的结构，大力发展非授权体系，进一步提高售后产值。

建议中国政府立法使经销商具有服务、零部件和维修业务的更大自主权；并立法开放车辆维修数据、零部件销售渠道，使汽车经销商有权不受厂商限制，服务于任何一个品牌，同时有权自主采购零配件，向车主明码标价。

第四，中国汽车金融渗透率低，但增长较快，增长空间较大。

中国汽车金融渗透率从 2011 年的 12％ 快速增长到 2018 年的 43％，但仍与美国（85％）、德国（75％）和日本（50％）差距较大，远远不及全球平均水平 70％。

美国融资租赁车辆数量约 430 万台，过去几年增长了 91％，占新车销售的 31％；而中国汽车融资租赁处于起步阶段。建议中国汽车经销商向德国同行学习，面向企业顾客，大力发展车队（企业用车）顾客的融资租赁业务，该业务还能够带动二手车业务的发展。

中国汽车经销商需要加强与互联网汽车交易平台和金融机构等的合作，进一步发展汽车金融业务。建议中国汽车经销商向美国学习，布局汽车订阅模式等新业务。

第五，建议中国汽车经销商进行数字化升级、向移动出行服务商转型、更加重视企业社会责任。

建议中国汽车经销商向美国同行学习，投资汽车电商，新增数字化相关职位。电动汽车经销学习特斯拉的成功经验，使用"线上直销＋线下体验店＋特许经销商"的新直销模式。建议中国汽车经销商加大数字广告支出，针对中国市场的特点，加强微信、微博和抖音短视频等移动数字整合营销传播。

建议中国汽车经销商尽早向移动出行服务商转型，销售人员主动向出行顾问转型，在雇员技能增长的同时提高其工资待遇。例如，中国汽车经销商可积极同共享汽车平台、公共交通服务部门、旅游机构和金融机构等合作，共同运营共享汽车，实现多方利益相关者共赢，从而进一步扩大业务范围，打造生态系统。

建议中国汽车经销商向美国同行学习，积极为当地社区做贡献，赢得社会公众的支持，与他们结成更紧密的关系，提高品牌忠诚度。

附 录

Appendix

B.16
政策文件汇编

附表1　各地国六排放标准实施要求

序号	地区	实施时间	具体要求
1	北京	2020/1/1	自2019年7月1日起,重型燃气车以及公交和环卫重型柴油车执行"国六b"排放标准;自2020年1月1日起,轻型汽油车和重型柴油车执行"国六b"排放标准。 自2020年1月1日起,在本市销售和注册登记(含外省市转入登记)的轻型汽油车须满足《轻型汽车污染物排放限值及测量方法(中国第六阶段)》(GB 18352.6-2016)中b阶段要求
2	天津	2019/7/1	自2019年7月1日起,新增轻型汽车实施《轻型汽车污染物排放限值及测量方法(中国第六阶段)》(GB 18352.6-2016)标准,其中Ⅰ型试验要符合6b阶段排放限值要求。停止销售、注册登记和转入不符合第六阶段国家排放标准要求的轻型汽车
3	河北	2019/7/1	自2019年7月1日起,在河北省销售、注册登记和外省转入的轻型汽车应当符合《轻型汽车污染物排放限值及测量方法(中国第六阶段)》(GB 18352.6-2016),其中Ⅰ型试验要符合6b阶段排放限值要求
4	上海	2019/7/1	自2019年7月1日起,在本市销售和登记注册的轻型汽车须满足国6b标准要求。其中,Ⅰ型试验应当符合国6b限值要求,Ⅱ型试验仅监测并报告结果

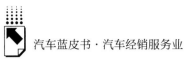
续表

序号	地区	实施时间	具体要求
5	河南	2019/7/1	自2019年7月1日起,在河南省行政区域内销售和注册登记的轻型汽车应符合《轻型汽车污染物排放限值及测量方法(中国第六阶段)》(GB18352.6 - 2016)6a或6b阶段标准要求;生产、进口、销售和注册登记的燃气汽车应符合《重型柴油车污染物排放限值及测量方法(中国第六阶段)》(GB17691 - 2018)6a或6b阶段标准要求;销售和注册登记的公交、邮政、环卫等城市用途重型柴油车应符合《重型柴油车污染物排放限值及测量方法(中国第六阶段)》(GB17691 - 2018)6a阶段标准要求。自2020年7月1日起,在河南省行政区域内所有生产、进口的公交、邮政、环卫等城市用途重型柴油车应符合《重型柴油车污染物排放限值及测量方法(中国第六阶段)》(GB17691 - 2018)6a阶段标准要求。自2021年7月1日起,在河南省行政区域内所有生产、进口、销售和注册登记的重型柴油车应符合《重型柴油车污染物排放限值及测量方法(中国第六阶段)》(GB17691 - 2018)6a阶段标准要求
6	浙江	2019/7/1	自2019年7月1日起,在浙江省行政区域内销售、注册登记和省外转入的轻型汽车(包括汽油车、柴油车、燃气车和混合动力车),须符合或严于《轻型汽车污染物排放限值及测量方法(中国第六阶段)》(GB 18352.6 - 2016)6a阶段标准要求。自2019年7月1日起,在浙江省行政区域内生产、进口、销售、注册登记和省外转入的重型燃气车,须符合或严于《重型柴油车污染物排放限值及测量方法(中国第六阶段)》(GB 17691 - 2018)6a阶段标准要求
7	江苏	2019/7/1	自2019年7月1日起,江苏省所有销售和注册登记的新生产轻型汽车应当符合或严于机动车排放标准6a阶段要求。自2019年7月1日起,全省所有生产、进口、销售和注册登记的重型燃气车辆,须符合机动车排放标准6a阶段要求
8	安徽	2019/7/1	自2019年7月1日起,全省所有销售和注册登记的轻型汽车应符合或严于《轻型汽车污染物排放限值及测量方法(中国第六阶段)》(GB18352.6 - 2016)6a阶段标准要求。 自2019年7月1日起,全省所有销售和注册登记的重型燃气车,须符合《重型柴油车污染物排放限值及测量方法(中国第六阶段)》(GB17691 - 2018)6a阶段标准要求
9	山东	2019/7/1	自2019年7月1日起,在山东省行政区域内进口、销售和注册登记的新生产轻型汽车应当符合国家6a或6b阶段排放标准要求;同时,停止进口、销售和注册登记达不到国家6a阶段排放标准的新生产轻型汽车
10	陕西	2019/7/1	自2019年7月1日起,关中地区(西安市、铜川市、宝鸡市、咸阳市、渭南市、韩城市、杨凌示范区、西咸新区)销售和注册登记的轻型汽车应符合《轻型汽车污染物排放限值及测量方法(中国第六阶段)》(GB1835 2.6 - 2016)6a阶段标准要求;销售和注册登记的公交、邮政、环卫等城市用途重型汽车应符合《重型柴油车污染物排放限值及测量方法(中国第六阶段)》(GB17691 - 2018)6a阶段标准要求

序号	地区	实施时间	具体要求
11	四川	2019/7/1	重型燃气车:自2019年7月1日起,全省所有生产、进口、销售和注册登记的重型燃气车,应符合《重型柴油车污染物排放限值及测量方法(中国第六阶段)》(GB 17691-2018)6a阶段标准要求。 重型柴油车:自本通告实施之日起,成渝地区四川省区域内注册登记的重型柴油车(仅含公交、邮政、环卫等城市车辆),应符合《重型柴油车污染物排放限值及测量方法(中国第六阶段)》(GB 17691-2018)6a阶段标准要求。 轻型汽车:自本通告实施之日起,成渝地区四川省区域内注册登记的轻型汽油车应符合《轻型汽车污染物排放限值及测量方法(中国第六阶段)》(GB 18352.6-2016)6a阶段标准要求;自2020年7月1日起,全省所有销售和注册登记的轻型汽车应符合6a阶段标准要求。 其他车型国六排放标准的实施时间,按照《轻型汽车污染物排放限值及测量方法(中国第六阶段)》(GB 18352.6-2016)《重型柴油车污染物排放限值及测量方法(中国第六阶段)》(GB 17691-2018)的规定执行。 成渝地区四川省区域范围包括:成都市、自贡市、泸州市、德阳市、绵阳市、遂宁市、内江市、乐山市、南充市、宜宾市、广安市、达州市、雅安市、眉山市、资阳市共15市
12	重庆	2019/7/1	自2019年7月1日起,在重庆市范围内注册登记的新生产轻型汽车须达到《轻型汽车污染物排放限值及测量方法(中国第六阶段)》(GB18352.6-2016)规定的6a阶段标准要求。自2019年7月1日起,在重庆市范围内注册登记的新生产重型柴油公交车、邮政车、环卫车须达到《重型柴油车污染物排放限值及测量方法(中国第六阶段)》(GB17691-2018)规定的6a阶段标准要求。其他车型国六排放标准的实施时间,按照《轻型汽车污染物排放限值及测量方法(中国第六阶段)》(GB18352.6-2016)《重型柴油车污染物排放限值及测量方法(中国第六阶段)》(GB17691-2018)的规定执行
13	广东 (不含深圳)	2019/7/1	2019年7月1日起在广东省销售、注册登记的轻型汽车新车应当符合国六排放标准要求。其中,Ⅰ型试验(常温下冷启动后排气污染物排放试验)应符合国6b限值要求,PN(粒子数量)限值在2020年7月1日前执行汽油车过渡限值,即6.0×10^{12}个/km;Ⅱ型试验(实际行驶污染物排放试验)在2023年7月1日前仅监测并报告结果
14	深圳	2018/12/31	2018年11月1日(含)起,在深圳市注册登记、外地转入的变更登记和转移登记的轻型压燃式发动机汽车应当符合国Ⅵ标准。2018年12月31日(含)起,在市注册登记、外地转入的变更登记和转移登记的轻型点燃式发动机汽车应当符合国Ⅵ标准
15	山西	2019/7/1	自2019年7月1日起,山西省太原、阳泉、长治、晋城、吕梁、晋中、临汾、运城8个市行政区域内销售和注册登记的轻型汽车应符合《轻型汽车污染物排放限值及测量方法(中国第六阶段)》(GB18352.6-2016)6a阶段标准要求;销售和注册登记的公交、邮政、环卫等城市用途重型柴油车应符合《重型柴油车污染物排放限值及测量方法(中国第六阶段)》(GB17691-2018)6a阶段标准要求
16	海南	2019/7/1	2019年7月1日起,在海南省行政区域内注册登记的轻型汽车,须符合"国六标准"要求,禁止注册登记低于"国六标准"轻型汽车

续表

序号	地区	实施时间	具体要求
17	内蒙古	2019/7/1	自2019年7月1日起,重点区域(呼和浩特市、包头市、乌兰察布市、鄂尔多斯市、巴彦淖尔市、乌海市)进口、销售、注册登记的轻型汽车应符合《轻型汽车污染物排放限值及测量方法(中国第六阶段)》(GB18352.6－2016)6a阶段标准要求

附表2 汽车平行进口政策清单

序号	发布时间	政策名称	发布部门	核心内容
1	2014年10月	《关于加强进口的若干意见》	国务院办公厅	要求加紧在中国(上海)自由贸易试验区率先开展汽车平行进口试点工作
2	2015年4月	《国务院关于印发中国(广东)自由贸易试验区总体方案的通知》	国务院	支持中国(广东)自由贸易试验区开展汽车平行进口试点
3	2015年4月	《关于印发中国(天津)自由贸易试验区总体方案的通知》	国务院	支持中国(天津)自由贸易试验区开展汽车平行进口试点
4	2015年4月	《国务院关于印发中国(福建)自由贸易试验区总体方案的通知》	国务院	支持中国(福建)自由贸易试验区开展汽车平行进口试点
5	2015年6月	《关于开展平行进口汽车三包责任保险试点工作的通知》	国家质检总局缺陷产品管理中心、中国欧洲经济技术合作协会、中国人民财产保险股份有限公司	在平行进口汽车领域联合开展为期6个月的家用汽车三包责任保险试点工作
6	2015年8月	《关于支持自由贸易试验区创新发展的意见》	商务部	支持自贸试验区开展汽车平行进口,建立多渠道、多元化汽车流通模式。试点企业可以向商务部申领汽车产品自动进口许可证
7	2015年12月	《国家认监委关于自贸区平行进口汽车CCC认证改革试点措施的公告》	国家认监委	调整汽车产品强制性认证制度,放宽制造商授权文件要求,视情况取消非量产车认证模式数量要求,简化工厂检查要求

序号	发布时间	政策名称	发布部门	核心内容
8	2016 年 2 月	《关于促进汽车平行进口试点的若干意见》	商务部、工业和信息化部、公安部、环境保护部、交通运输部、海关总署、国家质量监督检验检疫总局、国家认证认可监督管理委员会	平行进口汽车试点企业可以按照经营活动实际需求,申领汽车产品自动进口许可证。 对已建立了完善的家用汽车"三包"和召回体系的试点企业,可放宽 CCC 认证申请需提供原厂授权文件的相关要求;对已有效保证车辆一致性的试点企业,可取消非量产车认证模式的数量要求;对符合产业政策、海关和检验检疫相关规定、已有效保证车辆一致性且在自贸试验区内仅进行标准符合性整改的试点企业,可视情况仅对其在自贸试验区内的整改场所进行 CCC 认证工厂检查。 在经批准进行汽车平行进口试点的自贸试验区,允许试点企业在海关特殊监管区域内开展汽车整车保税仓储业务,期限为 3 个月
9	2016 年 6 月	《关于汽车强制性产品认证实施细则修订通知》	中国质量认证中心	增加附件 6 平行进口汽车认证管理要求,明确平行进口汽车认证模式、型式试验、工厂审查等要求
10	2017 年 1 月	《关于进一步深化汽车强制性产品认证改革的公告》	国家认监委	将认证受理车型扩大到所有平行进口车型。 对于原 2014 年第 31 号公告中要求的非量产改装车企业需在 2016 年 12 月 31 日前按照规则要求提供原厂授权进行换版的要求,给予一年过渡期
11	2017 年 4 月	《汽车销售管理办法》	商务部	供应商通过平行进口方式进口汽车按照平行进口相关规定办理

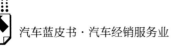

续表

序号	发布时间	政策名称	发布部门	核心内容
12	2018 年 1 月	《关于内蒙古等地区开展汽车平行进口试点有关问题的复函》	商务部、工业和信息化部、公安部、环境保护部、交通运输部、海关总署、质检总局、国家认监委	批准内蒙古自治区、江苏省、河南省、湖南省、广西壮族自治区、海南省、重庆市、青岛市人民政府开展汽车平行进口试点。 允许在符合条件的海关特殊监管区域和保税物流中心（B 型）开展汽车整车保税仓储业务。 平行进口汽车整车保税仓储可不设期限
13	2018 年 5 月	《进一步深化中国（天津）自由贸易试验区改革开放方案的通知》	国务院	创新汽车平行进口试点。取消平行进口汽车保税仓储业务时限，完善平行进口汽车审价机制，推动试点企业适用预审价、汇总征税等通关便利化措施。在风险可控、依法合规前提下，在海关特殊监管区域内开展平行进口汽车标准符合性整改等业务。推动实现自贸试验区汽车平行进口服务和管理平台与海关数据信息系统联网。支持建设全国平行进口汽车大数据中心、客服中心和销售定价中心。支持开展平行进口汽车售后服务标准建设。支持定期举办平行进口汽车展会
14	2018 年 5 月	《进一步深化中国（广东）自由贸易试验区改革开放方案的通知》	国务院	取消平行进口汽车保税仓储业务时限，完善平行进口汽车审价机制，推动试点企业适用预审价、汇总征税等通关便利化措施
15	2018 年 7 月	《关于印发打赢蓝天保卫战三年行动计划的通知》	国务院	2019 年 7 月 1 日起，重点区域、珠三角地区、成渝地区提前实施国六排放标准
16	2018 年 9 月	《完善促进消费体制机制实施方案（2018～2020 年）的通知》	国务院办公厅	深入推进汽车平行进口试点
17	2018 年 11 月	《关于支持自由贸易试验区深化改革创新若干措施的通知》	国务院	支持符合条件的自贸试验区开展汽车平行进口试点。 支持自贸试验区试点汽车平行进口保税仓储业务

续表

序号	发布时间	政策名称	发布部门	核心内容
18	2019 年 8 月	《关于进一步促进汽车平行进口发展的意见》	商务部、工业和信息化部、公安部、生态环境部、交通运输部、海关总署、国家市场监督管理总局	允许探索设立平行进口汽车标准符合性整改场所并明确整改项目范围。汽车平行进口业务的企业申报的平行进口汽车产品自动进口许可证,经商务部审核签发后,委托有关地区省级商务主管部门打印发放。汽车整车年进口数量累计达到1000辆的,省级商务主管部门在向商务部报备经省级人民政府批准的开展汽车平行进口工作方案后,执行汽车平行进口相关政策
19	2019 年 8 月	《关于印发 6 个新设自由贸易试验区总体方案的通知》	国务院	山东自贸试验区:支持青岛片区适时增加汽车平行进口试点企业数量。广西自贸试验区:开展平行进口汽车试点。河北自贸试验区:支持曹妃甸开展平行进口汽车试点。云南自贸试验区:支持云南设立汽车整车进口口岸,开展平行进口汽车试点。探索先进技术装备、关键零部件及其他机电产品(医疗器械等高风险产品除外)等平行进口。黑龙江自贸试验区:支持自贸试验区的汽车整车进口口岸建设,允许自贸试验区内汽车整车进口口岸开展平行进口汽车试点

附表3　现行汽车维修保养政策清单

序号	法规政策	发布部门及时间	相关要点
1	《大气污染防治法》	全国人大常委会(1987 年 9 月发布,2018 年 10 月 26 日修正版)	机动车维修经营者,应按照国家有关标准或者要求设置异味和废气处理装置等污染防治设施并保持正常使用,防止影响周边环境(第八十四条)规范维修超标车辆,使其排放达标(第五十五、六十条)
2	《道路运输条例》	国务院(2004 年 4 月发布,2019 年第三次修订)	取消行政许可。维修企业完成工商登记后,向县级道路运输管理机构实施备案

续表

序号	法规政策	发布部门及时间	相关要点
3	《机动车维修管理规定》	交通运输部令2016年第37号发布,2019年6月第三次修订	明确了依据维修车型种类、服务能力和经营项目实行分类备案,备案流程及《备案表》等材料; 维修经营者及时上传维修电子数据记录至国家有关汽车维修电子健康档案系统; 维修遵守经营规范; 实施维修质量管理
4	《汽车维修技术信息公开实施管理办法》	交通运输部等8部门(交运发〔2015〕146号)	汽车生产者应以可用的信息形式、便利的信息途径、合理的信息价格,向所有维修经营者及消费者公开所销售汽车车型的维修技术信息; 实行网上信息公开方式
5	《交通运输部办公厅关于印发〈汽车维修技术信息公开备案工作指南(暂行)〉的通知》	交通运输部等8部门(交运发〔2015〕179号)	汽车生产者是备案主体 企业备案、车型备案及信息变更的管理要求
6	《机动车维修企业质量信誉考核办法》	交通运输部(交公路发〔2006〕719号)	维修企业质量信誉分为4个等级 考核指标、考核程序 质量信誉管理
7	《关于促进汽车维修业转型升级提升服务质量的指导意见》	交通运输部、国家发展改革委等10部门(交运发〔2014〕186号)	发展绿色汽修 发展连锁汽修 实施I/M制度
8	《汽车维修业开业条件(GB/T16739)》	原质检总局、国家标准委	一类、二类、三类企业须具备的技术能力

附表4 现行汽车金融保险政策清单

序号	法规政策	发布部门及时间	相关要点
1	《关于加强保险公司中介渠道业务管理的通知》	中国银保监会办公厅(银保监办发〔2019〕19号)	保险公司要加强对中介渠道主体的管理,包括业务合规性、保单真实性等
2	《关于进一步加强车险监管有关事项的通知》	中国银保监会办公厅(银保监办发〔2019〕7号)	财产险公司应依法依规使用车险条款、费率,加强业务财务数据真实性管理; 上传信息至车险信息平台

序号	法规政策	发布部门及时间	相关要点
3	《关于商业车险费率监管有关要求的通知》	中国银保监会办公厅（银保监办发〔2018〕57号）	报送新车业务费率折扣系数的平均使用情况；报送手续费的取值范围和使用规则
4	《关于深化商业车险条款费率管理制度改革的意见》	中国保监会（保监发〔2015〕18号）	我国实施商业车险改革；财险公司可自主确定商业车险条款，科学厘定费率，依法报批费率
5	《关于商业车险条款费率管理制度改革试点全国推广有关问题的通知》	中国保监会（保监产险〔2016〕113号）	
6	《关于商业车险费率调整及管理等有关问题的通知》	中国保监会（保监产险〔2017〕145号）	
7	《关于调整部分地区商业车险自主定价范围的通知》	中国保监会（保监财险〔2018〕61号）	财产保险公司可自行确定自主系数调整范围；试点地区为广西壮族自治区、陕西省、青海省试点期为一年
8	《关于开展商业车险自主定价改革试点的通知》	中国银保监会办公厅（银保监办发〔2018〕4号）	
9	《汽车贷款管理办法》	中国人民银行、中国银行业监督管理委员会令〔2017〕第2号	汽车贷款包括个人汽车贷款、经销商汽车贷款、机构汽车贷款；汽车贷款实施最高发放比例要求制度；贷款期限不超5年，二手车不超3年，经销商汽车贷款不超1年
10	《关于加大对新消费领域金融支持的指导意见》	中国人民银行、银保监会（2016年3月）	鼓励汽车金融公司业务产品创新，提供车辆附加产品融资；支持绿色消费。经银监会批准经营个人汽车贷款业务的金融机构在办理新能源汽车和二手车贷款的首付款比例，可分别在15%和30%最低要求基础上，根据自愿、审慎和风险可控的原则自主决定

社会科学文献出版社

皮 书

智库报告的主要形式
同一主题智库报告的聚合

❖ 皮书定义 ❖

皮书是对中国与世界发展状况和热点问题进行年度监测，以专业的角度、专家的视野和实证研究方法，针对某一领域或区域现状与发展态势展开分析和预测，具备前沿性、原创性、实证性、连续性、时效性等特点的公开出版物，由一系列权威研究报告组成。

❖ 皮书作者 ❖

皮书系列报告作者以国内外一流研究机构、知名高校等重点智库的研究人员为主，多为相关领域一流专家学者，他们的观点代表了当下学界对中国与世界的现实和未来最高水平的解读与分析。截至2020年，皮书研创机构有近千家，报告作者累计超过7万人。

❖ 皮书荣誉 ❖

皮书系列已成为社会科学文献出版社的著名图书品牌和中国社会科学院的知名学术品牌。2016年皮书系列正式列入"十三五"国家重点出版规划项目；2013~2020年，重点皮书列入中国社会科学院承担的国家哲学社会科学创新工程项目。

中国皮书网

（网址：www.pishu.cn）

发布皮书研创资讯，传播皮书精彩内容
引领皮书出版潮流，打造皮书服务平台

栏目设置

◆ 关于皮书

何谓皮书、皮书分类、皮书大事记、
皮书荣誉、皮书出版第一人、皮书编辑部

◆ 最新资讯

通知公告、新闻动态、媒体聚焦、
网站专题、视频直播、下载专区

◆ 皮书研创

皮书规范、皮书选题、皮书出版、
皮书研究、研创团队

◆ 皮书评奖评价

指标体系、皮书评价、皮书评奖

◆ 互动专区

皮书说、社科数托邦、皮书微博、留言板

所获荣誉

◆ 2008 年、2011 年、2014 年，中国皮书
网均在全国新闻出版业网站荣誉评选中
获得"最具商业价值网站"称号；
◆ 2012 年，获得"出版业网站百强"称号。

网库合一

2014年，中国皮书网与皮书数据库端口
合一，实现资源共享。

S 基本子库
SUB DATABASE

中国社会发展数据库（下设 12 个子库）

整合国内外中国社会发展研究成果，汇聚独家统计数据、深度分析报告，涉及社会、人口、政治、教育、法律等 12 个领域，为了解中国社会发展动态、跟踪社会核心热点、分析社会发展趋势提供一站式资源搜索和数据服务。

中国经济发展数据库（下设 12 个子库）

围绕国内外中国经济发展主题研究报告、学术资讯、基础数据等资料构建，内容涵盖宏观经济、农业经济、工业经济、产业经济等 12 个重点经济领域，为实时掌控经济运行态势、把握经济发展规律、洞察经济形势、进行经济决策提供参考和依据。

中国行业发展数据库（下设 17 个子库）

以中国国民经济行业分类为依据，覆盖金融业、旅游、医疗卫生、交通运输、能源矿产等 100 多个行业，跟踪分析国民经济相关行业市场运行状况和政策导向，汇集行业发展前沿资讯，为投资、从业及各种经济决策提供理论基础和实践指导。

中国区域发展数据库（下设 6 个子库）

对中国特定区域内的经济、社会、文化等领域现状与发展情况进行深度分析和预测，研究层级至县及县以下行政区，涉及地区、区域经济体、城市、农村等不同维度，为地方经济社会宏观态势研究、发展经验研究、案例分析提供数据服务。

中国文化传媒数据库（下设 18 个子库）

汇聚文化传媒领域专家观点、热点资讯，梳理国内外中国文化发展相关学术研究成果、一手统计数据，涵盖文化产业、新闻传播、电影娱乐、文学艺术、群众文化等 18 个重点研究领域。为文化传媒研究提供相关数据、研究报告和综合分析服务。

世界经济与国际关系数据库（下设 6 个子库）

立足"皮书系列"世界经济、国际关系相关学术资源，整合世界经济、国际政治、世界文化与科技、全球性问题、国际组织与国际法、区域研究 6 大领域研究成果，为世界经济与国际关系研究提供全方位数据分析，为决策和形势研判提供参考。

法律声明